EUROPEAN BUSINESS ADMINISTRATION

LE MANAGEMENT INTERCULTUREL
et les ressources humaines en Europe

Marielle CANOVA
Consultante associée, Cabinet Alceis Global Nomads

Élodie FRADET
Consultante en développement durable et solutions soutenables

Peter ISACKSON
Directeur de Learnscaper, édition e-learning

Alain MOUCHOUX
Vice-président de la Conférence des OING du Conseil de l'Europe

Dominique-Jean RENOU
Enseignant Affaires européennes (Université Paris 12 et écoles de commerce), ancien lobbyiste européen (Bruxelles)

Marie-José SCHMITT
Vice-présidente de l'AEH (Action Européenne des Handicapés), membre de la Conférence des OING du Conseil de l'Europe

Ouvrage coordonné par Parthenia AVGERI
Avocate au barreau d'Athènes, consultante internationale, chargée d'étude à la Fédération Européenne Des Écoles (FEDE)

Préface de Martin SCHULZ
Président du Parlement européen

Sup'FOUCHER

« Le photocopillage, c'est l'usage abusif et collectif de la photocopie sans autorisation des auteurs et des éditeurs. Largement répandu dans les établissements d'enseignement, le photocopillage menace l'avenir du livre, car il met en danger son équilibre économique. Il prive les auteurs d'une juste rémunération.
En dehors de l'usage privé du copiste, toute reproduction totale ou partielle de cet ouvrage est interdite. »

ISBN 978-2-216-12506-7

Toute reproduction ou représentation intégrale ou partielle, par quelque procédé que ce soit, des pages publiées dans le présent ouvrage, faite sans autorisation de l'éditeur ou du Centre français du Droit de copie (20, rue des Grands-Augustins, 75006 Paris), est illicite et constitue une contrefaçon. Seules sont autorisées, d'une part, les reproductions strictement réservées à l'usage privé du copiste et non destinées à une utilisation collective, et, d'autre part, les analyses et courtes citations justifiées par le caractère scientifique ou d'information de l'œuvre dans laquelle elles sont incorporées (loi du 1er juillet 1992 - art. 40 et 41 et Code pénal - art. 425).

© FEDE – 5, rue Sala, 69002 Lyon / © Éditions Foucher – 11, rue Paul Bert, 92240 Malakoff – 2013

Préface

La citoyenneté européenne, source de droits, de devoirs et de fierté

Martin Schulz
Président du Parlement européen

Évoquer la citoyenneté européenne prend tout son sens cette année. En 2013, nous fêtons les vingt ans de ce concept consacré par le traité de Maastricht. En 2013, nous célébrons aussi l'année européenne des citoyens.

Cette citoyenneté européenne n'allait pas de soi mais, aujourd'hui, 500 millions de personnes jouissent des droits conférés par cette citoyenneté. Cette citoyenneté européenne n'allait pas de soi, reléguée au second plan face à une citoyenneté nationale prépondérante. Cette citoyenneté européenne n'allait pas de soi, mais elle a aujourd'hui acquis, pour les citoyens, plus de poids et de légitimité. Et ce processus n'est pas prêt de s'achever.

La meilleure illustration de son avancée est sans doute cette citation de la Cour de justice de l'Union européenne, qui affirme, dans son arrêt rendu le 20 septembre 2001 dans l'affaire Rudy Grzelczyk contre Centre public d'aide sociale d'Ottignies-Louvain-la-Neuve, que *le statut de citoyen de l'Union a vocation à être le statut fondamental des ressortissants des États membres.*

Cette citoyenneté européenne couvre de nombreux domaines afin de protéger au mieux ceux qui en disposent : elle s'étend de la lutte contre les discriminations à la libre circulation des personnes, de l'intégration des personnes handicapées à la protection consulaire des citoyens de l'Union européenne à l'étranger.

Préface

Le traité de Lisbonne, la Charte des droits fondamentaux de l'Union européenne, la vigilance du Médiateur européen, la jurisprudence de la Cour de justice de l'Union européenne et ses arrêts majeurs ont permis de définir et de préciser ce que signifie être citoyen européen.

La citoyenneté européenne a aussi été renforcée par les initiatives lancées par l'Union. Le programme *Erasmus*, les règles en matière de reconnaissance mutuelle des qualifications professionnelles, la simplification du droit successoral européen et l'amélioration de l'accès aux soins de santé transfrontaliers en sont autant d'exemples.

La citoyenneté européenne s'appuie ainsi sur le droit et les initiatives de l'Union. La citoyenneté européenne progresse également sur le plan politique. Le Parlement européen rassemble des élus, femmes et hommes, qui s'affrontent sur des questions politiques et non pas selon des logiques nationales. Leurs débats contribuent chaque jour à façonner un système politique paneuropéen.

L'union politique est cependant menacée. La crise économique et financière a des conséquences graves sur nos concitoyens – et leurs gouvernements –, qui seraient tentés de tourner le dos à leurs obligations européennes.

À l'approche des élections européennes de mai 2014, il convient de rappeler à tous que l'Europe n'est rien sans ses citoyens, sans la participation et l'action des citoyens. Il convient aussi de rappeler que le devoir de citoyen, celui de voter, aura un impact considérable aux prochaines élections européennes. À la suite du traité de Lisbonne, les voix des citoyens européens permettront en effet de désigner une personnalité d'un parti politique qui prendra la présidence de la Commission. Grâce à ce vote, les citoyens exerceront un pouvoir de contrôle accru sur les institutions de l'Union, pour une démocratie renforcée.

C'est pour cela que les droits et les devoirs afférents à la citoyenneté européenne doivent être connus du plus grand nombre de nos concitoyens. Il s'agit également de rappeler que ces droits peuvent encore être perfectionnés. À ce titre, l'initiative citoyenne européenne présente une avancée démocratique majeure et mérite d'être connue par tous les citoyens et exercée par le plus grand nombre, car elle met le citoyen au cœur de l'Union européenne.

Tous ceux qui ont foi dans le projet européen ont le devoir de revendiquer, défendre et promouvoir ce destin commun. Vous, étudiants, qui vous passionnez pour ce thème et d'autres liés à l'Union européenne, vous trouverez, exposés dans un des quatre ouvrages à l'initiative de la Fédération Européenne Des Écoles, les clefs pour en saisir la portée. Forts de leur lecture, nous vous appelons à proclamer, avec enthousiasme et fierté, chez vous et à l'étranger, votre appartenance à une communauté de normes, de valeurs, de droits et de devoirs communs sans égale de par le monde.

Août 2013

Préface	La citoyenneté européenne, source de droits, de devoirs et de fierté	3
Partie 1	**Le management interculturel en Europe**	**7**
Chapitre 1 :	La culture et les racines du comportement	9
Chapitre 2 :	Gérer la diversité culturelle	27
Chapitre 3 :	La richesse et la complexité de la culture	45
Chapitre 4 :	Les composantes de la culture : « valeurs fondamentales » et « dimensions »	61
Chapitre 5 :	Reconnaître la nature de la complexité d'une équipe culturelle	71
Chapitre 6 :	La culture générationnelle	81
Chapitre 7 :	La culture européenne	83
Chapitre 8 :	Langue et culture	91
Chapitre 9 :	La résolution de conflits	103
Partie 2	**Les ressources humaines en Europe**	**107**
Chapitre 10 :	Les notions essentielles du droit du travail en Europe	109
Chapitre 11 :	Formalités d'immigration dans les pays de l'Union européenne (UE)	135
Chapitre 12 :	Les systèmes de protection sociale en Europe	157
Chapitre 13 :	La responsabilité sociale des entreprises	173
Bibliographie		191
Index		197
Table des matières		203

Le management interculturel en Europe

Partie I

L'Europe ne cache pas sa complexité, géographique, politique, démographique, religieuse, pour n'évoquer que ces grandes distinctions qui peuvent parfois sembler arbitraires, voire dans certains cas artificielles. La reconnaissance de l'existence de ces distinctions nous oblige à découvrir un facteur plus fondamental de différenciation entre les groupes qui composent cette complexité. C'est ainsi que nous ferons appel à un concept utilisé dans les sciences de l'anthropologie et de la sociologie : la « culture ». Si dans le langage courant le mot « culture » demeure ambigu, notre première tâche sera de situer son sens scientifique, afin de mieux comprendre son impact sur le fonctionnement et la gestion des entreprises européennes.

Dans un premier temps, nous explorerons les grandes composantes qui permettent de parler de culture, afin de l'appliquer à un continent qui porte une identité bien établie et inscrite dans l'histoire, tout en étant l'exemple même de la diversité, dans la mesure où l'Europe est de plus en plus composée de populations aux traditions très diverses. Comprendre les origines et les principes de cette diversité constitue la première étape vers un objectif plus fondamental de cet ouvrage, qui est de comprendre l'impact de la diversité des cultures et des courants culturels sur les méthodes de management et d'organisation des entreprises, et les implications notamment pour la gestion des ressources humaines (recrutement, motivation du personnel, gestion des équipes), de la chaîne d'approvisionnement, de la stratégie marketing et des techniques de vente. Ceci nous mènera à considérer les choix et techniques qui permettent de reconnaître les enjeux culturels et de voir plus clair dans la gestion de la complexité, à la fois pour éviter les erreurs d'appréciation et de comportement, et surtout pour créer les conditions permettant de profiter des opportunités d'enrichissement rendues possibles par la diversité culturelle.

Nous prendrons pour exemple une entreprise danoise fictive, Nordlever, dont le siège est à Copenhague. Depuis les années 1960, cette entreprise d'électroménager s'est développée à l'international en s'implantant progressivement dans différentes régions de l'Europe, à la fois pour la production et la distribution. Cette ouverture à l'international a conduit la direction de Nordlever à prendre en compte les facteurs de diversité dans la gestion de ses ressources humaines, dans sa culture d'entreprise (ses valeurs, son image) et dans ses rapports avec des marchés et des fournisseurs de plus en plus hétéroclites.

Nous examinerons également quelques cas réels de conflit et de résolution de problèmes posés par le choc des cultures, notamment à travers des fusions et acquisitions transfrontalières.

Mais au préalable, nous allons chercher à fixer le sens des termes clés « culture » et « diversité » qui sont l'objet principal de notre étude dans les chapitres qui suivent, en commençant par le mot « culture », terme aux multiples sens qu'il convient de distinguer.

Chapitre 1

La culture et les racines du comportement

Dans nos conversations quotidiennes, le mot **culture** véhicule de nombreuses significations. On l'associe le plus souvent aux pratiques artistiques : littérature, musique, peinture, sculpture ou architecture. La culture paraît ainsi représenter une petite partie de l'activité humaine, réservée, au moins en ce qui concerne sa production, à une élite de créateurs. Les écrivains et artistes qui « produisent de la culture » nous apparaissent comme des êtres dotés de mystérieux dons, qui, à force de cultiver leurs talents, sont devenus des professionnels actifs ou des amateurs dévoués, dans tous les cas des personnes un peu spéciales, qui investissent leur temps dans la création afin que d'autres en profitent : ceux qui ne produisent aucun artefact culturel et deviennent des consommateurs de la culture en visitant des musées, en achetant des livres ou de la musique (que ce soit dans un magasin ou en ligne), en assistant à un concert ou en empruntant des livres à la bibliothèque.

L'adjectif « cultivé » s'applique à des personnes s'exprimant avec un certain niveau d'érudition, d'élégance et de distinction, autrement dit la tranche de la population consommatrice la plus active.

Cependant, on entend tous les jours le mot « culture » utilisé dans un autre sens : « culture politique », « culture financière » ou encore « culture d'entreprise ».

Le dictionnaire Larousse en ligne en propose 5 définitions qui mettent également en avant la pratique artistique, la troisième et la quatrième définitions la reliant à une signification scientifique en anthropologie et sociologie :

- Enrichissement de l'esprit par des exercices intellectuels.
- Connaissances dans un domaine particulier : *Elle a une vaste culture médicale.*
- Ensemble des phénomènes matériels et idéologiques qui caractérisent un groupe ethnique ou une nation, une civilisation, par opposition à un autre groupe ou à une autre nation : *La culture occidentale.*
- Dans un groupe social, ensemble de signes caractéristiques du comportement de quelqu'un (langage, gestes, vêtements, etc.) qui le différencient de quelqu'un appartenant à une autre couche sociale que lui : *Culture bourgeoise, ouvrière.*
- Ensemble de traditions technologiques et artistiques caractérisant tel ou tel stade de la préhistoire.

Par contraste, le *Dictionnaire en ligne* (www.le-dictionnaire.com/definition.php?mot=culture) met en avant une autre signification du mot « culture » avant d'évoquer le sens anthropologique dans la dernière définition.

Partie I

Le management interculturel en Europe

> Nom féminin singulier
> - (agriculture) fait de cultiver des sols, terrain cultivé lui-même ;
> - mode d'exploitation des sols ;
> - (biologie) mise en croissance de micro-organismes dans des milieux particuliers, les micro-organismes obtenus ;
> - instruction, éducation, ensemble de l'acquis ;
> - ensemble des éléments distinguant une société, un groupe social, d'une autre société, d'un autre groupe.

On peut ainsi identifier dans le langage courant trois domaines de réflexion sur la « culture », associés à trois niveaux d'activité ou d'organisation humaine :
1. les arts ;
2. la biologie et l'agriculture ;
3. la constitution des groupes humains.

Un lien existe entre ces définitions : il s'agit, dans les trois cas, de l'étude de phénomènes d'orientation et de principes de « comportement en interaction avec un milieu partagé et stable ».

Les arts sont le résultat de pratiques de création dans un milieu économique, intellectuel et artistique. Les artistes s'observent, échangent leurs idées, techniques et pratiques, s'imitent et, à la fois consciemment et inconsciemment, élaborent les styles artistiques, que le public finit par associer à leur région et à leur époque. Ces mêmes créateurs sont en interaction avec leur public, les consommateurs d'art, ceux qui réagissent aux œuvres en les regardant, lisant, écoutant selon des systèmes de codage et de décodage partagés, sans oublier ceux qui les achètent ou qui financent la création. Les « règles » d'appréciation des arts sont le résultat de multiples interactions à l'intérieur d'un milieu social et économique. Il existe pour chaque groupe humain une écologie des arts.

La culture, dans le contexte de la biologie, désigne à la fois l'action humaine sur les éléments organiques végétaux de l'environnement physique et son effet sur le comportement des plantes : il s'agit par conséquent de l'action de cultiver le sol ou une plante. De cette façon, la notion de « culture » désigne à la fois l'intervention humaine et le comportement des plantes dans l'environnement ainsi préparé.

Appliquée aux groupes humains, la notion de « culture » :

- désigne l'ensemble d'interactions humaines, avec un environnement physique (géographique) et social ;
- décrit le système stable, aux comportements largement prévisibles, que l'on peut observer dans ces milieux particuliers.

La culture d'un pays, d'une région, voire d'un métier, est le résultat de l'évolution de ce système de comportement dans la durée. Quand on parle de la « culture de l'Europe », par exemple, l'Europe est désignée comme un milieu – un environnement physique et social délimité – existant dans la durée et dans lequel des modèles de comportement évoluent en réaction aux multiples changements qui ont lieu dans le milieu géographique, physique et social. Mais si la **culture de l'Europe** peut avoir un sens par rapport à la culture de l'Asie ou de l'Afrique, il faut aussi parler, au pluriel, des **cultures de l'Europe** (et de l'Asie et de l'Afrique), afin de prendre en compte la diversité des milieux au sein du continent, dont chacun a connu une évolution historique spécifique.

Ces évolutions régionales sont source de beaucoup de variations observables dans la culture des différentes populations. À son tour, toute culture humaine – quelle que soit l'échelle géographique – peut s'analyser selon des critères ethniques, linguistiques, religieux, économiques, technologiques, politiques et esthétiques (style de vie).

Un autre facteur de différenciation importante est l'éducation et, plus spécifiquement, les pratiques et valeurs explicites et tacites véhiculées par les institutions chargées d'éduquer les jeunes. Toutes les sociétés humaines mettent en place une « culture d'éducation », qui contient des composantes de la culture générale et oriente les comportements des personnes, que celles-ci soient membres d'un clan ou citoyens d'une nation. Ces composantes ont un caractère à la fois linguistique (le vocabulaire qui les désigne) et moral (les valeurs qu'on y attache). Elles sont élaborées et identifiées sciemment pour être transmises dans le discours de l'éducation. Elles sont cataloguées et formalisées dans leur définition et leur rapport avec la réalité afin d'être transmises d'une génération à la suivante. En effet, chaque culture met l'accent sur des valeurs particulières, qui peuvent diverger de celles d'autres groupes, même de groupes qui sont leurs plus proches voisins. Comme l'histoire de l'Europe en témoigne, ceci peut constituer un risque réel et permanent de conflit. Dans le contexte des entreprises, les différences peuvent se jouer à un autre niveau. En effet, chaque culture a tendance à mettre en valeur certains types de compétences, à la fois professionnelles et sociales. Par exemple, la culture française contemporaine attribue une valeur particulièrement forte aux mathématiques et aux compétences d'ingénierie, alors que la culture britannique donne plus d'importance à la logique commerciale et financière (le fonctionnement des marchés), et la culture italienne à une logique de créativité, de l'esthétique de forme et de style. Les valeurs transmises par le système d'éducation auront un impact direct ou indirect sur le comportement professionnel des jeunes professionnels, sur leurs décisions à l'intérieur de leur aire de compétence, et sur leurs rapports avec les collègues.

Tenant compte des huit catégories mentionnées précédemment, force est de constater que la plupart des facteurs associés au « milieu » ont tendance à montrer un caractère stable, donnant même l'impression de permanence. Les membres d'une même culture n'ont souvent pas conscience de l'existence de ces facteurs de différenciation. Puisqu'ils font partie d'un système de comportements constamment répétés dans les situations sociales, les membres de la culture qui vivent ou travaillent ensemble n'ont pas besoin de réfléchir à toutes les facettes de leurs actions. En d'autres termes, les personnes nées dans une même culture peuvent le plus souvent agir sans réfléchir conformément à leurs décisions et choix d'action. De même, ils ne mettront pas en cause les critères (ou valeurs) qui influent sur leur façon de juger les actions des autres et les événements banals de leur vie sociale ou professionnelle. C'est précisément cette constance, qui existe à l'intérieur de chaque culture, qui risque de constituer un facteur de perturbation dans des équipes multiculturelles. Lorsque le filtre par lequel on juge les actions les plus banales n'est pas le même, l'incompréhension mutuelle est une conséquence prévisible.

La stabilité d'une culture est donc axiomatique : elle constitue le principe de base pour l'identifier et l'associer avec un groupe particulier. Cependant, il ne faut pas oublier que la stabilité d'une culture ne l'empêche pas d'être dynamique et multiforme.

Partie I — Le management interculturel en Europe

> La culture comme pratique est une entité en évolution constante. Ainsi, il semble étrange que certains pays aient choisi de régir avec des décisions administratives, voire des ministères, leur identité nationale. Chaque individu a plus d'une culture et appartient à plusieurs groupes. La culture ne se réduit pas simplement à l'appartenance linguistique ou religieuse mais s'étend aux appartenances à tout groupe. Il existe, par exemple, les cultures hommes/femmes ou jeunes/retraités. Ces appartenances culturelles ne coïncident pas entre elles et ont des extensions variables. Chaque individu est donc amené à pratiquer un dialogue interculturel en lui-même. Enfin, chaque culture au niveau de la communauté, du groupe est une culture plurielle car elle réunit de multiples individus et groupes et reste toujours issue d'une autre culture. Il n'existe pas d'état pré-culturel. De ce point de vue, toutes les cultures du monde sont mixtes.
>
> Tzvetan Todorov, *Dialogue interculturel et diversité culturelle – un débat renouvelé*, Synthèse du colloque de lancement de l'Année européenne du dialogue interculturel 2008 en France, portail de l'Union européenne

La culture d'une personne, d'un groupe particulier ou d'une population est une structure complexe. Nous avons cité huit sources de construction culturelle : sept sources fondamentales – ethnique, linguistique, religieuse, économique, technologique, politique et esthétique –, auxquelles il faut ajouter un facteur supplémentaire commun à toutes les sociétés : les modes d'éducation. Un regard rapide sur chacune de ces sources de culture permettra de différencier les facteurs influençant la croissance ou l'évolution des composantes d'une « culture », que ce soit celle d'un individu, d'un groupe social, d'une nation ou d'une entreprise. C'est en prenant en compte l'ensemble de ces éléments qu'on pourra mieux cerner la complexité et la particularité de la « culture européenne ».

1))) La base ethnique de la culture

Avant la révolution industrielle, le transport et le déplacement des individus étaient problématiques. L'homogénéité ethnique des populations dans chaque zone géographique, surtout en dehors des villes, demeurait relativement stable sur des durées très longues. Les cultures locales, c'est-à-dire l'ensemble d'habitudes et de réflexes acquis par des populations stables (leur perception du monde, leurs modes d'interaction avec leur environnement, leurs façons de communiquer les uns avec les autres et les valeurs qu'ils partagent), avaient tendance à se développer par région en suivant un processus lent. Seuls des facteurs ponctuels, tels que les guerres, les épidémies ou les famines, conduisaient à de forts mouvements et brassages de populations.

L'impression d'enracinement est donc au fondement de l'**identité ethnique**. Une culture est ancrée dans une terre par un groupe qui a l'habitude de fonctionner de concert dans la durée. En raison de la stabilité du patrimoine génétique, même lorsque le contact existe avec d'autres groupes, le groupe finit par être perçu comme une ethnie, composée de personnes partageant un haut degré de ressemblance physique et, plus important encore, partageant les rituels et interactions de la vie quotidienne. Des gestes pratiqués sans demander aucun effort de réflexion particulier. On peut même dire que ce sont ces ensembles de croyances pratiques comportementales répétées au point d'être transformées en réflexes qui constituent les atomes de toute culture. Lorsque le patrimoine génétique se stabilise dans une zone géographique délimitée, la culture commence à se définir comme celle d'un groupe ethnique à part.

La culture et les racines du comportement

Le processus d'acculturation – construction d'une culture pour une population ou un individu – apporte des avantages considérables à tout le monde. La culture en tant que système de comportement rend la vie de chacun dans le même groupe culturel plus facile, en réduisant le niveau de responsabilité pour un nombre important de décisions conscientes. Les cultures atteignent cet objectif par l'imposition de normes de comportement, des formes standard d'un ensemble d'actions courantes, qui peuvent ainsi être confortablement répétées par tous les membres de la culture. La culture sert de guide implicite aux décisions des uns et des autres. Qu'il s'agisse de la façon de se présenter à un inconnu, d'engager une conversation avec un voisin, d'exprimer son respect pour les aînés, de prendre un repas ensemble, de réagir avec ou sans un sourire face à son interlocuteur, de choisir les vêtements qu'on va porter quotidiennement ou lors d'occasions particulières, de gérer le rythme d'une conversation ou encore de savoir quand céder la parole, de raconter des histoires, d'attribuer des blâmes, les schémas standard d'action pour tous ces comportements sont partagés par les membres d'une même culture. Ces règles implicites sont ressenties avec d'autant plus de force – car intégrées à notre système de perception – lorsque nous avons l'impression d'appartenir au même groupe ethnique.

Dans un contexte donné, tout le monde aura tendance à se comporter de la même façon. Les exceptions seront toujours remarquées, avec deux conséquences possibles, positives ou négatives. Elles peuvent servir à attirer l'attention du groupe à un problème nouveau, un besoin particulier ou une idée originale, dans le but d'inciter le groupe à l'action. Cette exception culturelle, cet écart des comportements usuels, sera alors perçue comme un acte de leadership. Mais l'acte exceptionnel, hors norme, comporte toujours un risque. Il peut provoquer la critique, voire la condamnation du groupe, qui va se défendre contre un écart. La conséquence peut être l'humiliation ou l'exclusion.

La culture nous aide par conséquent surtout à prendre une multitude de décisions sans réfléchir. Plus l'identité ethnique est forte dans un groupe, plus il est probable que l'interaction humaine sera déterminée par des réflexes inconscients. Cela ne signifie pas pour autant que des choix conscients et des prises de décisions personnelles ne sont pas possibles. C'est simplement que, la plupart du temps, les personnes qui partagent une identité ethnique s'attendent à des comportements en conformité avec les normes d'interaction pratiquées dans leur culture. Ces pratiques, à leur tour, sont associées sans ambiguïté avec leur groupe ethnique.

L'appartenance ethnique est souvent confondue avec l'idée de race et, tandis que les traits raciaux contribuent à étayer la perception de l'identité ethnique, les deux doivent être conçus comme distincts. La notion de race – qui n'a pas de fondement biologique – se réfère aux caractéristiques physiques communes visibles au sein d'une population, qui a évolué dans des conditions stables sur une longue durée dans un endroit particulier. La notion d'ethnicité fait référence au sentiment d'identification avec les modèles de comportement et le système de valeurs d'un groupe, qui peut être distingué par certains traits physiques communs, mais qui n'en dépend pas. L'ethnicité est fondamentalement un concept culturel. Cependant, il faut reconnaître que la perception des ethnies par les autres – surtout lorsque les ethnies ne sont pas natives des régions où elles sont présentes – est communément orientée par les caractéristiques physiques. Souvent, cette perception d'origine raciale (groupe génétique) est figée en stéréotype et entraîne des manifestations de comportement raciste.

2))) La base linguistique de la culture

Dans son *Cours de linguistique générale*, Ferdinand de Saussure établit la notion désormais largement admise que la langue est une structure complexe, un ensemble fonctionnel dans lequel les différentes parties sont déterminées les unes par rapport aux autres. La langue est ainsi définie comme un système vivant de signes flexibles qui se manifeste sous deux formes :

> - la parole, ou la performance réelle de ceux qui utilisent la langue au moment même de parler ou écrire ;
> - la « langue », les connaissances et compétences que tous les utilisateurs de leur langue possèdent et partagent entre eux : les règles et connaissances de lexique qui permettent de formuler et d'interpréter le sens d'un énoncé linguistique.

La langue est structurée non pas par des règles arbitraires, mais par son utilisation réelle, ce qui signifie que l'acceptation spontanée par chacun des modes d'utilisation constitue le principe par lequel s'établit ce qui peut être reconnu comme l'ensemble de « règles d'usage » (à ne pas confondre avec les règles de la grammaire formelle, qui peut ne pas refléter la pratique réelle de la langue par ceux qui la parlent).

La langue fonctionne ainsi comme le système partagé accepté et, dans un certain sens, géré par un groupe humain. La langue se développe à partir des habitudes réelles (la parole) de sa population dans son interaction avec l'environnement physique, social et institutionnel. C'est ainsi que, dans certaines parties de l'Europe, le latin, autrefois utilisé comme langue universelle à travers l'Empire romain, a évolué vers un certain nombre de langues modernes désormais distinctes mais connexes, dont les plus connues sont le français, l'italien, l'espagnol et le portugais.

La « parole » – le discours réel – incarne non seulement les références à des choses et des actions, mais intègre aussi des formes de relation, des attitudes et des affects, alors que la « langue » se réfère à des propriétés formelles de l'usage linguistique : la grammaire, la syntaxe, le lexique et la phonologie (la façon dont les sons de la langue sont transformés en discours). La langue dans la culture reflète constamment l'interaction autour des besoins humains, des désirs et des attentes dans des situations concrètes d'échange, de transaction, de coopération, de consommation et de participation à des événements formels et informels. L'utilisation active de la langue dans la vie réelle donne corps aux signes formels de la langue (le vocabulaire) et définit ses règles d'expression et d'interprétation : la grammaire, la syntaxe, mais aussi le système d'intonation et d'effets paralinguistiques. La langue est donc une composante essentielle de la culture et fonctionne exactement de la même façon : elle est acquise par l'usage plutôt que par l'enseignement formel et son fonctionnement normal et efficace se produit bien au-dessous du niveau de conscience.

Les groupes ethniques partagent souvent une seule langue qui reflète les valeurs et les pratiques de leur culture. Mais la langue peut aussi être indépendante de l'appartenance ethnique, lorsque, par exemple, le même groupe ethnique pratique deux langues. Plus courant est le cas où différents groupes ethniques pratiquent une langue unique. Mais dans cette situation, le son et même la « forme » de la langue (les règles de grammaire, de syntaxe ou de morphologie) sont souvent différenciés au sein même des frontières nationales. Dans la plupart des pays européens, il existe des variantes de la langue nationale, qui peuvent paraître radicalement différentes par le son et le style en raison des pratiques régionales ou ethniques, tout en restant fondamentalement

La culture et les racines du comportement

structurées par la logique du même système et de la même tradition : par exemple l'anglais d'Écosse, de Liverpool ou de Newcastle par rapport à « l'anglais britannique standard ». Le français du Midi n'a pas non plus la même sonorité que le français de Paris, ni les mêmes rythmes, et il existe aussi des divergences de vocabulaire et, plus rarement, de syntaxe. Des phénomènes similaires existent dans la plupart des pays européens, où les modèles régionaux et les accents peuvent présenter des difficultés dans la compréhension, non seulement pour les étrangers, mais également pour les locuteurs de la version standard de la langue. L'Italie constitue un exemple extrême en raison de son histoire : son organisation politique pendant plus de 1 000 ans autour de Cités-États, et par conséquent, l'absence d'unité nationale. Même si la langue parlée est une forme de l'italien (dialecte ou patois), les différences de région à région peuvent être radicales.

3))) La composante religieuse de la culture

La religion a toujours une forte influence sur la formation d'une culture. Non seulement elle fournit un cadre pour l'éthique (les décisions morales), mais elle crée aussi les conditions de perception de la communauté comme un groupe de personnes liées entre elles par des liens plus forts que la simple géographie (*religio* en latin signifie « lier »). Les institutions religieuses et les lieux de culte (églises, synagogues, mosquées, temples, etc.) rassemblent les gens et développent le sentiment de communauté en leur donnant l'impression d'appartenir à un cercle plus large de personnes partageant les mêmes valeurs. Dans le contexte culturel européen actuel, de plus en plus sécularisé, les lieux de culte ont de moins en moins d'influence sur la question de l'identité et la conviction des individus d'être liés entre eux et avec d'autres au-delà de leur communauté.

Cependant, la culture de tous les pays européens a été façonnée par l'histoire religieuse. La Réforme, née en Allemagne au XVIe siècle, se répercuta sur l'ensemble de l'Europe, entraînant une multiplication de sectes ou branches du protestantisme. Pendant trois siècles, l'Allemagne moderne fut un patchwork d'États ayant chacun sa religion. En Angleterre, l'Église anglicane, contrôlée par le monarque, ne parvenait pas à empêcher la formation de sectes et d'églises concurrentes. Cette diversité religieuse à l'intérieur de zones linguistiquement unies a eu pour effet culturel indirect d'inciter à rechercher des systèmes de pensées philosophiques et scientifiques à l'instar des systèmes de croyances concurrents que représentaient les Églises. Les germanophones – surtout d'Allemagne et d'Autriche – ont élaboré des systèmes philosophiques, tandis que le Royaume-Uni a initié une culture de la science, qui s'est prolongée en Amérique du Nord, avec la colonisation anglaise.

En analysant une culture, il faut éviter de considérer la ou les religions d'un pays ou d'une population exclusivement sous l'angle d'une institution (Église) ou d'un système de croyances formalisé et officiel (dogmes ou textes sacrés). Il vaut mieux la considérer comme un cadre d'échange et une force culturelle qui consolide le sentiment d'appartenance à une communauté. Pour l'Église catholique, longtemps source unique d'autorité religieuse en Europe occidentale, la sanction d'« excommunication » était une procédure formelle visant une personne n'ayant pas respecté certaines règles de comportement et qui n'est plus acceptée en tant que membre de la communauté (une forme de bannissement ethnique). Mais, même pour les religions qui n'ont pas recours à cette forme d'exclusion, le sentiment d'être en conformité avec ou accepté par la communauté est une force puissante dans la définition de la culture.

En Occident – Europe et Amérique du Nord, en particulier –, il existe une tradition intellectuelle qui voit la religion principalement comme un système de croyances. Quand on demande à quelqu'un quelle est sa religion, cela sous-entend : « Quelles sont vos croyances ? ». Ceci est dû

Partie I

Le management interculturel en Europe

en partie à l'influence de la Réforme protestante, qui a engendré des interprétations variées et concurrentes du système de croyances chrétiennes et a privilégié la formulation des idées théologiques sur les comportements collectifs (la foi protestante – ce qu'on croit – prime sur les actes). Mais la religion a davantage joué le rôle d'un ciment pour préserver la communauté que celui d'un ensemble de concepts, d'idées ou même de récits devant être acceptés par les fidèles comme le fondement de la vérité.

Dès lors, la religion joue un rôle fondamental dans la structuration historique de toutes les cultures. Mais en tant que système de croyances, elle peut rester indépendante des cultures où elle a joué un rôle prépondérant ou important. C'est le cas en Europe aujourd'hui, mais pas forcément dans le reste du monde. Néanmoins, la meilleure preuve de cette relation de non dépendance entre culture et religion est le fait que les religions chrétiennes et musulmanes ont été adoptées par une grande variété de cultures très contrastées à travers le monde. Dans certaines situations, chacune de ces deux religions est devenue la religion officielle du pays, sans aucune correspondance avec l'origine ethnique de la population.

4))) Les fondements économiques de la culture

Une culture se construit autour des activités réelles des communautés ou groupes humains qui s'identifient à cette culture. Les **quatre piliers historiques du développement de l'Europe** au cours des derniers siècles sont, pour les trois premiers, l'agriculture, la fabrication conduisant à des processus industriels, et le commerce. Plus récemment, l'informatique et les technologies de l'information et de la communication ont été à l'origine d'une transformation profonde de l'activité sociale et professionnelle, provoquant un nouveau changement culturel. L'émergence de nouvelles orientations (telles que l'industrie au XVIIIe s. ou le commerce dans l'économie de consommation du XXe s.) crée de nouvelles attentes, la formulation de nouvelles ambitions, poussant la culture à intégrer des variantes originales par rapport à ses modes traditionnels d'activité et d'échange.

Les mutations économiques donnent naissance à un nouveau vocabulaire et même des styles d'expression dans la langue, mais elles provoquent aussi des changements démographiques, modifiant ainsi la composition ethnique de la culture. L'émigration continue des campagnes vers les villes au moment de la révolution industrielle a produit un effet profond sur les cultures locales : l'appauvrissement de la vitalité de la culture rurale et une sophistication croissante dans l'organisation de la culture urbaine. Le besoin de main-d'œuvre dans les campagnes désertées en raison de l'exode des travailleurs non qualifiés vers les usines des villes, en pleine croissance, a stimulé des flux importants de migration entre certains pays. Ces migrations ont été largement provoquées par deux facteurs : la pauvreté relative de certains pays par rapport à leurs voisins et, plus tard, les relations coloniales établies par les nations européennes dominantes. La **migration** continue et massive se traduit généralement par la coexistence de deux ou plusieurs cultures au sein de la même région, qui peuvent ensuite évoluer en parallèle ou vers une convergence ou une combinaison des deux. Cela affecte à la fois la langue et le sens de l'appartenance ethnique.

5))) Le cadre technologique de la culture

Les cultures se développent autour de la **technologie** qu'elles utilisent et créent. On peut définir la technologie comme un ensemble de « moyens artificiels par lesquels les humains interagissent avec leur environnement afin de parvenir à un résultat concret dans un but lucratif ou de jouissance ». Partout les hommes cultivent la terre, mais ils « cultivent » aussi les technologies

La culture et les racines du comportement

pour cultiver la terre. Pour exploiter les produits issus de la terre (agriculture, activité minière), ils sont amenés à produire les technologies destinées à transporter, stocker, manipuler, transformer, et même à consommer les produits de la terre.

Les groupes sociaux (autrement dit les cultures) évoluent aujourd'hui autour des nouvelles technologies qu'ils créent pour produire, apprendre et jouer ; technologies qui offrent la possibilité de transformer des ressources existantes en marchandises, qui ont tendance à se diversifier de plus en plus en fonction des besoins nouveaux qui sont découverts ou créés.

L'économie mondiale, menée dans un premier temps par l'Europe et l'Occident, a évolué au cours des siècles, en passant par trois grandes phases de développement économique :

- l'économie primaire : reposant en grande partie sur l'agriculture, mais aussi sur une activité de construction utilisant des produits issus de la terre : le bois, la pierre et le métal ;

- l'économie secondaire : la transformation organisée de biens (fabrication) ;

- le secteur tertiaire : dominé par les services (les transactions de toutes sortes) ;

- le quaternaire, une phase émergente de l'économie liée à l'utilisation des technologies convergentes (informatique, audiovisuel, télécommunications) et, plus particulièrement, à la démocratisation de la technologie mobile et l'émergence du *cloud computing*.

Si l'on remonte aux années 1500 dans l'histoire de l'Europe, on peut identifier une économie essentiellement primaire, marquée par l'agriculture et une activité intense de construction, de commerce et de consommation de produits principalement extraits de la terre et transformés manuellement, localement dans la plupart des cas. Le développement du commerce mondial, lié à l'exploration et à la colonisation, a entraîné un mouvement de concentration, invitant ceux qui en avaient les moyens (le capital) à produire en masse, conduisant directement à la révolution industrielle, au cours de laquelle l'invention de machines permettant de stimuler la productivité et une nouvelle organisation économique fourniront les conditions propices à une capacité de production naguère inimaginable. À son tour, ce début d'industrialisation a stimulé l'expansion du commerce mondial et l'intensification de l'organisation industrielle.

La nouvelle économie industrielle a entraîné la demande de services toujours plus variés, liés plus ou moins directement au développement progressif de nouveaux réseaux de communication : chemin de fer, télégraphe, téléphone, automobile (réseaux routiers) et diffusion audiovisuelle (radio, cinéma, télévision). Ainsi, pendant la période allant de la fin du XVIIIe siècle jusqu'au début du XXe siècle, le secteur secondaire a dominé l'économie.

L'abondance de biens industriels disponibles dans la « société de consommation » a créé un besoin croissant de services, si bien qu'à partir de la seconde moitié du XXe siècle, le secteur tertiaire a pris une importance de plus en plus dominante, tandis que la tendance, en Occident, était à l'externalisation de la production industrielle.

Nous assistons aujourd'hui à l'émergence d'un nouveau secteur, l'« économie quaternaire », que l'on peut définir par l'accès à de nouveaux types de relations – sociales, commerciales, artistiques – rendues possibles par l'utilisation croissante des réseaux de communication. Cette économie quaternaire est caractérisée par la diffusion d'une culture sociale, une culture de l'échange spontané, qui ne passe plus exclusivement par les canaux de communication traditionnels, structurés par les voies officielles et les institutions économiques classiques.

Partie I — Le management interculturel en Europe

ÉCONOMIE QUATERNAIRE

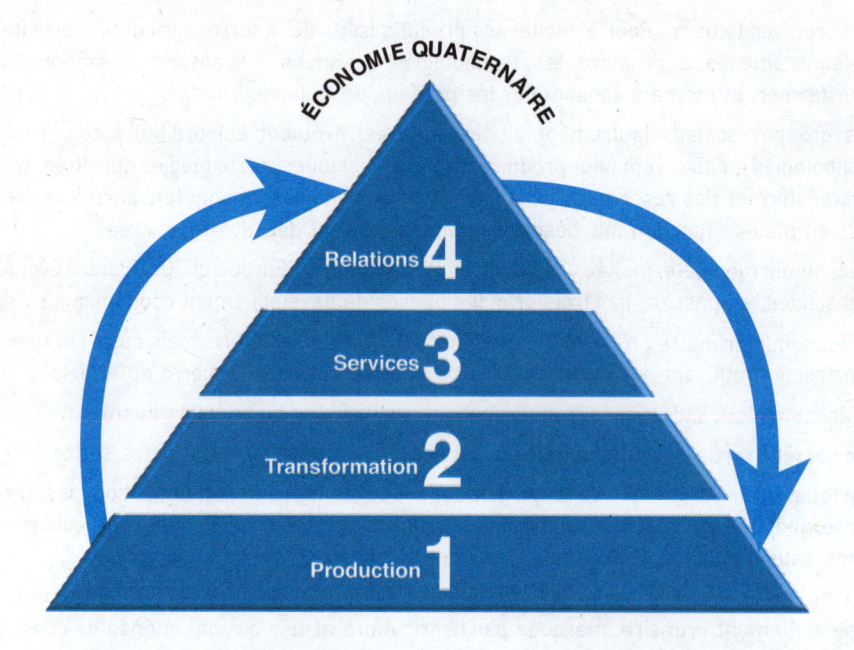

- 4 Relations
- 3 Services
- 2 Transformation
- 1 Production

Les effets de cette évolution sur la culture (le comportement humain collectif) sont impressionnants, et le processus engagé depuis plus de deux siècles ne présente aucune tendance au ralentissement. Même les pressions écologistes pour sauver la planète contre les conséquences négatives d'une économie construite sur l'exploitation des matières premières agissent tel un facteur d'accélération du secteur quaternaire. La technologie, réduisant les besoins en matériel ou fournissant une alternative à l'épuisement des sources d'énergie, est apparue comme un nouveau domaine de recherche essentielle et de production industrielle, exigeant à la fois des solutions innovantes et de nouvelles formes d'organisation sociale.

Depuis un siècle, la technologie a eu un impact croissant sur les cultures. En un sens, l'exigence de normes universelles pour la technologie dans une économie d'échange toujours plus étendue géographiquement, avec sa tendance vers la standardisation et l'homogénéisation des marchés, a conduit à l'idée que nous participons tous à une « culture mondiale », même s'il s'agit d'une notion très discutable. Ce qui est indéniable, c'est que les cultures locales sont de plus en plus influencées dans leur évolution interne propre par des facteurs qui viennent de nombreuses directions différentes.

6))) La dimension politique de la culture

Dans de nombreuses cultures, et en particulier en Europe, l'histoire est souvent pensée, de façon un peu naïve, comme une suite ou un enchaînement d'événements politiques, accompagnés par les efforts d'écrivains, artistes et architectes, qui se chargent d'exprimer des idées et des valeurs de leur époque. Il s'agit d'une vision linéaire et événementielle de l'histoire. L'École des Annales, courant historique né au XXe siècle, a proposé une approche différente, mettant l'accent sur des thèmes sociaux plutôt que sur les faits politiques, et donnant de l'importance aux mentalités, à la façon qu'ont des personnes, dans un lieu donné et à une époque particulière, de voir et d'interagir avec le monde. L'École des Annales met l'accent sur l'état de la culture plutôt que sur la culture de l'État, mais ne nie pas l'influence possible des événements historiques spécifiques dans le domaine politique. La tendance de l'École des Annales était en effet de voir des initiatives et des décisions politiques davantage comme un reflet de la profondeur de la réalité culturelle que comme des exemples d'initiatives personnelles indépendantes et de prises de décisions individuelles ou institutionnelles. L'approche de l'École des Annales est devenue la norme pour l'historiographie moderne en Europe et souligne l'importance de voir les nations, qui sont des entités politiques, comme des produits de la culture plutôt que la culture comme une création de la nation. En d'autres termes, la culture politique, y compris les « valeurs publiques » (démocratie, solidarité, etc.), est considérée comme une conséquence de la culture ethnique, linguistique, économique et esthétique.

7))) La base esthétique de la culture (ou style de vie)

Chaque culture crée ses propres critères pour définir sa notion de l'harmonie, de la beauté et du bien-être. La façon dont on organise, décore et utilise à des fins sociales ou utilitaires un habitat varie d'une culture à une autre. Le choix de nourriture et le rythme des repas constituent un aspect important de la culture. Ce que les groupes – familiaux, sociaux ou professionnels – font au moment des repas est également fonction de la culture. Par exemple, en Angleterre, il est courant le midi de manger tout en travaillant au bureau, en apportant des sandwichs, alors qu'en France, en Espagne et en Italie, les repas sont considérés comme l'occasion de discuter, que le sujet soit professionnel ou social.

Les critères esthétiques ne s'appliquent pas uniquement aux beaux-arts (peinture, musique, sculpture et architecture). Ils s'appliquent également au style des maisons, aux bureaux, aux rues, aux espaces publics et aux parcs, ainsi qu'à la nature elle-même. Puisque l'esthétique touche aux sensations et affects avec un impact immédiat sur l'humeur, elle assure une fonction importante de régulation sociale, qui rend la communication plus facile et plus efficace lorsque les gens réagissent selon des schémas connus à ce qui est attirant ou non dans leur environnement. C'est ainsi que la notion de « style de vie » peut être considérée comme l'indicateur le plus général et le régulateur commun d'une esthétique publique. Le « style de vie » désigne la façon dont les gens interagissent avec leur environnement, comme faire la queue pour l'autobus, organiser un repas ou choisir des sujets de conversation avec des amis. C'est aussi la façon dont on accueille quelqu'un et comment sont gérées les relations humaines. Même le choix de sourire ou de prendre un air sérieux relève d'un choix esthétique lié aux pratiques d'une culture. Ces actes reflètent et structurent les modes de perception et les valeurs. Aux États-Unis, sourire quand on rencontre quelqu'un comporte une telle valeur positive (parfois avec la force d'obligation) que les gens qui ne sourient pas systématiquement sont jugés antisociaux. En Europe occidentale, sourire à des moments précis est un moyen judicieux pour confirmer la validité ou la solidité d'une relation, mais sourire systématiquement risque d'être perçu comme un manque d'intelligence ou un signe d'hypocrisie, voire une moquerie. Le sens de l'interprétation des comportements n'est pas une compétence enseignée ; elle est transmise par la culture à travers des comportements répétés tous les jours. En Europe du Nord (Pays-Bas, Scandinavie) et dans l'Europe de l'Est, le fait de sourire « sans une bonne raison » peut être ressenti comme une forme de manipulation du comportement, un manque de sincérité, et sera jugé inapproprié pour certaines formes de discours.

8))) Éducation et culture

La culture est transmise principalement par le biais d'interactions informelles et la répétition d'habitudes observables, imitées par tout le monde et reçues en-dessous du niveau de conscience.

Mais l'**éducation** joue aussi un rôle important, même si sa signification est davantage liée à un style qu'à un contenu. Dans une large mesure, l'éducation s'efforce d'inculquer aux membres d'une culture une façon particulière d'utiliser le langage pour décrire les choses, les relations et les actions, plus qu'elle ne cherche à développer la capacité d'agir. Elle est donc directement liée au développement du rôle du langage dans la culture. Mais l'éducation est également un système de comportement, qui détermine la façon dont on est censé écouter et interpréter tout discours, ainsi que la façon dont on doit apprendre à formuler et encadrer ses ambitions. L'accent est mis sur le « comment » plutôt que sur le « quoi ». Il s'agit de fonder des normes de comportement. Ceci pourrait être considéré très simplement comme le style des institutions éducatives, qui a des conséquences au-delà du domaine de l'éducation, en produisant un impact sur la façon dont les gens apprennent ou échouent dans leur apprentissage à l'âge adulte. Parce que l'école inculque un modèle d'apprentissage essentiellement formel, qui reflète et renforce la culture locale, elle crée des attentes sur la façon dont l'apprentissage en dehors de l'école devrait avoir lieu. Comme cela varie d'une culture à une autre, les conflits, dans ce qu'on appelle parfois les « **styles d'apprentissage** », existent pour des apprenants provenant de cultures différentes. Cette différence peut être à la source de problèmes dans la gestion des ressources humaines.

Les traditions éducatives créent par conséquent des attentes précises sur ce qui doit être appris, et la façon dont cela doit être appris, mais aussi sur l'identité des sources d'apprentissage qui font autorité ou qui sont considérées comme dignes de foi. D'une culture à l'autre, la notion d'autorité varie, tout comme l'attitude de l'institution d'enseignement et des enseignants eux-mêmes par rapport à l'encouragement ou au découragement de l'effort créatif, de l'esprit de découverte, ou l'emploi des méthodes d'essai et d'erreur. Les traditions diffèrent dans leur formulation des priorités. Les deux extrêmes peuvent être définis soit par l'obligation faite aux apprenants d'assimiler et de mémoriser des textes faisant autorité, avant de les inviter à réfléchir et les commenter, soit par une approche qui voit plutôt les textes traditionnels comme une source à dépasser, afin de générer de nouvelles idées.

Divers auteurs (Philip W. Jackson, Benson R. Snyder, Ivan Illich, etc.) se sont penchés sur la façon dont l'école donne forme non seulement aux connaissances et aux méthodes pour les acquérir, mais aussi aux attitudes et compétences sociales.

Michael Haralambos résume ce point de vue dans *Sociology: Themes and Perspectives* en utilisant le terme « curriculum caché » :

« Le **curriculum caché** est constitué des choses que les élèves apprennent par la simple expérience de fréquentation de l'école plutôt que par les objectifs éducatifs de ces institutions. »

Roland Meighan, lui, insiste sur le point suivant : « c'est l'école qui enseigne le curriculum caché et non les enseignants » (*A Sociology of Educating*, 1986).

Les phénomènes culturels sont toujours collectifs et souvent cachés, produisant leurs effets de modélisation de la perception et de la pensée à un niveau inconscient. Cet ensemble d'attentes et de réflexes d'interprétation est produit par une communauté, et non par un individu, quel que soit son niveau d'autorité. Alors que la plupart de ces auteurs décrivent un phénomène qu'ils considèrent comme universel, la façon dont le « curriculum caché » fonctionne varie de culture en culture, avec le risque que ces variations émergent de façon problématique dans un contexte professionnel particulier. En effet, face à une culture d'entreprise qui insiste explicitement sur des valeurs officielles, comme « l'honnêteté » ou « l'esprit de service », des employés provenant d'autres cultures auront tendance à interpréter ces idées sur la base de leur propre culture. Dans *Did the Pedestrian Die?*, Fons Trompenaars a comparé les réactions de personnes provenant de

La culture et les racines du comportement

différentes cultures face au dilemme de mentir pour atténuer la force de la loi contre un ami qui aurait renversé un piéton lors d'un excès de vitesse. Le mensonge en question consistait à témoigner qu'il n'y avait pas d'excès de vitesse. Les résultats montrent que l'idée de ce qui est « honnête », par exemple, est très variable. Alors que 93 % de Nord-Américains et de Suisses affirment qu'ils ne mentiraient pas pour aider leur ami, seulement 35 % des Chinois et Vénézuéliens refuseraient de mentir. Un Coréen participant à un séminaire interculturel où ce cas a été présenté a même remercié l'animateur d'avoir prouvé que les Américains sont « corrompus ». « On ne peut pas faire confiance aux Américains, ils ne viennent pas en aide à leurs amis. » Il est évident, pour un Américain, que mentir pour aider un ami est, au contraire, un acte de corruption.

Ainsi, dans certaines cultures, l'idée de partager ses connaissances avec d'autres, même dans des conditions d'examen formel, est considérée comme un acte social, constructif et donc normal (c'est-à-dire toléré, voire encouragé), alors que, dans d'autres cultures, le même acte sera considéré comme « de la triche ». Aux États-Unis par exemple, tricher lors d'un test peut être assimilé au vol car, d'une part l'obtention d'un bon résultat pourrait avoir une valeur financière, et d'autre part l'acte constitue une entorse à l'une des valeurs fondamentales : l'égalité des chances. Si l'on accepte que le système d'éducation d'un pays inclut un curriculum caché, on comprendra aisément son importance dans la construction de la culture en dehors de l'école. Les valeurs ainsi instaurées et renforcées par le curriculum caché sont transmises et appliquées à l'ensemble des actes sociaux, et surtout aux négociations et transactions commerciales, où il existe un enjeu économique ou financier. L'école sert non seulement à figer un certain nombre de valeurs liées à l'évaluation de la capacité productive des individus, mais écrit aussi le scénario de leurs comportements spécifiques. Deux personnes provenant de deux cultures différentes et exposées pendant toute leur jeunesse à deux curricula cachés différents, au moment de commencer une collaboration au sein d'une équipe professionnelle, auront du mal à s'apprécier mutuellement, et pire, ne sauront pas en identifier la raison.

En résumé, des cultures qualifiées de « collectivistes » considèrent l'acte de partager, surtout entre proches, comme une priorité, une valeur positive, alors que les cultures individualistes le voient plutôt comme une forme de corruption, de subversion de l'ordre moral. Mais il existe une correspondance supplémentaire, qui aide à situer comment chaque culture définit l'idée d'« intérêt ». Dans les cultures individualistes, on peut détecter un point de vue quasi philosophique qui place l'individu au centre de l'univers. Il est seul responsable de sa réussite, doit faire ses preuves et se distinguer par ses accomplissements. Dans une culture collectiviste, chacun cherche à réussir même en tant qu'individu –, mais en sachant qu'il aura besoin du groupe pour le faire. Mobiliser le groupe peut donc sembler non seulement légitime, mais obligatoire. Tricher pendant un examen pourra être ressenti comme une chose normale et positive. Refuser de partager serait ressenti comme une trahison de la confiance. L'individu qui utilise le groupe pour avancer – même en sachant que c'est contre la règle du jeu – cherche à se maintenir dans le groupe, et même à contribuer, par une performance meilleure, au succès du groupe. Dans une culture individualiste, au contraire, tricher apparaît comme une atteinte aux intérêts de chaque individu, qui doit prouver sa capacité personnelle par le jeu de la concurrence pratiqué dans des conditions d'égalité. « Que le meilleur gagne » et qu'il profite seul de son succès ! On voit par cet exemple que, dans le curriculum caché, des notions culturelles peuvent être corrélées avec des notions économiques (concurrence) ou politiques (égalité).

Les conséquences pour une entreprise sont réelles lorsqu'il s'agit de faire travailler ensemble des personnes de deux cultures contrastées par leur curriculum caché. Prenons le cas d'une entreprise qui cherche à développer le travail collaboratif. Il est prévisible que, dans la même entreprise, la facilité « d'entrer dans le jeu de collaboration » soit plus grande dans une culture où la collaboration dans le travail est encouragée comme méthode d'apprentissage à l'école. Dans une culture comme celle de la France, où pendant toute leur scolarité les élèves sont mis en concurrence avec leurs pairs et systématiquement évalués selon un classement numéroté, avant d'entrer dans un système de tri complexe fait d'examens et de concours, il ne serait pas surprenant que l'entreprise qui essaie de mettre en œuvre une politique de travail collaboratif ait beaucoup plus de difficultés que dans un pays avec une culture éducative qui encourage et récompense la coopération (toutefois, le travail collaboratif est aussi enseigné en France). Par exemple, dans les années 1990, beaucoup d'entreprises françaises ont choisi d'installer le logiciel de travail collaboratif *Lotus Notes* avec l'idée que ce *groupware* serait un outil permettant de développer une culture de *knowledge management* caractérisée par une production collaborative et un enrichissement collectif. Lorsque, 6 ans après sa mise en œuvre dans une grande entreprise française, nous avons interrogé le personnel sur l'impact de *Lotus Notes*, la réponse la plus fréquente était : « On ne l'utilise que pour le mail interne. »

Le problème pour une entreprise ne se réduit ni à celui de la présence ou l'absence d'outils adéquats ni à celui de leur qualité relative. Il se situe plutôt au niveau de la motivation.

Ce qui stimule un individu à l'intérieur de sa propre culture n'est pas nécessairement ce qui motive quelqu'un appartenant à une autre culture. Par exemple, certaines cultures ont tendance à étudier et apprendre en groupe plutôt que de travailler seul.

Les habitudes apprises à l'école ont plus d'importance dans la vie adulte que les connaissances, alors qu'on suppose que celles-ci sont l'objectif principal, sinon unique de l'école.

La question de l'évaluation existe aussi dans les entreprises. Si la problématique est différente – les entreprises cherchent à évaluer les compétences (la performance) et l'école les connaissances –, la culture scolaire se transmet subrepticement à l'entreprise. Beaucoup d'entreprises recrutent sur la base du diplôme, du classement et des notes obtenues par le candidat à l'école ou l'université. Laszlo Bock, directeur RH (*senior vice president of people operations*) chez Google explique comment son entreprise a dû corriger le tir en s'éloignant des critères académiques pour le recrutement : « Les moyennes des notes (*GPA* ou *Grade Point Average*) sont sans valeur comme critère d'embauche, et les résultats des tests ne valent rien – aucune corrélation à l'exception des diplômés fraîchement sortis d'université, où il existe une légère corrélation. [...] Les environnements académiques sont des environnements artificiels. Ceux qui réussissent sont en quelque sorte finement formés : ils sont conditionnés à réussir dans cet environnement. » (*NY Times*, 19/06/2013).

9))) Un exemple d'impact culturel

La culture de l'éducation est donc une composante majeure de la culture de chaque pays. Dans une culture où l'on a pris l'habitude de travailler seul contre les autres, il est plus difficile de s'adapter à une culture collaborative. Une étude réalisée par Pierre Audouin Consultants, *Social Collaboration in Germany, France, and the UK 2013*, présente quelques-unes des conséquences des habitudes scolaires à travers les différences entre les trois pays comparés.

La culture et les racines du comportement

> La France devance l'Allemagne dans la mise en œuvre de la collaboration sociale (26 %). Pourtant, l'analyse montre qu'il reste beaucoup de place pour l'amélioration par la création d'un environnement favorable à la collaboration sociale. En termes de « culture de communication ouverte » et d'autonomie des employés, les divisions françaises se classent nettement derrière celles du Royaume-Uni et de l'Allemagne. Enfin, de l'avis des participants à l'enquête française, les barrières culturelles constituent un relativement grand obstacle à la réalisation de la collaboration sociale.

Alors que les entreprises françaises passent à l'acte plus facilement que celles des deux autres pays, les participants eux-mêmes reconnaissent l'existence de barrières culturelles à l'évolution des pratiques. Les « barrières » sont celles des habitudes et réflexes acquis à l'école, tandis que la facilité relative de mise en œuvre du dispositif reflète une culture plus hiérarchique, où les décisions sont prises et implémentées par les chefs indépendamment de leur viabilité sur le terrain.

Il est particulièrement intéressant d'étudier les résultats de cette enquête, non seulement pour ce qu'elle révèle les différences culturelles héritées du passé, mais aussi pour comprendre l'évolution future. La tendance à développer le travail collaboratif sur une échelle importante est récente, mais elle touche toutes les entreprises dans toutes les régions du monde. Aujourd'hui, on mesure les effets sur cette évolution. On constate quelques phénomènes en apparence contradictoires, tels que, par exemple, le fait que 55 % des Français interrogés dans l'étude affirment que leur « culture d'entreprise est partiellement ou majoritairement orientée vers la collaboration sociale », alors que seulement 11 % des Allemands et 39 % des Britanniques affirment la même chose. En même temps, comme le montre le tableau suivant, les Français reconnaissent être les plus faibles en « communication ouverte et retour d'information » (le principe même du dialogue collaboratif) et que l'autonomie des employés est très limitée.

Partie I

Le management interculturel en Europe

The United Kingdom's pioneering position is justified!

Evaluation: "Completely applies or rather applies"	DE	UK	FR
We have a culture of open communication and feedback	76	**80**	66
We established rules for social networking within our company	37	**69**	41
We established rules for social networking via public network services	37	**69**	34
Our employees can largely determine for themselves how and via what applications they network.	26	**34**	19
Our employees can largely determine for themselves where and when they work	**22**	**22**	13
Our management actively uses social networking applications	11	**35**	11

Pierre Audouin Consultants

On remarque également que seuls les Britanniques, avec un score de 35 %, observent l'utilisation des réseaux sociaux par le management. Ceci peut être attribuable au fait que la culture allemande est très formelle, et à la forte différentiation hiérarchique de la culture française. Ces observations sont confirmées dans un autre tableau qui révèle que 42 % des Français trouvent que leur culture d'entreprise n'est pas adaptée à la collaboration sociale, en directe contradiction avec l'affirmation citée plus haut : « Notre culture d'entreprise est partiellement ou majoritairement orientée vers la collaboration sociale. »

Corporate culture is not suitable for social collaboration	34	31	**42**
Lack of support from top-level management	30	33	**43**

Pierre Audouin Consultants

La culture et les racines du comportement

Cette contradiction apparente offre un éclairage sur un autre aspect de la culture : le décalage entre les intentions exprimées et le comportement réel. Quand les Français disent que leur culture est « orientée » vers la collaboration sociale, ils pensent aux directives données en faveur du travail collaboratif. Ce sont les chefs qui « orientent ». Mais quand ils évaluent la culture elle-même, le comportement réel, ils deviennent plus réalistes et reconnaissent leurs propres tendances. En réalité, toute culture connaît un décalage interne entre ses forces dynamiques, qui définissent les « projets en cours », et l'inertie des forces en place, les valeurs et pratiques qui se répètent depuis des générations. C'est grâce à ces moments de tension que les cultures évoluent, mais on trouve toujours la trace des tendances fondamentales. Avec l'arrivée des technologies de communication, de l'Internet, et leur promesse d'une productivité accrue, il est inévitable que les pratiques, dans les entreprises des trois cultures – britannique, française et allemande –, évoluent pour se stabiliser dans des normes de comportement qui répondent mieux aux exigences de l'économie. Mais le résultat reflétera la particularité de chaque culture, grâce à l'expérimentation de nouvelles méthodes de collaboration et d'exploitation du potentiel de la technologie.

Toutes les cultures du monde cherchent à s'adapter aux mutations technologiques qui bouleversent le monde depuis quelques décennies, et plus particulièrement le monde des entreprises. La culture n'est jamais un simple reliquat du passé ou un système figé. Pour les entreprises, il est important de reconnaître tous les paramètres du changement, de savoir construire avec les atouts de sa culture de base, mais aussi, et de plus en plus, d'intégrer les nouvelles pratiques liées à l'utilisation des technologies, pratiques qui remettent parfois en cause les habitudes du passé. Surtout, il faut affiner la politique de diversité, une des conséquences inévitables de l'ouverture créée par les technologies de communication, et la pression croissante pour développer une culture de travail collaboratif et social.

Chapitre 2

Gérer la diversité culturelle

L'identité et l'image de toute entreprise reflètent à la fois ses origines géographiques, la personnalité et les valeurs de ses fondateurs. BP est une entreprise britannique avec une activité globale ; SAP est une entreprise allemande présente dans le monde entier ; Saint-Gobain, entreprise française, ne connaît pas de frontière pour ses activités. Non seulement ces entreprises doivent s'adapter à leurs marchés aux caractéristiques extrêmement variées et aux systèmes juridiques parfois complexes, mais elles doivent aussi s'assurer des meilleures relations au sein du personnel. Cela demande un effort important d'harmonisation des pratiques de gestion des relations humaines à tous les niveaux de l'entreprise. Ce qui est vrai pour les grandes entreprises l'est aussi pour les PME lorsque leur activité inclut une dimension internationale. Et même avec des ambitions cantonnées au marché national, ces entreprises doivent gérer un effectif qui peut parfois être composé de personnes d'origines très diverses.

1))) Le cas Nordlever

La directrice des ressources humaines de Nordlever, Elsa Magnusdotter, une Danoise, a appris par expérience, sur deux continents différents, les effets de la complexité culturelle sur la vie d'une entreprise. En poste depuis quatre ans au Danemark et en charge de l'ensemble du groupe à travers six pays d'Europe, elle a travaillé pendant trois ans en tant que responsable RH spécialisée dans le recrutement pour une entreprise américaine à Chicago.

Pour les responsables des ressources humaines, la problématique de la diversité s'articule officiellement autour de plusieurs axes. Il s'agit de veiller à la non-discrimination à l'égard :
– du sexe ;
– de l'âge ;
– de l'origine ethnique ou nationale ;
– de l'intégrité physique (handicapés) ;
– de la religion ;
– de l'orientation sexuelle.

Une entreprise telle que Nordlever, qui encourage et cherche même à développer la diversité, doit surtout adopter des pratiques normées concernant le recrutement, le niveau de salaire et les conditions de travail. Elle doit également promouvoir et gérer une culture d'entreprise qui incite le personnel à comprendre les bienfaits de la diversité. Si les lois et les règles de base désignent nommément les catégories citées précédemment, dans une entreprise consciente des bienfaits de la diversité, il faut un effort supplémentaire, qui tiendra compte de la variation culturelle, autrement dit les valeurs explicites et implicites portées par des personnes d'origines géographiques différentes.

Le principe fondamental est celui de l'égalité de traitement de groupes et de personnes identifiables par un trait évident : leur sexe, leur état physique, l'âge, la couleur de la peau, l'accent, et éventuellement le style vestimentaire. La diversité culturelle étant plus difficile à cerner que ces traits perceptibles à l'œil ou l'oreille, il serait facile de négliger la culture comme un phénomène trop personnel pour prétendre la gérer. Tel que nous l'avons vu, la culture concerne plutôt des ensembles de valeurs et des codes d'interaction sociale, qui ne sont ni visibles ni apparents. Pour cette raison, la culture en tant que telle n'est jamais désignée et formalisée dans les lois censées régir la gestion de la diversité en entreprise. Pourtant, un responsable des ressources humaines concerné par le fonctionnement harmonieux de ses équipes ne peut rester indifférent au rôle de la culture et des cultures dans sa gestion de la diversité. Car la culture des employés et le mélange de cultures qui se pratique au sein de l'effectif d'une entreprise sont la source même de tous les comportements, professionnels et sociaux.

Ainsi Mme Magnusdotter se préoccupe de suivre ce que l'on peut appeler la **composition culturelle** de son entreprise, dont la vocation, dans un contexte de croissance et de mutation permanente, est internationale. Elle est particulièrement consciente de son importance à trois niveaux :
– le recrutement ;
– la composition et le fonctionnement d'équipes dans chaque pays ;
– les interactions entre la culture d'entreprise et les différentes cultures représentées parmi le personnel.

Ce sont les trois aires de décision et d'action qui ont un impact direct non seulement sur la productivité de l'entreprise mais aussi sur son identité et sa durabilité.

Il reste évident que le premier indicateur de culture est l'origine nationale et la langue maternelle de chaque membre du personnel. Entrent également en jeu la diversité ethnique et raciale dans le contexte des relations particulières de groupes dans chaque espace national, le brassage des générations et la diversité linguistique (notamment le bilinguisme), dans la mesure où de plus en plus d'entreprises pratiquent une langue *corporate* – souvent l'anglais –, quel que soit le pays d'origine ou d'implantation.

2))) La diversité ethnique

Dans le poste qu'elle occupait précédemment, Mme Magnusdotter avait travaillé à Chicago pendant trois ans pour une entreprise multinationale d'origine américaine, où la politique de diversité était très formalisée, faisant l'objet d'un suivi permanent coordonné avec le service juridique de l'entreprise, en raison d'incidents qui s'étaient produits au cours de la décennie précédente, des managers ayant enfreint les lois relatives à la diversité. Auparavant, elle avait travaillé pour une entreprise néerlandaise à un poste subalterne.

En comparant ses expériences en Europe, elle constata rapidement quelques contrastes importants entre les trois pays, surtout avec les États-Unis. Mme Magnusdotter fut surprise de découvrir qu'au Danemark, comme aux Pays-Bas, les lois sur la diversité étaient :
– moins nombreuses ;
– moins un objet de préoccupation par la direction de l'entreprise et par le management ;
– rarement appliquées à la lettre.

Elle découvrit un certain nombre de variantes, à la fois dans les lois, les comportements et les attitudes, selon la composition ethnique et l'histoire de chaque pays. Pour Nordlever, à travers l'Europe, le thème de la diversité comme facteur de productivité est pris très au sérieux et bien compris par les managers dans chaque pays où l'entreprise est implantée. Par contraste avec les

Gérer la diversité culturelle

États-Unis, la question de la gestion de la diversité n'est pas ressentie telle une pression permanente afin de rester en conformité avec des normes formalisées dans les lois et imposées à tous les acteurs économiques. La législation européenne fournit un cadre général qui situe les grands principes de non-discrimination, et chaque nation légifère en respectant ces normes, qui semblent à beaucoup de managers formulées davantage comme des principes moraux à respecter pour le bien de l'entreprise et de son personnel, que comme des systèmes de sanction automatique. Les entreprises telles que Nordlever, qui mettent en avant leur vocation internationale, apprennent non seulement à veiller au respect des lois, variables d'un pays à l'autre, mais cherchent aussi à mettre en place une politique constructive de la diversité, visant un meilleur niveau de performance. Ainsi, nombre de managers ont vite compris les avantages qui accompagnent la constitution d'équipes incluant une diversité de cultures. Cette pratique de l'inclusion permet d'élargir la vision, la flexibilité et la créativité de leur effectif.

En revanche, Mme Magnusdotter a constaté, dans les petites et moyennes entreprises dont l'ambition ne dépasse pas un marché local, régional ou national – surtout si elles sont focalisées sur une réponse aux besoins d'une population homogène et bien enracinée –, que les avantages qu'on peut tirer de la diversité des talents sont moins évidents. Sans cette motivation positive, il y a beaucoup plus de risques que certaines attitudes nationalistes, voire racistes, jouent contre le principe de diversité et entraînent de réelles injustices.

En réfléchissant aux différences qu'elle a expérimentées sur deux continents, Mme Magnusdotter a exposé à ses collègues sa perception du contraste fondamental entre la politique de diversité des entreprises en Europe et aux États-Unis, qui lui a permis de mieux comprendre les opportunités qui existent en Europe. Même si la variété des lois et des traditions entre les pays européens est significative, elle estime, pour Nordlever, que les conditions sont favorables au développement d'une politique d'entreprise focalisée sur les multiples avantages de la diversité culturelle. Elle sait que certains problèmes endémiques liés à la diversité dans la société civile, et notamment en milieu urbain, sont identiques sur les deux continents. Chaque pays gère les relations avec certains groupes ethniques en fonction de son histoire propre, chargée de stéréotypes inventés ou hérités d'une culture coloniale appartenant au passé, et qui font que ces groupes peuvent être considérés par certains segments de la population comme inférieurs et aptes seulement à occuper des postes de bas niveau. Et elle sait aussi que nos gouvernements et nos institutions sociales ont souvent du mal à clarifier ces questions et à désamorcer la haine que de telles notions véhiculent. Mais ces interrogations sont fréquemment liées à des faits politiques ou des incidents historiques.

Comme nous le verrons plus loin, l'entreprise en tant que société humaine peut promouvoir une culture qui a son propre sens, une culture d'entreprise, qui n'est pas condamnée à refléter les préjugés des sociétés et cultures dans lesquelles elle déploie son activité. Dans une entreprise, la diversité prise dans son sens purement culturel – valeurs, pratiques linguistiques, histoire des peuples, traditions intellectuelles – sera facilement comprise, grâce à la mise en œuvre d'une politique efficace des ressources humaines comme une source permanente d'enrichissement capable de valoriser la culture de l'entreprise et de favoriser la performance de ses équipes.

Pour aider ses collègues à comprendre les enjeux de la diversité, Mme Magnusdotter a schématisé son analyse des différences entre les États-Unis et l'Europe (tous pays confondus) sur les questions de diversité dans l'entreprise.

Partie I — Le management interculturel en Europe

États-Unis	Europe	Conséquence pour l'Europe
La politique de diversité est formellement installée dans la culture d'entreprise.	Il existe une conscience de la responsabilité de l'entreprise devant la loi mais la politique est moins formellement définie et moins appliquée par les pouvoirs publics.	En contraste avec leurs homologues américains qui craignent les actions en justice, les managers européens ont souvent une attitude de négligence qu'ils ont tendance à justifier par les « priorités de survie ».
Les entreprises qui pratiquent une politique de la diversité sont motivées par le désir d'échapper aux sanctions de la loi. Elles raisonnent en termes de compliance **(respect de la loi, conformité avec les pratiques explicitement définies).**	Les entreprises qui encouragent la diversité sont davantage motivées par le souci de leur image dans la communauté. Il existe parfois une certaine hypocrisie : on se conforme dans les actes mais on cherche moins à influencer les attitudes.	Une plus grande variété dans les pratiques visant à respecter la diversité. Dans les entreprises avec les meilleures pratiques, la motivation est sincère et peut s'incruster dans la culture d'entreprise.
Il existe des leaders, connus des médias, qui défendent et luttent publiquement pour les intérêts des minorités.	Les Européens d'origine dominent les médias. Les représentants des minorités qui sont reconnus comme leaders ne cherchent pas à lutter en faveur du segment de population qu'ils représentent.	La pression pour changer les pratiques concernant le traitement et le respect des minorités vient rarement des minorités elles-mêmes dans l'entreprise. La demande est filtrée par les représentants syndicaux, qui parlent au nom de l'ensemble des employés.
L'origine ethnique aux États-Unis n'a pas de base géographique ou a peu de rapport avec la région d'origine. La notion de race (couleur) est plus importante que celle de la culture d'origine.	En Europe, les minorités portent souvent les traditions de leur pays ou région d'origine et maintiennent des liens solides (visites dans le pays d'origine et visites de membres de la famille habitant toujours la région d'origine).	Les questions concernant la discrimination en entreprise tournent souvent autour des pratiques culturelles plus que sur les attitudes supposées comme racistes (mépris, humiliations, etc.).
L'initiative prise par des groupes ou des individus conscients de la force de la loi permet facilement de définir un préjudice général à réparer par des actions en justice. Même les petites entreprises peuvent être visées et doivent élaborer une politique de prévention.	Le recours à la loi est moins souvent pratiqué en Europe, surtout dans les PME. Les cas de litiges concernent le plus souvent des individus.	Les cas réels sont souvent étouffés dans les petites entreprises ou ne sont pas déclarés faute d'organisation. Le risque pour les entrepreneurs est moins important qu'aux États-Unis.
On considère que tout le monde a choisi de remplacer sa culture d'origine par la culture du « creuset » américain (melting pot). Les autres cultures appartiennent au passé. On accueille les personnes (individus), non leurs cultures.	Pour les populations immigrées, souvent issues du colonialisme, dans la mesure où les Européens pensent qu'elles peuvent retourner chez elles, ils acceptent que leur communauté maintienne des éléments importants de leur culture.	La diversité culturelle des communautés est acceptée comme un état normal de la société, même si certains Européens sont mal à l'aise et rêvent d'un retour à un état idéalisé d'une population d'origine purement européenne.

Gérer la diversité culturelle

Il faut préciser que l'histoire du colonialisme a eu un effet important sur les comportements en Europe. D'une part, les nations ayant un passé colonial ont fini par intégrer une population permanente d'ethnicité non européenne qui, même après intégration, entretient des liens forts et persistants avec leurs pays d'origine, surtout par le biais de liens familiaux, ce qui n'est pas le cas aux États-Unis (sauf pour la population mexicaine). D'autre part, au sein de l'Union européenne, la circulation des populations nationales d'origine européenne s'est accrue, entraînant certains phénomènes démographiques, tels que le déplacement de populations depuis les pays pauvres vers les économies riches, mais aussi depuis les anciens pays colonisés. Ainsi, on trouve dans un pays comme la France des communautés d'origine sud-asiatique (Inde, Pakistan, Sri Lanka), qui poursuivent leur migration vers le Royaume-Uni.

Forte de son expérience, Mme Magnusdotter est consciente que le racisme et la religion demeurent des facteurs de discrimination qu'il ne faut pas sous-estimer. Même avec une politique proactive orientée vers la recherche des meilleurs talents, elle sait que les pratiques ne seront jamais parfaites. Elle connaît aussi la variabilité du problème dans les différents pays d'Europe où Nordlever développe son activité. Cette connaissance lui permet de mieux harmoniser la politique de l'entreprise en faisant un effort particulier de vigilance et de formation, notamment aux Pays-Bas, au Luxembourg et en France, où le problème semble plus sérieux.

La discrimination en Europe

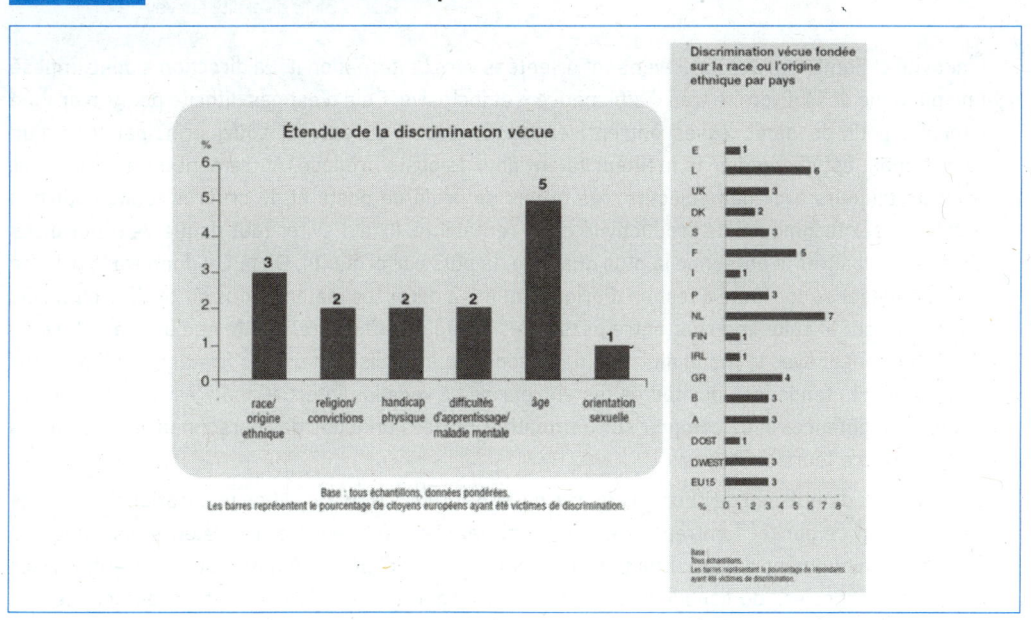

Eurobaromètre 57.00, 2002, Commission européenne

Nordlever pratique une politique « éclairée » de recrutement avec la volonté d'accompagner les managers à améliorer leurs propres résultats. Dans le cadre d'une étude sur les pratiques managériales, la Commission européenne a réalisé un sondage en octobre 2008 (« Continuing the Diversity Journey »), dans lequel les managers étaient interrogés sur leurs propres attentes vis-à-vis de la diversité. En voici les résultats.

Partie I

Le management interculturel en Europe

Avantages associés avec la diversité pour les PME

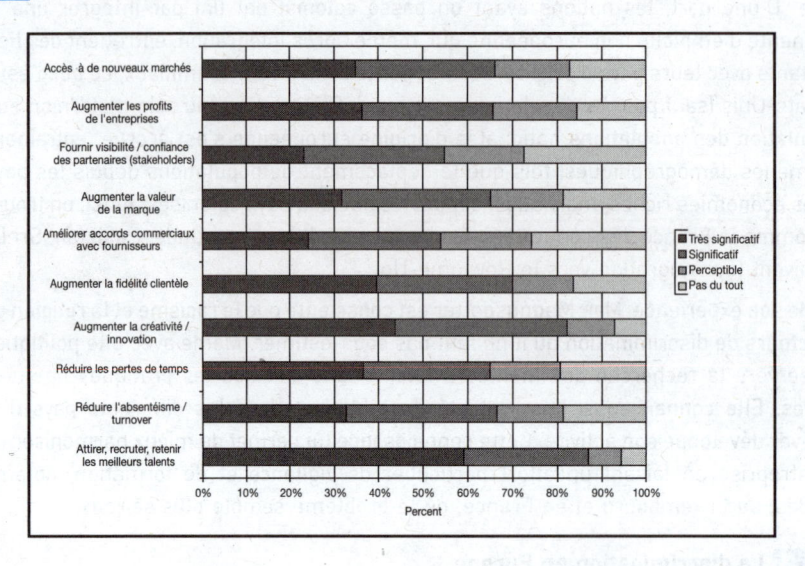

Graphique à barres horizontales présentant les avantages suivants :
- Accès à de nouveaux marchés
- Augmenter les profits de l'entreprises
- Fournir visibilité / confiance des partenaires (stakeholders)
- Augmenter la valeur de la marque
- Améliorer accords commerciaux avec fournisseurs
- Augmenter la fidélité clientèle
- Augmenter la créativité / innovation
- Réduire les pertes de temps
- Réduire l'absentéisme / turnover
- Attirer, recruter, retenir les meilleurs talents

Légende : Très significatif, Significatif, Perceptible, Pas du tout

2008 SME diversity survey

L'activité et l'ambition de Nordlever sont orientées vers l'international. La direction a donc imposé une politique de la diversité très « affirmative » et inclusive. Cela n'est pas difficile pour un groupe danois : pour de nombreuses entreprises du nord de l'Europe, le souci principal lors d'un recrutement est d'identifier le meilleur talent pour le poste proposé. Autrement dit, un manager travaille toujours avec des objectifs très précis de profil de poste et de critères fondés sur des notions assez techniques de productivité et de rentabilité. Il veut éviter tout risque de réduire ses chances de trouver la personne la plus qualifiée, la plus performante. De fait, il donnera la priorité aux compétences sur toute question d'origine, quitte à gérer les malentendus ou conflits culturels qui pourraient ensuite émerger entre personnes d'origine différente, quelle que soit la nature de cette différence. Avec la mondialisation de l'économie et la disparition des frontières à l'intérieur de l'Europe, la tendance pour toutes les entreprises à vocation internationale est de se focaliser sur les compétences et de compter sur les qualités professionnelles des personnes et des équipes pour résoudre leurs problèmes.

En revanche, dans le sud de l'Europe, même pour les entreprises à vocation internationale, il existe une tradition de penser l'entreprise comme une famille, où la source des valeurs partagées ne vient pas uniquement de la culture professionnelle et technique. Aujourd'hui, des entreprises italiennes, françaises ou espagnoles, dont l'activité déborde les frontières en Europe ou s'étend au-delà, cherchent à concilier leurs objectifs de performance avec le réflexe culturel de fonctionner de la même façon qu'une famille, où les valeurs ambiantes (non techniques) ont leur importance et où l'autorité se pratique un peu comme dans une famille, en respectant ceux qui jouent le rôle de « parents » (fondateurs, direction, management). On trouve des phénomènes similaires au Japon (ex. : Matsushita, dont la culture et l'histoire sont analysée par Nigel J. Holden dans *Cross-cultural Management: A knowledge Management Perspective*). Dans une moindre mesure, on constate le même phénomène en Chine, où les valeurs de famille et de hiérarchie restent très fortement enracinées dans la culture et s'expriment dans les comportements.

Gérer la diversité culturelle

La comparaison avec les États-Unis sur ce point est aussi très instructive. On y attribue souvent la montée d'une culture professionnelle de méritocratie à la conjonction historique du capitalisme (comme idéal, sinon idéologie) et de la démocratie, avec son souci d'égalité. Mais les différences sont importantes et leur analyse permet de comprendre la spécificité culturelle de l'Europe.

Aux États-Unis, les entreprises « importent » des talents sans se soucier de leurs origines, du moins officiellement. Le monde entier constitue leur « zone de chalandise » (*catchment area*) ou territoire de recrutement. Cela passe surtout par les universités, qui s'attachent à attirer et mettre à l'épreuve les meilleurs talents, qui savent également que le dynamisme de l'économie, la réputation des universités et les perspectives d'emploi qui en résultent donnent l'espoir de travailler dans les conditions les meilleures. Les entreprises qui recrutent les meilleurs étrangers comptent sur plusieurs facteurs pour assurer une certaine harmonie culturelle :

- le fait qu'ils ont subi une acculturation très forte pendant leurs 3 à 6 ans d'études universitaires ;
- le fait que l'identité et la culture de l'entreprise aux États-Unis seront probablement américaines (même si l'entreprise a des origines étrangères), permettant une continuité naturelle avec la culture universitaire ;
- le fait qu'historiquement les États-Unis accueillent toutes les cultures pour les transformer définitivement en une culture fortement orientée par l'économie plutôt que par des rituels sociaux ;
- une collaboration très développée entre les entreprises (surtout dans le secteur des technologies) et les universités pour la recherche.

L'Europe (l'Union mais aussi certaines nations) s'inspire de plus en plus du modèle américain. On cherche notamment à « internationaliser » les universités qui auparavant fonctionnaient selon une logique principalement nationale : continuité avec le système scolaire, fourniture des connaissances nécessaires pour les emplois traditionnels et la citoyenneté. Cette nouvelle tendance entraîne, par exemple, la proposition de davantage de cours en anglais, non sans provoquer des tensions, surtout en France, où la défense de la langue est une cause nationale.

Pourtant, même lorsque la logique est similaire, les différences sont notables. Avec sa multiplicité de cultures nationales, l'Europe ne possède pas la culture hégémonique des États-Unis, où les mêmes médias sont diffusés et les mêmes produits consommés sur l'ensemble d'un territoire (deux fois et demie la superficie de l'UE). Pour leur politique de recrutement, les entreprises européennes, qui s'alignent de plus en plus sur une logique de méritocratie, ne peuvent pas compter sur l'effet d'homogénéisation de la culture par l'éducation, car pour leur grande majorité les Européens passent par un système national. Il est vrai que la politique de l'Union européenne tend vers une harmonisation croissante des normes d'évaluation et la reconnaissance transnationale de diplômes, mais les jeunes professionnels gardent l'empreinte de leur culture d'origine. Autrement dit, l'Europe professionnelle demeure forcément plus diverse qu'un pays comme les États-Unis. Si cette tendance empêche l'Europe de créer une dynamique similaire à celle de l'économie américaine, la facilité de circulation et d'échange à l'intérieur de l'Europe permet une vraie mobilité, accompagnée d'un brassage de cultures au lieu de l'homogénéisation remarquée aux États-Unis.

Dans la gestion des ressources humaines en entreprise, on comprend donc pourquoi la diversité est essentiellement perçue comme une question d'application des lois. Mis à part l'orientation générale de la culture américaine autour de la valeur *law and order*, grâce à laquelle on tient à régler tous les conflits par référence aux lois dans les tribunaux plutôt que par l'influence des personnes ou l'élaboration de compromis (sans oublier que les lois elles-mêmes sont pensées comme de simples corollaires de la sacro-sainte Constitution), les Américains préfèrent faire abstraction des origines culturelles d'une population diverse au nom de l'égalité. Si, en Europe, les entreprises cherchent à accommoder, tant bien que mal, la diversité de cultures présentes parmi leur personnel, les Américains agissent comme s'il n'existait qu'une seule culture, la même pour tout le monde, et qui est reflétée dans les lois.

Ainsi les entreprises en Europe sont mieux préparées à gérer la diversité culturelle, qui ne doit pas être confondue avec la diversité ethnique. Néanmoins, la conscience de la composition multiculturelle des équipes ne veut pas dire que la compréhension fonctionne. Il suffit de discuter avec le personnel d'une entreprise résultant d'une fusion pour entendre à la fois les stéréotypes historiques sur le personnel de « l'autre » équipe (« les Allemands sont fiables mais arrogants », « les Italiens sont créatifs mais indisciplinés », « les Néerlandais sont froids, taciturnes », etc.) ou des jugements censés être originaux (« les Allemands sont dominateurs mais moins organisés qu'ils ne pensent », « la chaleur des Italiens est superficielle », etc.).

3))) La diversité et l'existence de stéréotypes

Les **stéréotypes** sont des idées simplificatrices, la représentation d'un groupe destinée à faire comprendre les caractéristiques et tendances comportementales qui distinguent le groupe. Un stéréotype se focalise sur ce qui est différent, ce qui contraste avec la culture des personnes qui maintiennent le stéréotype. Pour cette raison, on considère que les stéréotypes ne sont jamais justes et peuvent être dangereux. Néanmoins, il existe toujours une part de vérité dans les stéréotypes, ce qui explique leur persistance dans le discours public. « Dans cette perspective, étudier les stéréotypes revient en effet à s'intéresser à l'articulation entre perception cognitive d'un groupe et sentiments développés à son égard. » (Isabelle Guinaudeau et Astrid Kufer, « De l'allemand organisé, l'italien romantique et l'anglais dandy à l'européen chrétien, fortuné et démocrate ? ») Comme nous le verrons en examinant le jeu culturel des stéréotypes, non seulement la distorsion de la vérité est la règle, mais les stéréotypes sont souvent l'effet d'une imagerie populaire créée en temps de tension ou d'éloignement des cultures.

Le tableau suivant, réalisé par le *think tank* américain Pew Research Center en 2013, montre les idées qui circulent parmi les différentes populations d'Europe vis-à-vis de leurs voisins.

Stereotyping in Europe
Who Is Trustworthy, Arrogant and Compassionate
EU nation most likely to be named...

Views in:	Most Trustworthy	Least Trustworthy	Most Arrogant	Least Arrogant	Most Compassionate	Least Compassionate
Britain	Germany	France	France	Britain	Britain	Germany
France	Germany	Greece	France	France	France	Britain
Germany	Germany	Greece/Italy	France	Germany	Germany	Britain
Italy	Germany	Italy	Germany	Spain	Italy	Germany
Spain	Germany	Italy	Germany	Spain	Spain	Germany
Greece	Greece	Germany	Germany	Greece	Greece	Germany
Poland	Germany	Germany	Germany	Poland	Poland	Germany
Czech Rep.	Germany	Greece	Germany	Slovakia	Czech Rep.	Germany

PEW RESEARCH CENTER Q44a-Q46b.

Si les stéréotypes traversent des générations, ils sont aussi influencés par des événements contemporains. Le tableau présente certaines convergences et divergences dans la formulation actuelle des stéréotypes. On discerne l'effet immédiat de la crise économique grecque sur les attitudes, en particulier sur les relations entre les Allemands et les Grecs.

Gérer la diversité culturelle

On voit ainsi que les stéréotypes évoluent. Selon Isabelle Guinaudeau et Astrid Kufer, « il est possible que les modalités de valorisation de la catégorie nationale soient affectées par l'intégration européenne et la mondialisation ». Salazar affirme à ce titre que, « si les groupes jugés inférieurs avec lesquels les "Européens" se comparaient positivement il y a vingt ou trente ans étaient les Italiens, les Espagnols, les Portugais ou les Grecs, le développement de la CEE a déplacé ces jugements vers les pays de l'Afrique du Nord et du tiers monde ».

On peut trouver les résultats de l'étude Pew Research étonnants autant que contradictoires. On peut aussi penser que c'est le propre des sondages qui reflètent davantage des opinions – parfois extrêmes – que des connaissances véritables ou des sentiments sincères. Mais pour des managers qui doivent gérer la diversité, il faut constamment se rappeler que des phénomènes similaires existent dans les entreprises, et surtout à la suite d'une fusion ou d'une acquisition.

4))) Le cas Air France – KLM

Il est inévitable que, lorsqu'une grande entreprise nationale comme Air France fusionne avec une autre entreprise forte d'une identité nationale, KLM, la question de savoir comment les nationaux de chaque pays se voient et acceptent de travailler ensemble est posée, dans un premier temps, en dehors de l'entreprise, pour devenir ensuite un facteur potentiel de perturbation du bon fonctionnement d'un service ou de l'entreprise. En laissant libre cours aux stéréotypes, une entreprise se trouve vite débordée par des attitudes contradictoires et conflictuelles, qui résistent à toute tentative de « rétablir l'ordre » par une politique de normalisation, et ceci pour une simple raison : l'ordre précédent dans chaque entreprise reposait pour une partie sur des systèmes de comportement particuliers, gouvernés par des règles tacites, alors que, dans les yeux des deux groupes respectifs, certaines de ces règles tacites pouvaient paraître aberrantes pour ceux qui ne les pratiquaient pas. L'unique solution était d'engager un travail sur le long terme, dont l'objet serait d'élaborer et d'appliquer une politique d'élaboration d'une culture d'entreprise commune.

Le cas Air France-KLM fournit une bonne illustration de ce principe. Non seulement les cultures française et néerlandaise sont très différentes sur de nombreux points, mais il existe également des stéréotypes bien enracinés de part et d'autre. Dans son livre sur les pratiques et valeurs de management aux Pays-Bas, Peter Lawrence a observé que l'attitude de méfiance de la population néerlandaise vis-à-vis de la France et du management français est quelque peu complexe. A priori, on s'attendrait à ce que les Néerlandais aient du respect pour la France, puisqu'il est indéniable que le management français et l'économie française ont connu une double réussite :
– leur propre reconstruction économique dans la période qui suivit la Deuxième Guerre mondiale ;
– une position de leadership en Europe aux côtés de l'Allemagne.

Mais malgré une proximité géographique réelle – les deux pays ne sont séparés que par la petite Belgique –, les Néerlandais voient la France comme un pays très éloigné de la culture néerlandaise, si loin qu'ils semblent oublier ou ignorer cette réalité. Peter Lawrence trouve cela surprenant, surtout parce que les deux économies ont vécu les mêmes événements et ont navigué en parallèle : stagnation économique entre les deux guerres, industrialisation tardive, croissance économique spectaculaire dans la période après-guerre et émergence de secteurs stables tels que l'agriculture et l'énergie.

Il y a également la pratique quotidienne du travail en équipe. Les stéréotypes préexistants jouent un rôle, au niveau inconscient, dans l'évolution des relations interpersonnelles. Typiquement, ils orientent la pensée vis-à-vis de l'autre « groupe » (tous ceux qui sont perçus comme membres de l'autre équipe), mais peuvent être nuancés par la fréquentation quotidienne de collègues dont on peut apprécier les qualités personnelles.

Le cas d'Air France après la fusion avec la société néerlandaise KLM permet de situer certains phénomènes concernant la persistance et l'évolution de stéréotypes. Comme dans notre exemple d'entreprise danoise, Nordlever, KLM était, au moment de la fusion, une entreprise du nord de l'Europe avec un management habitué à travailler avec des étrangers. Il faut se rappeler qu'un des facteurs significatifs qui distinguent les professionnels de l'Europe du Nord (notamment aux Pays-Bas et en Scandinavie) de leurs confrères du Sud est leur facilité avec les langues, en particulier l'anglais, et dans une moindre mesure, l'allemand. En règle générale, les managers se sentent manifestement plus à l'aise en discutant et en négociant en anglais que des Français, Espagnols, Italiens ou Grecs, même lorsque ceux-ci ont atteint un niveau opérationnel. Le bi ou trilinguisme fait partie de leur culture depuis l'enfance et joue un rôle structurant dans leurs études supérieures. Le directeur financier de KLM, Rob Ruijter, estimait que cette nouvelle expérience de travail avec des Français n'était pas foncièrement différente de celle de travailler avec des Anglais ou des Italiens. Il fallait néanmoins constater l'existence d'un certain nombre de réalités présentées souvent comme des stéréotypes : « Les Français aiment la hiérarchie et ils ont un savoir-faire diplomatique. » De son côté, Pierre-Henri Gourgeon, directeur financier d'Air France, a constaté que les Néerlandais sont « très sympas » et ouverts. « Nous, les Français, avons tendance à parler beaucoup avant de passer à l'action. Et nous voulons fixer tout par écrit. Les Néerlandais aiment mieux passer à l'action tout de suite. » Ainsi, les nouveaux collègues « traduisent » les stéréotypes hérités et confirment la part de vérité concernant non seulement l'autre, mais aussi leur propre culture. Cette conscience, de voir l'autre mais aussi d'être vu par l'autre, est un élément important dans l'adaptation interculturelle.

Michiel Buitelaar, ancien directeur commercial de l'entreprise Orange aux Pays-Bas au moment de son acquisition par France Telecom, dit : « Les managers français sont généralement très capables. Ils sont un peu technocratiques et ils prennent le temps pour présenter leurs idées, mais le résultat est souvent très sérieux. » En commentant la création de la nouvelle holding Air France-KLM, il a exprimé l'opinion que les Néerlandais auraient du mal à garder leur identité culturelle.

« Les gens de KLM devraient s'habituer à l'énorme distance de pouvoir. En France, le patron est vraiment le patron. Si le patron a décidé quelque chose, tout le monde commence à courir. De plus, les Français ont un savoir-faire politique mieux élaboré que les Néerlandais. Il y a beaucoup de déjeuners entre amis. Les jobs ne sont pas toujours attribués sur la base de la qualité des prestations. Il existe des managers inviolables avec un ange gardien. Et tous les liens se rejoignent à Paris, le centre de l'univers. [...] Là où les Néerlandais peuvent parfois être reçus comme des personnes assez directes ou agressives, les Français sont renommés pour leur choix de mots consciencieux. Ils tiennent compte de l'impact de leurs mots. C'est pour cela qu'ils sont bons pour les entreprises internationales. » (www.volkskrant.nl)

Une part de l'adaptation culturelle consiste à reconnaître les particularités de l'autre culture. Mais même en prenant en compte ces vérités qu'on retrouve parfois dans les stéréotypes, il n'est pas garanti qu'ensuite il n'y ait que de bonnes relations et un fonctionnement harmonieux. Une des particularités de « la culture » de chacun est qu'il porte une charge émotionnelle liée aux actes de tous les jours. Ainsi, un Néerlandais qui pense être efficace en étant direct, parce que sa culture le « programme » à agir de cette façon, tout en comprenant la différence avec la culture française, rencontrera typiquement un double problème : il sera émotionnellement irrité par l'indirection des Français, avec leur « choix de mots consciencieux » et diplomates, et il sera perçu comme agressif par les Français s'il continue à communiquer dans sa manière native.

Gérer la diversité culturelle

Le problème des **différences culturelles** dépasse les simples « tendances » de comportement, tel le fait d'être direct ou indirect dans la communication. Émotion, rituel, logique sociale et économique sont présents et inextricablement mélangés dans toutes les occasions d'interaction entre les personnes de culture différente travaillant ensemble. Le directeur de la communication d'Air France, François Brousse, a exprimé des regrets en constatant que « les Néerlandais sont étrangers à la pratique du déjeuner bien de chez nous qui mêle affaires et confidences personnelles entre la poire et le fromage ». Ce rituel du repas de midi au restaurant est une construction à la fois sociale et professionnelle, avec des règles tacites concernant les stratégies et tactiques visant, dans un contexte défini par son caractère informel, une certaine efficacité et productivité professionnelles. Il s'agit d'une opportunité pour affiner une relation de confiance avec une autre personne et d'aborder à tour de rôle des questions « culturelles » ou sociales et des thèmes professionnels parfois complexes, en évitant des discussions purement techniques pour aborder le fond « philosophique » ou psychologique du contexte professionnel et des relations de managers. Pour les Français, il s'agit d'un élément qui aide à « huiler la machine ». Pour les Néerlandais, le rituel du repas, bien arrosé ou non, peut être perçu comme une distraction et une perte de temps. Les voisins du Nord seront tentés – grâce à une culture plus focalisée sur le résultat immédiat – de penser que les Français ne travaillent que pour trouver des occasions de se régaler et de se distraire, alors que les Français ressentent un véritable besoin « d'ouvrir le dialogue professionnel » au-delà des considérations purement techniques et économiques, chose qui n'est jamais possible dans les réunions de travail formelles.

Ces différences se jouent aussi à un autre niveau. Dans certaines entreprises françaises, les Néerlandais constatent que les salariés ont souvent une attitude « corporatiste ». Ils s'alignent sans paraître réfléchir sur l'intérêt de leur propre groupe tandis qu'aux Pays-Bas, on pense que l'intérêt collectif, voire public, est prioritaire, selon Manfred Kets de Vries (professeur de l'École internationale de management INSEAD à Paris).

« Prenons par exemple les pilotes d'Air France, qui sont les mieux payés du monde. Ils paralysent l'entreprise pour avoir un salaire plus élevé. Cela signifie quelque chose. [...] Il y a ici beaucoup d'agitation sociale, parce qu'on ne voit que son propre intérêt. » Pour lui, l'éducation élitiste du management (ENA, École polytechnique) est également insupportable ; il est d'opinion courante que cette éducation élitiste a une mauvaise influence sur le management.

Dans un contexte très précis où tout le monde a eu le temps de réfléchir, se préparer et chercher à comprendre la culture d'en face, ces exemples prouvent que les différences culturelles persistent au niveau affectif (dans les attitudes et ressentis) et intellectuel. Et ceci même après les meilleurs efforts pour les aplanir. Le constat, affectif ou raisonné, des différences entraîne un sentiment de malaise ou de frustration à travers les difficultés de communication et le constat de la persistance de comportements, qui semblent de part et d'autre inconciliables. Les réactions humaines devant les différences culturelles sont assez prévisibles : on ne manque pas de se sentir bousculé, troublé par tout ce qui « trahit » ses attentes, alors qu'on ne remarque même pas les comportements particuliers inscrits dans sa propre culture et qui surprennent les autres. Ce sentiment de se trouver bousculé peut entraîner des jugements sommaires sur la personnalité et les mobiles de l'autre et faire en sorte que ses jugements se figent en stéréotypes créant une barrière infranchissable entre deux cultures.

Malgré tous ces obstacles, inscrits dans la psychologie humaine, à une vraie entente interculturelle, un bon manager peut, après réflexion, trouver le moyen de reconnaître et résoudre les problèmes avant qu'ils ne se dégradent. La **fusion Air France - KLM** est aujourd'hui considérée comme un succès à bien des égards. L'exemple suivant illustre la façon dont un problème

Partie I — Le management interculturel en Europe

d'incompréhension mutuelle potentiellement grave peut être désamorcé par une bonne analyse suivie de conseils pratiques constructifs.

> Un manager KLM a demandé l'adoption par le groupe d'un règlement imposant de répondre à tous les e-mails dans les 24 heures qui suivent. Ce n'était pas une simple demande. Chez KLM, l'utilisation du courriel était entrée dans les habitudes et on s'attendait à ce qu'on réponde rapidement à un courriel reçu. Chez Air France, la situation était différente : si vous avez besoin de quelque chose, vous appelez la personne sur son téléphone mobile. La règle proposée n'a pas été adoptée. Les collègues du manager qui avait fait la proposition lui ont donné des conseils pratiques sur la meilleure façon de travailler ensemble, afin d'encourager des sentiments positifs des deux côtés : par l'envoi d'un courriel suivi d'un coup de fil ou par l'envoi d'un courriel à la secrétaire de la personne en lui demandant d'imprimer le courrier et de le livrer à son patron.

Ce cas mérite une analyse plus fine, car il illustre la complexité des relations interculturelles. Envoyer un courriel à un collègue peut sembler une pratique simple et banale. En réalité, il s'agit d'un rituel social structuré par chaque culture selon des règles tacites. Les facteurs qui contribuent à cette structuration sont multiples :
– le rôle et la valeur de l'écrit dans chaque culture ;
– la perception de l'urgence et de l'importance d'un message, quel que soit le moyen de transmission ;
– le prestige d'une technologie dans la culture ;
– la perception de la valeur du temps.

Sous cet éclairage, les différences de comportement et de pratique entre les Néerlandais et les Français commencent à révéler un sens et permettent de comprendre des tendances plus profondes dans chaque culture. Dans la culture française, surtout à travers le prisme des traditions éducatives, l'écrit est considéré comme une forme d'expression particulièrement noble, un moyen essentiel de construire et projeter son identité dans le monde. Savoir bien écrire est perçu comme un titre de noblesse dans le pays où les écrivains élus à l'Académie française sont appelés « immortels ». La France est très fière de sa littérature au sein de la culture européenne et mondiale. Aux Pays-Bas, pays pragmatique et commerçant, l'écrit est perçu surtout comme un moyen de transmettre des informations utiles. Si on admet que chaque culture définit son rapport imaginaire avec l'écrit, on pourrait dire qu'en France, lorsqu'on rédige ne serait-ce qu'un courriel, on se trouve en compagnie de plusieurs générations de grands écrivains, qui ont cultivé l'art de s'exprimer avec élégance et personnalité. Par contraste, aux Pays-Bas, la référence imaginaire porte davantage sur des activités commerciales : on écrit pour gérer les rapports entre clients et fournisseurs, dans un contexte où l'on a besoin à tout moment de savoir dans quel rapport contractuel on conduit ses affaires. On écrit, non pour exprimer sa personnalité, mais pour rendre compte dans le détail de la nature des marchandises, de leur caractère, de leur valeur et de leur prix. En affirmant cela, on ne nie pas qu'il y ait un état d'esprit commerçant en France ou de l'ambition littéraire aux Pays-Bas. Mais on peut constater que, dans les parcours classiques d'éducation, chaque culture inculque ses valeurs particulières.

Ce contraste de valeurs communiqué par l'éducation et la culture contient plusieurs autres dimensions. Par ailleurs, il ne faut pas oublier qu'à l'époque de ces faits, l'utilisation du courriel était

une pratique très récente, moins ancrée dans les mœurs qu'aujourd'hui. Pour le Français, un courriel était donc une forme de l'écrit mal définie, peu noble, voire triviale. Il n'est ni formel, ni informel (social). Dans la logique du manager français, deux autres faits significatifs se rajoutent :
– qu'un manager confiait traditionnellement la gestion, voire l'exécution de sa communication écrite – le courrier – à sa secrétaire ;
– que travailler à un clavier ne correspond pas à l'image qu'on veut donner d'un manager.

Autrement dit, sans le sens pragmatique du Néerlandais qui s'oriente vers l'action, le manager français avait du mal à apprécier le rôle et l'importance du courriel, qui n'avait manifestement pas acquis ses « titres de noblesse » dans la liste d'actions quotidiennes d'un manager. Le Français a par conséquent du mal à considérer le message d'un courriel comme important. En revanche, il lui est plus facile d'admettre que le courriel puisse servir à signaler une urgence. Mais étant donné qu'il perçoit le média du courriel lui-même comme trivial, il aura tendance à penser que si une question est vraiment urgente, il vaut mieux la traiter au téléphone, afin d'être sûr de saisir tous les tenants et aboutissants, et pour déterminer aussi son vrai degré d'urgence. Les Néerlandais, en revanche, cherchent d'abord l'efficacité : le courriel est rapide et laisse une trace. Il ne peut donc être ignoré. Étant écrit, il a une valeur quasi contractuelle. Concentré sur les informations utiles, il n'a pas besoin de s'attarder sur des questions de style.

Enfin, il y a un dernier contraste entre les deux cultures : la perception de la valeur du temps. Comme les Allemands, les Français n'apprécient pas la précipitation lorsqu'il faut prendre une décision. Non seulement on a le droit de prendre le temps nécessaire pour parvenir à la meilleure décision, mais un manager a également le devoir de montrer que son statut permet de prendre le temps qu'il considère comme nécessaire pour prendre une décision. Sa première responsabilité est d'établir les priorités et de planifier leur exécution. Réagir trop rapidement, surtout à un simple message écrit hors tout cadre formel pourrait apparaître comme un manque de professionnalisme nuisible à son image. Pour les Néerlandais, on écrit un courriel pour traiter des questions courantes de la façon la plus rapide possible : en moins d'une minute, on peut composer une réponse, qui permet de savoir qu'un processus de réflexion et de décision est amorcé.

Ainsi, ce simple exemple de différence de comportement dans l'utilisation du courriel met au jour un faisceau d'effets culturels susceptibles de faire échouer une fusion industrielle. Le Français chez Air France qui reçoit un courriel de la part d'un collègue néerlandais ne réagit pas de la façon prévue par l'initiateur du contact :
– il ne va pas répondre sans réfléchir au style et à l'effet sur son image, même si la question à traiter est urgente ;
– il va montrer qu'il a son propre système de priorités ;
– et, surtout, il pense que si le Néerlandais a vraiment besoin de prendre contact avec lui, il peut l'appeler pour « renégocier les priorités ».

Il est intéressant de noter que la solution trouvée ne venait ni du manager néerlandais, ni des Français, mais des collègues du manager. Elle émanait donc d'une réflexion collective et d'une concertation entre personnes à plusieurs niveaux. La culture est un phénomène forcément collectif ; l'identification et la résolution de problèmes le sont aussi. La logique ou le « raisonnement managérial » seul n'est souvent pas suffisant.

La plupart des commentateurs estiment que la fusion Air France-KLM fut un succès. Comme nous l'avons vu, la gestion de la dimension culturelle a fortement contribué à ce succès ou, du moins, a permis d'éviter certains conflits qui auraient pu être fatals. Il est toujours intéressant d'examiner en parallèle un cas d'échec, d'autant que les économistes à KPMG estiment que 60 à 75 % des fusions d'entreprises industrielles connaissent l'échec ou n'atteignent pas leurs objectifs.

Partie I — Le management interculturel en Europe

Prenons le **cas Daimler – Chrysler** :

> Tout d'abord, aucun audit de la culture n'a été réalisé avant la fusion, le facteur humain semblait être totalement oublié, ni les actionnaires ni les employés n'ont été impliqués dans le processus. Deuxièmement, les Américains et les Allemands ne tiennent souvent pas compte des différences culturelles subtiles au cours de la phase de négociation préalable à la fusion ; ces différences se révèlent et provoquent des problèmes lors du processus d'intégration. Les différences culturelles entre les Américains de Chrysler et les Allemands de Daimler ont été en grande partie responsables de cet échec. […] Les Allemands préfèrent un style de management *top-down*, plus autocratique ; les salariés allemands s'attendent à ce que leurs dirigeants leur donnent des instructions qu'ils suivent sans discuter. Les Américains, en revanche, sont à l'aise pour contester les décisions de leurs managers ou leur donner des conseils.
>
> Par conséquent, la culture de Daimler-Benz a mis l'accent sur un style de management plus formel et structuré, tandis que Chrysler a favorisé un style plus détendu et ouvert. Par ailleurs, les deux entités avaient des points de vue très différents sur des points importants, comme les échelles de salaire et les frais de déplacement. Ces différences et la prise de pouvoir progressive de l'équipe allemande ont fait que le niveau de performance et de satisfaction des employés chez Chrysler ont baissé. Les principaux dirigeants et ingénieurs de Chrysler sont partis, et les Allemands ont été insatisfaits de la performance de la division Chrysler. Les employés de Chrysler sont devenus aussi mécontents, considérant que la source de leurs problèmes était la tentative de Daimler de prendre le contrôle de l'organisation et d'imposer sa culture à l'ensemble de l'entreprise.
>
> Les synergies prévues n'ont jamais été atteintes, et Daimler-Benz a commencé à traiter Chrysler comme un concurrent potentiel.
>
> Katarzyna JANIK, N. H. T. V. Breda, "Managing cross-cultural mergers – the role of management style – Case Air France – KLM", traduit par l'auteur

Ce cas illustre non seulement des conflits culturels, mais aussi des erreurs de management plus fondamentales :
- l'absence d'audit culturel (Daimler-Benz s'est contenté d'un audit financier et « structurel » mais aussi d'une étude de 100 fusions historiques pour les guider vers la réussite, illustration de la tendance allemande à faire confiance au travail intellectuel bien élaboré) ;
- une bonne dose de mauvaise foi, dans la mesure où les Allemands étaient convaincus de leur supériorité dans une proposition présentée comme une alliance d'égaux ;
- la difficulté de concilier des cultures séparées par un océan : si Air France et KLM ont pu s'appuyer sur leur super-identité européenne, ce n'est pas le cas pour Chrysler et Daimler qui ne savaient pas où chercher la logique commune pouvant désamorcer les conflits.

Nigel Holden mentionne quelques considérations purement culturelles dans l'histoire de cette fusion ratée :
- des styles différents de *middle management* (les managers allemands ont tendance à accepter les rapports fournis par leurs subordonnés, alors que le style américain consiste simplement à y « jeter un coup d'œil ») ;
- « des frictions lors des réunions du conseil d'administration, où l'approche cérébrale des Allemands était en conflit avec celle de leurs homologues américains qui préféraient être succincts et focalisés ».

Gérer la diversité culturelle

Les fusions transfrontalières ne sont jamais engagées à la légère. On cherche de plus en plus à prendre en compte les différences entre les cultures d'entreprise avant la fusion. Malgré cela, dans la grande majorité des cas et très rapidement après la fusion, les malentendus culturels émergent et produisent des dégâts parfois fatals. Une raison, évidente, mais qui pose des problèmes politiques, concerne la personnalité des dirigeants et des managers dans les deux entités en amont de la fusion. Derrière la culture d'entreprise de chacune des sociétés, il existe aussi une culture d'équipe qui, le plus souvent, est le reflet d'une culture nationale. Celle-ci s'est installée soit pour des raisons historiques (la culture de l'équipe fondatrice, la présence continue de la marque et l'image de l'entreprise dans le pays d'origine), soit par la composition et l'esprit de l'équipe de direction au moment de la fusion, le ciment psychologique qui assure son identité.

5))) Royaume-Uni, Allemagne, France : politiques et comportements contrastés

L'étude comparant les politiques d'adaptation des entreprises à l'émergence de la collaboration sociale révèle l'écart important existant entre ces trois cultures européennes, malgré leur proximité géographique. Le tableau suivant mesure le degré d'engagement dans la promotion des outils de collaboration sociale, notamment LinkedIn, Twitter, Facebook, Dropbox et Skype. Le contraste entre les trois cultures est radical, surtout entre le Royaume-Uni et la France, à tel point qu'on peut parler de deux comportements diamétralement opposés. Bien entendu, ces différences s'expliquent par les orientations et les habitudes inscrites dans les trois cultures face à une situation inédite. Il est probable que, dans le futur, les pratiques se rapprocheront, mais c'est toujours dans les moments de mutation rapide que sont détectées les différences entre les cultures.

Divisions in the UK also exhibit above-average openness when it comes to promoting public network services!

Evaluation: "Promoted"	DE	UK	FR
Social networks for professionals such as LinkedIn	28	**59**	11
Microblogging services such as Twitter	19	**48**	6
Social networks for private use such as Facebook	16	**33**	8
Public services for storing or sharing documents such as Dropbox	15	**37**	6
Public communication services such as Skype	14	**31**	12
Public collaboration services such as Facebook	2	**14**	5

Half of divisions in the **UK** promote employee **engagement in public networks** such as Twitter or LinkedIn!

Important!
- Divisions in the UK are not only open about using public network services,
- ...but they are also pioneers when it comes to setting up corresponding rules! (cf. slide 27)

Les Britanniques sont de façon évidente les plus ouverts à l'utilisation de ces outils publics, à l'inverse des Français. Les raisons de ces différences sont multiples :
– le score particulièrement faible des Français est pour une bonne partie dû à une résistance aux nouvelles technologies, qui doivent faire leur preuves avant de bousculer des méthodes de travail établies : les Français reconnaissent facilement eux-mêmes qu'il y a un retard de plusieurs années (jusqu'à 10) pour l'adoption de technologies « venant du monde anglo-saxon » ;
– le fait que ces outils soient, dans un premier temps, exploités très majoritairement en anglais, constitue un frein temporaire à leur adoption, mais cela ne constitue pas pour les Allemands un prétexte de résistance ;
– les Français sont moins enclins que les Britanniques, ou même les Allemands, à prendre des initiatives du type « productivité personnelle ». Dans la culture professionnelle britannique, plus individualiste, le fait d'apporter sur le lieu de travail des solutions d'efficacité personnelles trouvées ailleurs et de les montrer aux collègues (voire d'en faire la publicité) est encouragé, alors que dans l'organisation très hiérarchique française, cela est explicitement découragé (sinon interdit). Dans la culture allemande, ce serait plutôt considéré comme un manque de discipline collective ;
– les Français, mais aussi les Allemands, sont davantage concernés par la sécurité des données que les Britanniques. En revanche, ceux-ci sont plus sensibles aux contraintes juridiques.

6))) La diversité linguistique

Le cas Air France a révélé un des aspects de la diversité linguistique concernant les entreprises en Europe. Il faut pouvoir communiquer par-delà les frontières, mais il faut également stabiliser la politique linguistique à l'intérieur d'une entreprise. La solution la plus courante est d'imposer l'anglais comme langue de travail. L'anglais s'est donc imposé de façon non officielle comme la lingua franca du monde des affaires en Europe. Mais contrairement à l'usage, au Moyen Âge, du latin qui n'était la langue de personne, l'anglais est la langue maternelle majoritaire de deux pays en Europe, le Royaume-Uni et l'Irlande, et il est très largement parlé, même par les enfants, dans l'Europe du Nord.

Cet état de fait crée un déséquilibre ou une asymétrie qui peut avoir diverses conséquences.

• Les anglophones ressentent peu de pression pour apprendre et maîtriser une langue étrangère ; de ce fait, ils sont à l'aise partout où l'anglais est accepté comme la langue véhiculaire, mais ils se sentent moins Européens que leurs interlocuteurs, dans la mesure où ceux-ci, en parlant au moins deux langues, manifestent une culture et une identité plus large.

• Les populations immigrées (non-Européens) vivant et travaillant dans les pays d'Europe continentale ont tendance à être bilingues. Mais elles ont rarement besoin d'utiliser l'anglais dans leur vie quotidienne, ce qui conforte la tendance de les considérer comme des Européens de seconde zone, cantonnés dans un rôle restreint dans l'économie du pays où ils vivent.

• Le sud de l'Europe, où la population est moins à l'aise en anglais, a proportionnellement moins d'influence sur les affaires internationales.

• Les langues dites « minoritaires » se maintiennent mais sont de moins en moins utilisées dans les entreprises qui ont des activités transnationales. Néanmoins, « environ 63 % des Européens estiment que les langues régionales et minoritaires devraient être davantage soutenues » (*Speaking for Europe, Languages in the European Union*, European Commission, Directorate-General for Communication Publications, Bruxelles, 2008).

Gérer la diversité culturelle

- L'influence de la culture des États-Unis est particulièrement forte en raison de l'impact de leur économie, ce qui peut être ressenti comme un facteur compromettant l'intégrité de l'Europe.

L'histoire de la société Nordlever aide à comprendre les enjeux de la diversité linguistique. La société fut créée en 1925 au Danemark et pendant trois décennies la langue de l'entreprise fut le danois. Pendant cette période, la majorité des managers de Nordlever pendant cette période parlaient couramment l'anglais et l'allemand. La politique de recrutement encourageait ce trilinguisme. Il allait de soi que les Danois sauraient s'adapter sans difficulté au norvégien et au suédois, langues très proches, ce qui signifie que le management de Nordlever était effectivement opérationnel en cinq langues.

Avec l'ouverture de leurs marchés à l'international après l'adhésion du Danemark à l'Union européenne en 1973, la politique de recrutement a évolué. Nordlever a reconnu le besoin d'inclure dans l'équipe des managers au profil linguistique plus varié, car ils allaient prendre la direction d'autres régions d'Europe, notamment en France, en Italie et en Espagne. Plus récemment, ils ont cherché à ouvrir des marchés dans les pays de l'Est et du Sud-Est, la Grèce et la Hongrie, mais se contentent dans un premier temps de communiquer uniquement en anglais, ce qui pose davantage de problèmes en Hongrie qu'en Grèce, pays maritime avec une longue tradition d'échanges commerciaux sur toute la Méditerranée. Dans les années 1980, la langue danoise a commencé à être reléguée à un statut de langue locale, toujours parlée au siège à Copenhague, mais de moins en moins dans des communications destinées à circuler au-delà des membres d'un seul service. En 1994, la politique officielle a changé avec l'imposition de l'anglais comme **langue unique de l'entreprise (corporate language)**. Tout le monde au Danemark était censé pouvoir communiquer en anglais, sauf certains ouvriers dont l'activité restait très locale. Comme nous verrons dans le dernier chapitre, cet alignement sur l'anglais n'a pas résolu tous les problèmes de communication et de fonctionnement de l'entreprise.

Activités

1. Réfléchissez aux sources de votre propre culture et imaginez comment les gens d'une autre culture vous décriraient en tant qu'être culturel.
2. Pensez à 3 personnes que vous connaissez et que vous considérez comme appartenant à une culture différente de la vôtre. Quels sont les facteurs qui vous aident à identifier et décrire leur culture ?
3. Réfléchissez à des stéréotypes qui vous sont familiers et essayer d'imaginer plusieurs personnes qui pourraient être conformes à ces stéréotypes. Tentez d'imaginer leur physique mais aussi leur style de communication et leur comportement dans des situations quotidiennes. Puis cherchez à vous rappeler soit des personnes réelles, soit des personnages de fiction (romans ou films), qui confirment ou contredisent ces stéréotypes.

Chapitre 3

La richesse et la complexité de la culture

En évoquant les effets de la culture sur le comportement, tout le monde a tendance à se référer au cadre national. Même les grands penseurs de l'interculturel peuvent être surpris à émettre des phrases qui commencent ainsi :
– « Les Allemands sont... »
– « Les Suédois aiment... »
– « Les Belges préfèrent ... »
Seuls les professionnels de la communication et de la publicité disent :
– « Les ménagères de moins de 45 ans préfèrent... »
– « Les célibataires cherchent... »
– « Les catholiques pratiquants achètent... »
Si on partage en quelque sorte les valeurs fondamentales de sa culture nationale ou régionale, on possède aussi son propre profil culturel qui s'est construit d'après diverses influences.

1 ››› Une multiplicité d'influences

L'objectif du schéma ci-dessous est d'aider la communauté du personnel soignant à s'adapter à la complexité des soins médicaux quand l'origine du personnel soignant et des patients est diverse et imprévisible. Il a été conçu pour représenter la multiplicité de facteurs culturels entrant dans une situation professionnelle, où des interactions critiques entre deux cultures au moins sont la norme. Dans les métiers de la santé en Occident, on trouve couramment du personnel étranger. Le schéma représente la culture comme un système aux composantes multiples. Il peut s'appliquer à l'analyse du profil culturel d'un individu ou de la complexité culturelle d'une communauté, même si plusieurs communautés coexistent dans le même environnement géographique. La culture associée à une communauté fournit des modèles de comportement, qui facilitent l'interaction sociale dans le groupe avec un minimum de friction. La culture d'un individu, avec ses multiples composantes, lui donne sa capacité à fonctionner dans une variété de contextes culturels en s'y adaptant spontanément : la famille (parenté), sa communauté définie par des paramètres géographiques (Pologne, Europe, etc.), son appartenance religieuse et, bien sûr, son propre contexte professionnel.

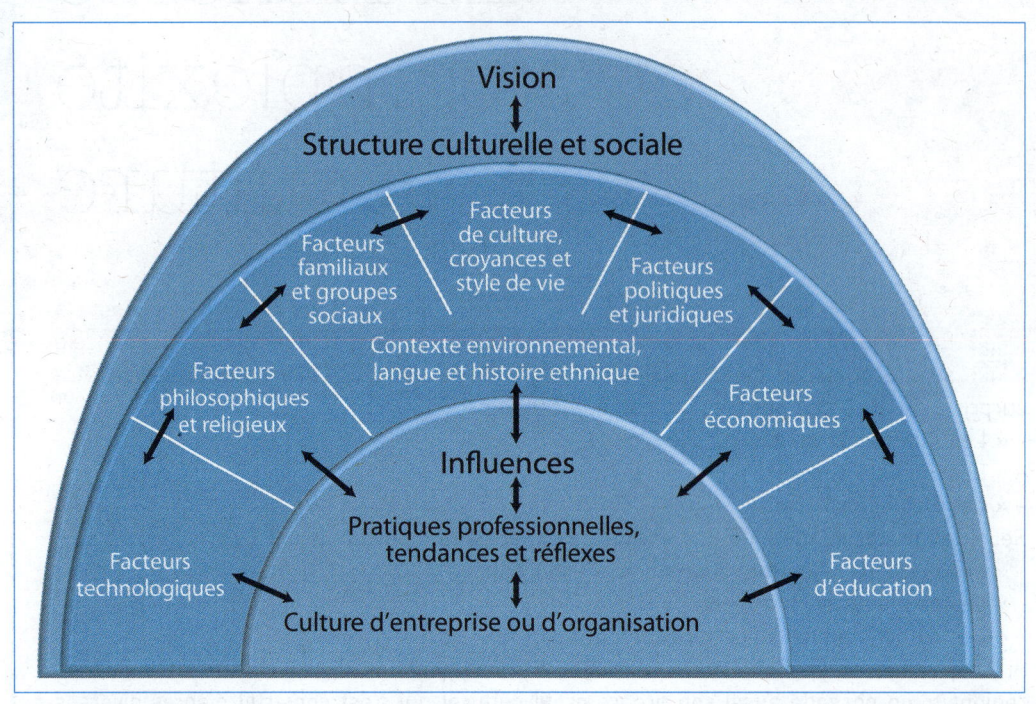

Partie I — Le management interculturel en Europe

Adaptation du « Sunrise Model » de Leininger pour représenter les dimensions de la théorie de la diversité et de l'universalité dans la culture des soins

Schéma en demi-cercle avec les éléments suivants :
- Vision
- Structure culturelle et sociale
- Facteurs familiaux et groupes sociaux
- Facteurs de culture, croyances et style de vie
- Facteurs politiques et juridiques
- Facteurs philosophiques et religieux
- Contexte environnemental, langue et histoire ethnique
- Facteurs économiques
- Influences
- Pratiques professionnelles, tendances et réflexes
- Facteurs technologiques
- Facteurs d'éducation
- Culture d'entreprise ou d'organisation

Ce schéma cherche à montrer par le jeu des flèches la structure dynamique qui contribue à la construction de la « vision » du métier dans un contexte professionnel : la culture d'entreprise est située à la base. Cette **culture d'entreprise** génère des pratiques ou comportements composés de tendances et de réflexes. Ces pratiques sont influencées – et influencent à leur tour – par la diversité de facteurs provenant de l'expérience accumulée depuis l'enfance par l'individu et d'autres individus qui travaillent dans le même contexte. En passant par cette couche de « personnalité humaine », qui combine tous les facteurs d'influence visibles dans le deuxième arc, on progresse vers une **structure culturelle et sociale** faite d'interactions à l'intérieur d'une équipe, avec d'autres membres de l'équipe, mais aussi avec des personnes extérieures à l'équipe (clients, patients, tiers intéressés, etc.).

Le processus culmine avec une **vision**, autrement dit un système qui oriente la perception de sens dans un ensemble d'interactions, prévisibles et imprévues. Cette vision peut être décrite comme une capacité à comprendre et une compétence permettant d'agir. Élaboré pour un contexte professionnel spécifique, ce schéma résume la réalité de tous les contextes professionnels : ceux qui fonctionnent correctement dans le contexte sont ceux qui ont construit une vision de leur environnement, des personnes qui l'habitent et de la logique d'événements qu'on peut appeler une « vision du métier » dans son contexte réel.

2))) Culture et sous-cultures

De tout ce qui précède, on peut en conclure que la culture au sens où nous l'utilisons ici peut être définie comme un ensemble de valeurs, de croyances et de traditions partagées par un groupe social particulier, transmis de génération en génération et consolidé dans la vision et les habitudes

La richesse et la complexité de la culture

des personnes censées appartenir à la même culture. Toutes les cultures qu'on peut situer par rapport à des critères géographiques (par exemple, à l'intérieur d'une nation ou d'une région) sont composées à leur tour de sous-cultures. Celles-ci regroupent des personnes se reconnaissant, en tant que groupe, comme les vecteurs d'une identité distincte au sein de la communauté. Ils peuvent, par exemple, posséder certains traits ou effets d'appartenance ethniques, professionnels, voire physiques, qui les distinguent de la culture ambiante sans les dissocier de cette culture. Ainsi les cultures s'imbriquent souvent les unes dans les autres.

Il est important de reconnaître que toute culture a tendance à faire émerger un « groupe dominant », désignant le sous-groupe qui a le pouvoir de contrôler ou de faire appliquer le système de valeurs. Il peut être majoritaire ou minoritaire, ou les deux (un sous-groupe constitué uniquement de membres du groupe reconnu comme majoritaire mais avec une deuxième appartenance unique, tel qu'un gouvernement en France où tous les ministres seraient issus d'une grande école, ou un gouvernement en Grande Bretagne composé d'anciens d'Oxbridge).

Un groupe dominant cherche à contrôler les leviers du pouvoir et se dote de moyens variés pour faire connaître son jugement juridique et moral. Son arme suprême, c'est l'idée d'« excommunication », qui lui permet de stigmatiser ceux qui n'ont pas respecté les normes et les exigences de la culture. Des groupes dominants ont la possibilité de dicter le style, l'image et les normes de comportement de la culture, mais il existe dans toutes les cultures un statut secondaire, non dominant, pour des groupes capables de se faire reconnaître comme légitimes au sein de la culture, tout en déviant de la norme majoritaire. C'est ce qu'on appelle un « groupe minoritaire ». Le statut de groupe minoritaire n'est pas forcément défini par opposition à la culture du groupe majoritaire ; en effet, il peut posséder des racines culturelles qui lui sont propres et en même temps partagées avec le groupe majoritaire. Un groupe minoritaire a généralement une caractéristique physique ou culturelle (style ou tradition vestimentaire), qui permet facilement d'identifier les personnes y appartenant comme différentes ou rattachées à un groupe identifiable. Des indices typiques sont :
– la couleur de peau ;
– le style vestimentaire ;
– le port ou affichage d'autres symboles d'appartenance ;
– le décor de l'habitat ;
– les lieux particuliers fréquentés.

La coexistence de groupes majoritaires et minoritaires peut être harmonieuse ou conflictuelle.

La tendance à la mobilité, avec la modernisation des transports et les fluctuations parfois violentes de l'économie, a rendu beaucoup plus fluide que par le passé les relations en Europe entre des groupes majoritaires et minoritaires. Ces phénomènes qu'on observe facilement à l'échelle des nations et des régions, existent aussi à l'intérieur des institutions, organisations et entreprises. La dynamique fondamentale est toujours la même : l'exercice du pouvoir sera accaparé par un groupe qui se perçoit dominant. Comme dans tous les phénomènes culturels, une partie de cette perception subjective est inconsciente et tacite. On peut appartenir à un groupe dominant, agir typiquement comme un membre du groupe dominant, et néanmoins ignorer que le pouvoir qu'on exerce provient de cette identification avec le groupe dominant.

Comme toujours avec la culture et les comportements permis ou encouragés par une culture, il existe une face « cachée », au-delà de notre conscience, qu'il faut repérer si l'on veut résoudre les conflits que les différentes cultures peuvent entraîner.

3))) Edward T. Hall et les dimensions cachées : le temps et l'espace (la distance)

C'est à l'anthropologue Edward T. Hall que l'on attribue l'invention de la science interculturelle. Pionnier dans ce jeu de détective qui cherche ce qui est caché dans les systèmes de comportement partagés par des groupes humains, Hall a introduit un certain nombre de concepts clés qui définissent la façon de faire une analyse interculturelle.

A))) Le rapport avec le temps : monochronique vs polychronique

Une des contributions essentielles à l'analyse interculturelle est la distinction proposée par Edward T. Hall entre deux types de cultures dans leur façon de définir et d'agir sur leurs priorités et leur rapport avec le temps. Il a identifié un contraste radical entre deux types de cultures : monochroniques et polychroniques.

Dans une **culture monochronique**, la tendance est de se concentrer sur une seule tâche à la fois et de considérer que réagir à d'autres incitations à agir est une distraction inutile et potentiellement dangereuse. C'est une attitude culturelle courante dans le nord de l'Europe et aux États-Unis. En revanche, les **cultures polychroniques**, comme on en trouve pratiquement partout dans les pays méditerranéens ou en Amérique latine, permettent, et même encouragent la poursuite en parallèle d'un certain nombre d'activités, de différents niveaux d'importance, sans que cette diversification de l'attention soit perçue comme une distraction non désirée.

Cette distinction est importante et, comme tout phénomène indiquant une distinction culturelle, est source potentielle de conflit. Pour bien comprendre ses implications, retournons au cas de Nordlever. Dans les années 1990, Nordlever a entamé des discussions avec une entreprise italienne, Facilissimo, qui fabriquait une gamme de petits appareils électroménagers. Facilissimo était en difficulté et cherchait un repreneur. L'acquisition de Facilissimo permettait à la fois à Nordlever d'étendre sa gamme et de développer le marché italien. Une dernière réunion fut organisée avant l'audit définitif (*due diligence*) préalable à l'acquisition. Pour la première fois, les PDG, Søren Jorgensen et Fabio Manzoni, se sont retrouvés face à face. Toutes les conversations précédentes avaient été conduites au téléphone. La réunion eut lieu à Bologne, en Italie. Chaque PDG était accompagné par son état-major.

La discussion a commencé à 9 heures du matin dans les bureaux de Facilissimo, avec un *espresso* préparé avec leur tout dernier modèle de cafetière électronique à haute pression, dont toute l'équipe était très fière. Quand Fabio Manzoni, avec un certain cérémonial, a présenté une petite tasse à Søren Jorgensen, le PDG danois l'a regardé en le remerciant et a demandé où se trouvait le lait, avant de poser le café sur la table, sans humer ses riches arômes. Fabio a alors demandé à son assistante d'aller chercher du lait, ce que personne n'avait prévu. Un peu déçu par la réaction de son homologue, Fabio s'est rappelé que dans le Nord de l'Europe, les gens ont tendance à boire leur café avec du lait, mais il espérait que Søren ferait partie de l'élite appréciant la finesse italienne.

Les deux équipes commencent à travailler par une présentation résumée de l'activité, de l'organisation, des méthodes et coûts de production, en suivant l'ordre du jour préparé par l'équipe économique danoise. Fabio commence avec le premier item à l'ordre du jour : présenter la structure de la société. En mentionnant son responsable de la distribution, il aborde dans le détail les nouvelles hypothèses de distribution que son équipe a imaginées pour l'année à venir. Søren lui rappelle que la discussion sur la politique de distribution est prévue pour la fin de l'après-midi,

La richesse et la complexité de la culture

ce que Fabio reconnaît, même s'il insiste pour en parler tout de suite, et précise qu'ils pourront reprendre une discussion plus détaillée dans l'après-midi.

Søren réplique que les questions de distribution sont pour l'instant secondaires et qu'il faut revenir à l'ordre du jour. Quatre minutes plus tard, le téléphone portable de Fabio sonne. Il s'excuse en expliquant avoir oublié de transférer les appels à son assistante qu'il appelle aussitôt pour lui dire, en italien, qu'il est en réunion pour toute la matinée et qu'elle doit prendre ses appels. La discussion reprend avec Fabio qui répond à une question précise de Søren lorsque le téléphone sonne à nouveau. S'interrompant, il explique à Søren que cela doit être très important car son assistante ne doit lui transmettre que les appels urgents. Il prend l'appel, sourit à Søren pour signaler qu'en effet c'est un coup de fil important, couvre l'appareil en disant qu'il n'en aura que pour trois minutes, tout en invitant les autres à continuer, et quitte la salle pour revenir douze minutes plus tard.

En revenant, Fabio explique qu'il s'agissait d'un distributeur à Livourne qui a un projet ambitieux sur la Sardaigne, qui peut avoir un impact significatif sur les chiffres de vente, mais Søren demande qu'ils reviennent à l'ordre du jour. Fabio s'assoit, demande : « Où en est-on ? », et reprend la discussion. À peine dix minutes plus tard, son assistante arrive avec une lettre à lire et à faire signer qu'elle doit faxer avant 11 heures. Søren se sent de plus en plus frustré, demande une pause pour permettre à Fabio de s'occuper du fax et sort de la salle avec son directeur financier. Il se demande s'il ne s'agit pas d'une stratégie pour le distraire de l'essentiel : le recensement des actifs et intangibles qui permettront de déterminer la valeur de l'entreprise qu'ils proposent d'acquérir. Le directeur financier lui confie qu'il a la même impression, tout en remarquant que « c'est souvent comme ça avec les Italiens ».

Søren commençait à se sentir manipulé avec, pour la première fois, un sérieux doute sur la viabilité du projet. Le directeur financier avait raison en disant que c'était typique des Italiens, mais il ne savait pas pourquoi. En effet, la culture italienne est polychronique. Un manager a la responsabilité de faire avancer toutes les affaires en même temps, dans le désordre si nécessaire, alors que les Danois, comme les Anglais, les Allemands et les Hollandais insistent pour rester concentrés sur chaque problème à résoudre. Ils sont monochroniques.

B))) Contexte fort et contexte faible

Edward T. Hall a également créé la distinction largement acceptée entre des cultures dites de « contexte fort » (*high context*) ou de « contexte faible » (*low context*). Dans une **culture à contexte élevé (ou fort)**, les interlocuteurs cherchent le sens de ce qui est dit dans le contexte plutôt que dans les détails d'un énoncé. La situation de communication normale est celle de deux interlocuteurs qui partagent un ensemble de références, un rapport avec l'environnement immédiat qu'ils perçoivent comme un système cohérent et familier. Ils s'attendent mutuellement à une conscience et compréhension spontanée de ces éléments de contexte, même dans une situation particulière. Par conséquent, ils ne voient pas de raison pour tout expliquer dans la mesure où ils pensent que tout le monde a compris la même chose.

Dans une **culture à contexte faible**, on se sent obligé de rendre compte, de façon détaillée, de tous les éléments d'une situation, y compris des facteurs de contexte, pour éviter tout risque d'incompréhension ou d'ambiguïté. En Europe, les cultures nationales, considérées comme étant plutôt à contexte faible, sont les cultures allemande, suisse, finlandaise et, dans une moindre mesure, anglaise et irlandaise. La culture des États-Unis est considérée par les spécialistes comme représentant le mieux une culture à contexte faible. La tendance britannique a été poussée

Partie I — Le management interculturel en Europe

plus loin dans un pays d'immigrés de provenance extrêmement diversifiée, qui ne pouvaient pas compter sur une familiarité avec les mêmes contextes.

Pour illustrer les tendances d'une culture de contexte faible, on cite le besoin d'établir des contrats avec une précision pointilleuse concernant tous les éléments de la transaction. Par contraste, dans les cultures européennes, et surtout celles du Sud (y compris la France), les membres d'une même culture ont tendance à traiter uniquement les détails, qui sont l'objet spécifique d'une négociation ou qui correspondent à des obligations légales. Ils se font confiance mutuellement sur l'interprétation des éléments permanents d'un contexte particulier.

Le tableau suivant (traduit et adapté de S. Aqeel Tirmizi et Claire B. Halverson, "The impact of culture in multicultural teams", in *Effective Multicultural Teams: Theory and Practice*, 2008) résume le concept développé par Edward T. Hall et montre le contraste entre des cultures à contexte fort et faible.

CONTEXTE FORT	CONTEXTE FAIBLE
Association Les relations dépendent de la confiance, sont mises en place lentement, sont stables. On distingue entre personnes à l'intérieur et en dehors de son cercle. La manière dont les choses évoluent dépend des relations avec les gens et l'attention au processus de groupe. L'identité est enracinée dans des groupes (famille, culture, travail). La structure sociale et l'autorité sont centralisées, la responsabilité se trouve au sommet. Les personnes au sommet travaillent pour le bien du groupe.	**Association** Les relations commencent et se terminent rapidement autour des projets ou tâches à accomplir. De nombreuses personnes peuvent être à l'intérieur du cercle ; la limite du cercle n'est pas claire. Les choses se font en suivant les procédures et en accordant une attention à l'objectif. L'identité est construite par soi-même. Elle est également construite de ses réalisations. La structure sociale est décentralisée, la responsabilité est diffuse, s'étendant à tous les membres d'un projet.
Interaction Forte utilisation d'éléments non verbaux : ton de la voix, expression du visage, gestes et mouvements oculaires qui véhiculent des parties importantes de toute conversation. Le message verbal est implicite, le contexte (la situation, les gens, les éléments non verbaux) est plus important que les mots. Le message verbal est indirect ; on peut passer du coq à l'âne et embellir son propos. La communication est considérée comme un art, une façon d'engager l'attention de l'autre. Le désaccord est personnalisé. On est sensible aux conflits exprimés par la communication non verbale de l'autre. Le conflit doit être résolu avant d'engager un travail ou ne doit pas être évoqué car il est perçu comme une menace personnelle.	**Interaction** Faible utilisation d'éléments non verbaux. Le message est véhiculé plus par des mots que par des moyens non verbaux. Le message verbal est explicite. Le contexte est moins important que les mots. Le message verbal est direct ; les explications sont détaillées. La communication est considérée comme un moyen d'échanger des informations, des idées et des opinions. Le désaccord est dépersonnalisé. On fait abstraction du conflit avec l'autre pour se mettre à la tâche. L'accent est mis sur des solutions rationnelles, les conflits personnels sont des distractions. On peut être explicite et direct dans la critique du comportement gênant de l'autre.
Territorialité L'espace est communal, les gens se tiennent proches les uns des autres, partagent le même espace.	**Territorialité** L'espace est compartimenté et considéré comme une propriété privée, la confidentialité est importante, afin de fixer des frontières entre les personnes.

La richesse et la complexité de la culture

CONTEXTE FORT	CONTEXTE FAIBLE
Temporalité Toute chose se fait dans son propre temps. L'heure n'est pas facilement programmée, les besoins des personnes peuvent interférer avec le maintien d'un temps imparti. Ce qui est important c'est que l'activité s'accomplisse. Le changement est lent. Les choses sont enracinées dans le passé, lentes à évoluer et stables. Le temps est un processus, on ne peut pas le contrôler.	**Temporalité** Les choses devraient se faire à des moments programmés, une chose à la fois. L'important, c'est que l'activité se fasse efficacement. Le processus du changement est rapide. On peut faire le changement et voir des résultats immédiats. Le temps est une denrée avec une valeur à dépenser ou épargner. Chacun est maître de son temps.
L'apprentissage La connaissance est ancrée dans son contexte, les choses sont reliées entre elles, synthétisées en des ensembles. Plusieurs sources d'information se combinent pour produire les connaissances. La pensée est déductive, procède du général au particulier. La compréhension de l'ensemble donne un sens aux ingrédients. L'apprentissage commence par l'observation des autres qui montrent des modèles ou démontrent des pratiques. On préfère passer par des groupes pour l'apprentissage et la résolution de problèmes. La précision est valorisée. La qualité et la profondeur de l'apprentissage sont importantes.	**L'apprentissage** La réalité est fragmentée et compartimentée. Une seule source d'information est suffisante pour développer des connaissances. La pensée est inductive, procède du particulier au général. L'accent est mis sur les détails. En répertoriant les ingrédients on rend compte de l'ensemble. L'apprentissage se fait en suivant les instructions et explications explicites des autres. Une orientation individuelle est préférable pour l'apprentissage et la résolution de problèmes. La vitesse est valorisée. On cherche l'efficience et la productivité dans l'apprentissage.

Ce tableau aide à comprendre le contraste entre le comportement de Fabio Manzoni et la réaction des deux managers danois, dont voici quelques repères.

• Pour Fabio, l'appréciation du café est un élément qui rapproche le professionnel et le social permettant de fonder un sens collectif, une solidarité du groupe ; pour Søren, il s'agit simplement de respecter les goûts des uns et des autres.

• Fabio a utilisé un langage non verbal – notamment pour « expliquer » l'importance de l'appel qu'il a décidé de prendre –, mais ce message n'a pas produit l'effet d'acceptation et de complicité attendu.

• Les interruptions, justifiées par leur importance pour Fabio, ont perturbé la construction d'un message structuré par un discours continu et explicite qu'attendaient les Danois.

• Fabio laisse venir les événements car chaque chose doit être faite en son temps et à son rythme, alors que Søren veut travailler à l'intérieur du cadre défini et qu'il a déjà déterminé ce qui est important et urgent à traiter, et qu'il n'est pas permis de dévier du programme.

Le tableau montre qu'il existe des rapports assez étroits entre l'idée d'une culture monochronique et à contexte faible, d'une part, et d'une culture polychronique et à contexte fort de l'autre. Il existe également une correspondance assez nette avec deux des dimensions de Geert Hofstede décrites ci-dessous : individualisme et collectivisme. Si bien que ces groupes de qualités semblent se rejoindre.

Contexte fort	Contexte faible
Polychronique	Monochronique
Collectiviste	Individualiste
Italie	Danemark

Mais ces ensembles ne sont pas toujours aussi nets. Nous avons vu, par exemple, qu'en ce qui concerne l'éducation en France – pays de culture latine, plutôt « à contexte fort » et polychronique – le modèle reste très individualiste. La tolérance des Italiens à l'égard de ce que d'autres cultures considèrent comme de la tricherie sur les examens est sévèrement condamnée par la culture française.

C))) La proxémique – les cultures et la gestion de l'espace

Dans son deuxième ouvrage, *La Dimension cachée*, Edward T. Hall, a créé un nouveau domaine de la science interculturelle : la **proxémique** (*proxemics*). Il s'agit de l'étude de la manière dont les cultures construisent l'espace social et organisent leur perception et leur système pour gérer la distance. Le premier livre, *The Silent Language*, avait exploré les différences dans la perception du temps, y compris la distinction monochronique/polychronique. Dans *La Dimension cachée*, il s'est concentré sur la question de l'organisation de l'espace par les cultures et de leur **perception de l'espace**, ainsi que de la façon dont elles lui donnent un sens. Hall a montré que le simple fait que l'espace peut avoir un sens variable selon la culture constitue un risque interculturel permanent. Par exemple, deux institutions ou deux personnes de cultures différentes qui partagent le même espace seront susceptibles de se trouver en conflit, sans en comprendre les raisons, si elles ne font pas l'effort de dépasser leur propre cadre de référence. Un simple exemple dans un bureau est le fait de fermer systématiquement ou de laisser ouverte la porte, une pratique qui, dans certaines cultures, peut être vue comme un signe obligatoire de rang hiérarchique mais, dans d'autres, comme une tentative illégitime de s'approprier un territoire et d'en exclure les autres.

Cette conception de l'espace en tant qu'objet culturel est complémentaire de la conception de la **variabilité culturelle du temps** développée par Hall : « L'avenir pour nous, c'est l'avenir prévisible. En Asie du Sud, toutefois, on estime qu'il est tout à fait réaliste de penser au "temps long" en termes de milliers d'années » (*The Silent Language*).

Dans une situation donnée, nous éprouvons la plus grande difficulté à quitter notre propre cadre de référence et à chercher à interpréter le message émis par l'autre. Sans faire l'effort de comprendre son cadre de référence, le message passera toujours par notre propre filtre. Si, lors d'une discussion avec un client indien, celui-ci évoque un projet qu'il souhaite voir se réaliser dans l'avenir, on pourrait commencer à élaborer une proposition dans ce sens pour l'inciter à commander les travaux avant de découvrir que, pour lui, cela pouvait se faire dans deux ou trois cents ans. En revanche, si un Européen évoque un plan qu'il s'attend à voir mis en œuvre dans un avenir prévisible, il se peut que son interlocuteur indien imagine cet avenir à l'horizon de dix ans. Lui ne peut pas savoir, sans chercher à mieux connaître la culture en face, que son interlocuteur occidental pense l'avenir en termes de trimestres, alors que pour lui le futur s'étend sur des périodes indéfinies.

Pour Edward T. Hall, repérer ces différences de perception de l'espace et du temps n'est pas suffisant pour vaincre les problèmes d'incompréhension. Il maintient l'idée que la clé de la compréhension tient à l'expérience que nous pouvons acquérir de l'autre culture et à notre capacité à ouvrir nos horizons et « penser autrement ». Et ce « penser autrement » implique un effort d'auto-analyse, de compréhension de sa propre identité culturelle, de repérage de « ses points forts et faibles ». C'est ce qu'il l'affirme dans la citation suivante, extraite de son troisième livre, *Au-delà de la culture*.

La richesse et la complexité de la culture

> La raison pour laquelle l'homme ne connaît pas son vrai *soi culturel*, c'est que jusqu'à ce qu'il rencontre un autre soi comme étant également valide, il a peu de fondement pour la validation de sa propre personne. Une façon de découvrir un autre groupe est de comprendre et d'accepter la façon dont son esprit fonctionne. Ce n'est pas facile. Au contraire, c'est extraordinairement difficile, mais ce processus est au cœur de la compréhension culturelle. Un sous-produit d'une telle acceptation est l'aperçu des points forts et faibles de son propre système.

Une façon simple pour apprécier comment le malentendu est à la fois prévisible et difficile à comprendre est d'observer l'image ci-dessous.

Lorsqu'ils sont invités à établir un lien entre deux des images, les Occidentaux choisissent majoritairement la poule et la vache, alors que les Asiatiques ont tendance à choisir la vache et l'herbe. En Occident, nous avons appris à penser selon une « logique » qui procède par groupement des objets ou concepts isolés en catégories (animaux de la ferme, par exemple), avant de chercher à construire des rapports plus abstraits. La culture asiatique, quant à elle, met l'accent sur la relation entre les éléments qui se trouvent dans le champ visuel. Les vaches et les poules n'ont pas de relation observable, mais pour un asiatique l'herbe est la nourriture des vaches. Le rapport lui semblera beaucoup plus direct et « logique ».

4))) Geert Hofstede

Si l'on attribue à Edward T. Hall la paternité de la science de la communication interculturelle au lendemain de la Seconde Guerre mondiale, Geert Hofstede est l'autorité la plus citée dans ce domaine. Le State Department (le ministère des Affaires étrangères) du gouvernement américain avait donné à Hall les moyens de réunir dans un seul établissement (le Foreign Services Institute) des chercheurs, anthropologues, psychologues et linguistes afin d'examiner les questions en rapport avec la communication interculturelle et le comportement interpersonnel. La recherche s'est élargie progressivement jusqu'au monde professionnel, où la question de la diversité culturelle devenait un thème important dans la gestion d'entreprise.

Partie I — Le management interculturel en Europe

Geert Hofstede s'est attaché à comprendre l'impact de la diversité des cultures sur les activités d'une entreprise. Au sein d'IBM, une entreprise mondiale réunissant un très grand nombre de cultures, Hofstede a élaboré, sur plusieurs décennies, une méthode d'analyse qui s'organise autour d'une série de quatre, puis cinq « dimensions ». À l'instar de Hall, qui avait posé des concepts tels que « contexte fort » et « contexte faible » ou « monochronique » et « polychronique », Hofstede a conçu une nouvelle série de contrastes binaires. Il a proposé un système permettant de « mesurer » (quantifier) les tendances au sein de certaines cultures et, partant, de comparer toutes les cultures du monde afin de préciser les influences culturelles sur le comportement humain. Sa théorie repose sur 5 dimensions :
– la distance hiérarchique ;
– le contrôle de l'incertitude ;
– l'individualisme et le collectivisme ;
– la dimension masculine/féminine ;
– l'orientation court terme/long terme.

Depuis 40 ans, les cinq dimensions de Hofstede sont citées dans l'analyse des différences culturelles en raison de la lumière systémique qu'elles jettent sur le comportement dans la sphère professionnelle en général, et dans le monde de l'entreprise en particulier. Elles aident à clarifier l'influence des différences culturelles sur le lieu de travail. Il faut néanmoins souligner que cette analyse, reposant sur une liste de dimensions à la logique binaire, fait également l'objet de nombreuses critiques. Cela est probablement vrai de tout « système » qui prétend résumer l'essence d'une culture ou des différences culturelles, car le facteur de la diversité – qui bouscule les systèmes trop rationnels – sera non seulement toujours présent, mais également fondamental dans l'analyse culturelle.

Les dimensions de Hofstede sont entrées dans le vocabulaire standard de l'analyse sociologique des cultures, en particulier en ce qui concerne le monde de l'entreprise. Elles constituent une référence comprise et partagée par chacun dans le domaine de la culture.

A))) Distance hiérarchique : *power distance (high/low)*

Cette dimension fait référence au degré d'égalité/inégalité entre les individus dans une société donnée. Une culture dont l'indice de distance hiérarchique est élevé accepte, et suppose même, les inégalités entre les personnes définies par leur statut, en particulier au sein des structures organisationnelles, où l'on attribue aux directeurs et aux managers, par exemple, un statut élevé, qui fait obstacle ou complique la communication avec les employés.

Un indice de distance hiérarchique faible indique qu'une société a tendance à brouiller les différences de statut, de pouvoir ou de richesse. En dépit des différents niveaux de responsabilité, l'égalité est supposée être la norme et elle est définie comme l'objectif collectif ou la valeur de base de la société.

Dans un pays tel que la France (*high power distance*), la norme en entreprise serait donc de transmettre les rapports uniquement à la personne hiérarchique concernée sans les diffuser aux niveaux inférieurs, et de tenir des réunions à huis clos où seuls les décideurs sont présents.

Haut	– Organisation centralisée. – Hiérarchies fortement structurées. – Écarts importants de rémunération, autorité et formes d'expression de respect.
Bas	– Organisation plate, délégation de responsabilité pratique normale – Managers et collaborateurs traités sur un pied d'égalité, distingués uniquement par la nature de leurs tâches. – La rémunération déterminée selon le mérite plutôt que par rang ou ancienneté.

La richesse et la complexité de la culture

B))) Individualisme

Cette dimension oppose les sociétés qui encouragent l'individu à se penser comme un être unique en minimisant l'importance des liens sociaux, à celles où la réalisation de l'identité passe par un sens collectif inscrit dans les relations interpersonnelles.

Une culture possédant un degré élevé d'**individualisme** conçoit la société comme un groupe de personnes en compétition, où chacun se définit et agit selon ses propres motivations. Les sociétés ayant une cote individualiste faible et collective forte supposent que les individus vont prendre les décisions essentielles en tant que groupe ; que l'individu infléchisse ses ambitions et cède à la pression du groupe sera perçu comme normal.

Dans les **cultures collectivistes**, les liens entre les individus ont tendance à être forts. La famille et le réseau de relations deviennent le principe de base de la prise de décision de chacun. Le sens de la responsabilité devient collectif.

Individualisme élevé	– Valorisation du temps des personnes et de leur besoin de liberté. – Motivation par les défis, attente d'une récompense pour le travail fourni. – Respect de la vie privée. – Le débat est encouragé, toute opinion est considérée comme potentiellement valide.
Individualisme bas	– L'accent est mis sur les objectifs de l'équipe ou du groupe et l'acceptation de l'attribution des rôles. – Respect pour les dirigeants, en particulier pour les personnes âgées. – La reconnaissance, plus que la récompense matérielle de tout travail sérieux. – L'harmonie de l'ensemble est plus importante que l'expression personnelle.

C))) Fuite de l'incertitude : *uncertainty avoidance*

Cette dimension vise à évaluer les différences dans le comportement face à l'incertitude, au changement et au risque.

Une culture avec un score élevé d'**évitement de l'incertitude** face à la prise de décision vise à réduire l'incertitude et l'ambiguïté. Elle peut manifester une tendance vers l'organisation bureaucratique, dont les résultats sont toujours prévisibles et facilement répétables.

Un score faible indique une culture où le changement est perçu comme une opportunité plutôt qu'un risque, et où l'engagement dans l'innovation est susceptible d'être encouragé.

Évitement de l'incertitude élevé	– Conduite très formelle des affaires avec des règles et politiques strictes. – Recours systématique à la structure. – Valorisation de ce qui est validé par l'expérience passée de préférence à l'expérimentation. – Émotion et expression personnelle considérées comme suspectes. – Décisions prises sur la base de plans détaillés plutôt que d'idées brillantes.
Évitement de l'incertitude faible	– Attitude informelle concernant la prise de décision. – Accent mis sur la stratégie à long terme et le besoin d'expérimenter pour s'adapter. – Acceptation du changement et des risques.

D))) Masculin/Féminin

Cette dimension est sans doute la plus déroutante et la plus discutable. Il n'est pas clairement établi si la distinction concerne les sexes réels ou les stéréotypes associés aux attributs des sexes. Cette dimension n'a donc pas réussi à entrer durablement dans le vocabulaire standard de l'analyse interculturelle.

Un **score élevé de masculinité** indique qu'une culture marque clairement la différence entre les rôles attribués aux genres et privilégie les valeurs masculines. Puisque de telles cultures supposent que le modèle pour toute forme de pouvoir est masculin, les femmes ne peuvent réussir qu'en démontrant des caractéristiques associées à celles des mâles.

Un score faible de masculinité signifie que les rôles entre les sexes sont moins tranchés. Les qualités associées à la **féminité** (le souci de l'autre, l'éducation) peuvent être considérées comme appropriées pour les dirigeants masculins. Les qualités masculines traditionnelles (force, vision) peuvent également caractériser des femmes.

Masculinité forte	– Distinction claire entre les rôles des sexes. – Le modèle masculin est mis en avant pour le leadership. – Les femmes qui adoptent l'attitude masculine peuvent réussir.
Masculinité faible	– Frontière floue entre les sexes. – L'égalité de la performance est jugée possible. – Des femmes au pouvoir ou qui réussissent sont admirées et respectées sans ambiguïté.

E))) Orientation long terme (OLT)

Il s'agit du respect, dans une culture, pour les traditions et valeurs anciennes ou bien établies de préférence à celles du moment. Hofstede a ajouté cette cinquième dimension dans les années 1990, après avoir identifié la différence de conception du temps dans les pays asiatiques, notamment dans la philosophie confucéenne, un phénomène déjà souligné par Hall.

Les **cultures orientées long terme** ne perçoivent pas le changement comme urgent, inévitable et même, dans de nombreux cas, comme nécessairement utile. Pour les cultures orientées court terme, le changement est perçu comme une nécessité pour la survie. L'**orientation court terme** est en corrélation avec l'individualisme et l'orientation long terme avec le collectivisme.

OLT forte	– Respect de l'âge et de la sagesse de la tradition. – Forte éthique du travail. – Valeur importante accordée à l'éducation et la formation. – La continuité est une valeur.
OLT faible	– Valorisation de la créativité, de l'individualisme. – La « réalisation de soi-même » est demandée. – La rupture créative (innovation) est valorisée.

Élaborée à partir d'observations et de données statistiques recueillies chez IBM, la théorie des « dimensions » de Hofstede est devenue une référence majeure pour l'analyse des différences culturelles. Son système de classement attribue des valeurs numériques à la tendance dominante dans une culture sur l'axe de ses dimensions. Cette approche a été critiquée pour un certain nombre de raisons. On a fait remarquer notamment que, quelles que soient les valeurs qui peuvent être attribuées à une culture nationale, il est peu probable que les individus de cette culture les manifesteront d'une manière prévisible, ne serait-ce que parce qu'il est de moins en moins probable que les valeurs d'une seule culture nationale résument la composition culturelle d'un individu. Non seulement notre culture est construite à partir d'une variété de sources (la famille, les groupes auxquels nous appartenons, nos réseaux, notre éducation, etc.), mais aussi, de plus en plus et surtout dans le monde professionnel, les gens sont en contact avec d'autres cultures nationales et sont influencés par celles-ci.

5))) Fons Trompenaars

Une autre référence majeure de la tradition intellectuelle interculturelle est Fons Trompenaars, néerlandais comme Hofstede. Son activité de conseil en entreprise a conduit Trompenaars à des recherches lui permettant de proposer une nouvelle série de « dimensions », enrichissant ainsi le vocabulaire de l'analyse interculturelle.

A))) Universalisme vs particularisme

La première des distinctions importantes mises en avant par Trompenaars est le contraste qu'il a pu constater entre deux tendances : l'universalisme et le particularisme. Une culture universaliste s'aligne sur des règles qui mettent l'accent sur des généralités abstraites, et a tendance à accorder moins d'importance aux caractéristiques particulières d'une culture, comme s'il s'agissait de simples accidents. Une culture universaliste a tendance à attribuer à ses propres valeurs un caractère d'universalité.

Les cultures particularistes sont très conscientes et respectueuses des différences. Elles ne cherchent pas de principes généraux pour expliquer ou comprendre les différences qu'elles voient chez les autres. En conséquence, les membres d'une culture particulariste ont tendance à se concentrer sur l'intérêt de leur propre groupe. Ils considèrent qu'il est normal, pour les autres groupes, de manifester des valeurs différentes, de varier dans leurs orientations et objectifs. Ils ne cherchent pas à définir de ce qui peut être commun à tous les groupes.

Parmi les cultures qui peuvent être considérées comme universalistes, Trompenaars identifie les États-Unis, l'Australie, l'Allemagne, la Suisse, la Suède, le Royaume-Uni, les Pays-Bas, la République tchèque, la Slovaquie, l'Italie et la Belgique. Les cultures considérées comme plutôt particularistes sont le Brésil, la France, le Japon, Singapour, l'Argentine, le Mexique et la Thaïlande.

« Qu'est-ce qui prime, les règles ou les relations ? » est la question fondamentale.

Le tableau suivant synthétise les concepts de *Riding the Wave of Culture* (Fons Trompenaars et Charles Hampden-Turner, 1998) et présente les stratégies de management les plus efficaces à appliquer selon le type de culture.

Partie I — Le management interculturel en Europe

	Caractéristiques	Stratégies
Universalisme	On accorde une grande importance aux lois, aux règles, aux valeurs et aux obligations. Les universalistes essaient de traiter équitablement les individus en fonction de ces règles, mais les règles priment sur les relations.	– Aider les individus à comprendre comment leur travail est lié à leurs valeurs et à leurs croyances. – Fournir des instructions claires, des processus et des procédures. – Tenir ses promesses et être cohérent. – Donner aux individus le temps de prendre des décisions. – Utiliser un processus objectif de prise des décisions soi-même, et expliquer ses décisions si d'autres personnes sont impliquées.
Particularisme	Les individus croient que les circonstances et les relations dictent les règles à appliquer. Leur réponse à une situation peut changer en fonction des circonstances et des personnes impliquées.	– Donner aux gens l'autonomie pour prendre leurs propres décisions. – Respecter les besoins des autres en prenant des décisions. – Faire preuve de souplesse dans la façon de prendre des décisions. – Prendre le temps de tisser des liens et d'apprendre à connaître les gens afin de pouvoir mieux comprendre leurs besoins. – Mettre en évidence les règles et politiques importantes qui doivent être suivies.

B ⟫⟫ Individualisme/collectivisme

Trompenaars a cherché à affiner la dimension « individualisme » de Hofstede par une analyse plus sociale et politique. Au lieu d'estimer le degré d'individualisme, Trompenaars choisit d'opposer celui-ci au collectivisme (ou communautarisme), c'est-à-dire la tendance à considérer le groupe comme point de départ pour les décisions importantes. Il pose la question suivante : « Nos choix découlent-ils du désir de l'individu ou de l'expression du besoin du groupe ? »

C ⟫⟫ Culture neutre vs culture affective

Trompenaars propose une dimension qui concerne le degré d'importance donné à l'expression des affects et des émotions. Il fait la distinction entre les cultures neutres et affectives.

Dans une **culture neutre**, on tente de maintenir son expression soigneusement contrôlée en masquant ou en réprimant ses émotions, comme un joueur de poker. Mais contrairement à la stratégie du joueur de poker, qui le fait dans le but d'obtenir un avantage, les membres d'une culture neutre cachent leurs émotions parce qu'il est considéré comme indiscret, voire mal élevé, de les exprimer. Ils ont tendance à donner une valeur plus importante à la notion de rationalité et à l'action froidement engagée qu'aux émotions provoquées par une action.

Les membres de **cultures affectives** ne sont pas freinés par les inhibitions qui leur interdisent de manifester leurs émotions.

La richesse et la complexité de la culture

Les questions qui distinguent ces types de cultures peuvent être formulées de la façon suivante :
- Quand est-il approprié d'afficher des émotions ?
- A-t-on besoin de savoir ce que ressent l'autre ? Est-ce une information utile ?

Trompenaars a également proposé les distinctions suivantes :
- culture spécifique vs culture diffuse, pour distinguer les cultures qui séparent radicalement la vie privée de la vie professionnelle de celles qui permettent ou encouragent un lien entre les deux ;
- réalisation vs attribution (*achievement vs. ascription*), qui distinguent les cultures différenciant le statut d'une personne en fonction de repères formels (éducation, religion, classe sociale, âge) de celles qui la laissent se déterminer par la performance et le mérite ;
- séquentielle vs synchronique, distinction semblable à bien des égards à celle proposée par Hall entre monochrome et polychrome. Trompenaars pose la question : « Faisons-nous une seule chose ou plusieurs choses à la fois ? » ;
- contrôle interne vs externe, ou comment une culture voit la relation entre les individus et l'environnement qui les entoure : « Est-ce que nous contrôlons notre environnement ou sommes-nous contrôlés par lui ? ».

En tant que consultant dans le monde de l'entreprise, Trompenaars a souhaité dépasser le catalogage de « dimensions » pour se concentrer sur la résolution de problèmes. Son travail sur les contrastes culturels l'a amené à mettre en évidence l'existence, dans la vie professionnelle, de ce qu'il appelle des « dilemmes », des conflits de valeurs, conduisant à des situations marquées par la nécessité de prendre des décisions difficiles. Ces dilemmes sont généralement culturels, mais pas nécessairement dans le sens de la culture nationale. Il peut y avoir, par exemple, des conflits entre la culture d'un département marketing et celle d'un département production à l'intérieur d'une entreprise. Selon Trompenaars, la culture est multiple et s'applique à tous les types de groupements humains. La résolution de dilemmes exige une capacité à reconnaître les différences culturelles, à remonter aux valeurs tacites qui poussent chaque partie dans le conflit à figer sa position.

6))) Edgar Schein – La culture d'entreprise

Professeur de management et analyste de la culture, Edgar Schein observe la question de la culture sous un autre angle, apportant un point de vue original. Il est l'« inventeur » du terme désormais courant de « culture d'entreprise ». Schein analyse les facteurs qui contribuent à la culture d'un milieu professionnel particulier et le style des organisations.

En analysant la culture d'entreprise, Edgar Schein distingue trois notions :
1. la réalité concrète de la vie quotidienne sur le lieu de travail (aspect physique du bureau, code vestimentaire, histoire de l'entreprise, style d'humour, etc.) : les artefacts ;
2. les valeurs contractées ou officiellement promues par l'entreprise, la vision idéalisée de l'organisation : les valeurs ;
3. les valeurs réelles vécues et ressenties ou les normes de comportement observables dans l'organisation : les hypothèses (*assumptions*).

Il est évident que la culture d'une entreprise n'a pas le même impact sur les individus qui y travaillent que la culture de la société dans laquelle ils sont nés. Mais dans notre culture d'origine, on trouve toujours des artefacts, des valeurs et des hypothèses qui influencent et guident nos interprétations des phénomènes et des événements. La différence en termes d'impact est que le milieu dans lequel nous sommes nés fournit des repères permanents, alors que les artefacts de l'entreprise où l'on travaille sont acceptés comme le décor d'un lieu de visite, dont on cherche seulement à comprendre la logique locale. On ne se sent pas concerné en tant qu'être social, « à moins de s'identifier dans la durée à l'entreprise ». Il est vrai que certaines entreprises encouragent une identification à vie avec l'entreprise mais, avec une économie de plus en plus fluide, la tendance est à l'opposé.

Jusqu'à récemment, beaucoup d'employeurs souhaitaient que les employés montrent des signes d'identification avec l'entreprise. IBM a longtemps recruté son personnel avec l'idée qu'il s'agirait d'un emploi à vie. Jusqu'aux années 1990, le groupe se vantait de n'avoir jamais pratiqué de licenciements, si bien que les employés d'IBM acceptaient une nouvelle identité, celle d'un « IBMer ». Cette politique et cette culture n'ont pas survécu aux crises qui ont frappé le monde des constructeurs informatiques dans la dernière décennie du XXe siècle. Mais l'expérience culturelle initiée par IBM était ambitieuse et très volontaire, une reconnaissance du pouvoir réel de la culture d'entreprise sur les esprits des employés. Elle fut imitée par d'autres constructeurs informatiques américains (par exemple, Hewlett Packard, qui cherchait à inculquer le *HP Way*). Cette tendance à susciter l'identification avec l'entreprise, comme une véritable famille, existe aussi au Japon, où elle se manifeste très spontanément. Mais il ne s'agit pas uniquement d'une politique volontaire des entreprises, car la culture japonaise pousse à une identification spontanée et forte avec toutes les institutions auxquelles on participe, même les plus éphémères. Edward T. Hall a remarqué le phénomène : client d'un hôtel, il a constaté, lors d'une promenade en ville à proximité de son hôtel, que des inconnus le saluaient dans la rue comme un membre de la famille. Il a fini par comprendre que les passants avaient reconnu le *yukata* (kimono) qu'il portait et qui est fourni à tous les occupants de l'hôtel. Ils étaient donc liés par l'appartenance au même groupe humain : les clients d'un même hôtel.

Dans un contexte économique fragilisé depuis la fin du XXe siècle, il est moins courant pour les employés d'accepter de s'identifier à leur entreprise, au moins avec le même degré d'adhésion qu'au XXe siècle. Les jeunes générations en Europe sont convaincues qu'elles ne passeront que quelques années dans l'entreprise qui les recrute aujourd'hui. Mais cela ne signifie pas pour autant que la culture d'entreprise n'a plus de forces. Grâce aux travaux des chercheurs comme Edgar Schein, beaucoup d'entreprises font l'effort de soigner leur culture d'entreprise. Comme les cultures nationales, la culture d'entreprise est une force destinée à influencer la conscience, mais aussi l'inconscient de l'équipe et de chaque employé, afin de produire un impact réel sur les modes de travail et les comportements professionnels.

Activités

1. Cherchez dans vos relations au travail ou dans votre vie sociale des exemples de conflit ou de dilemme qui pourraient refléter le type d'opposition culturelle développé dans la théorie des dimensions. Partagez vos idées et vos observations et comparez vos interprétations.

2. Cherchez des exemples d'entreprises pour lesquelles vous pouvez identifier des artefacts et valeurs spécifiques. Cherchez à identifier les normes de comportement et hypothèses (*assumptions*) qui sont en rapport avec ces artefacts et valeurs.

3. Pensez à d'autres exemples d'association inspirés de l'exercice avec la vache, la poule et l'herbe. Une méthode consiste à créer et noter une chaîne d'associations spontanées en partant d'un mot concret (5 à 10 étapes). Puis revenez sur les associations et imaginez une autre façon de produire les associations. Une autre méthode est de proposer, après l'avoir réalisé vous-même, le même exercice à un ami ou collègue d'une origine culturelle différente de la vôtre.

Chapitre 4

Les composantes de la culture : « valeurs fondamentales » et « dimensions »

Le contact entre cultures voisines est un fait permanent de l'histoire, menant souvent à la mise en place de systèmes complexes d'échanges commerciaux et intellectuels, mais aussi à des conflits et des guerres. Depuis toujours, ces pratiques et événements ont suscité la réflexion des acteurs économiques et des intellectuels. L'anthropologie et la sociologie ayant accédé au statut de sciences au cours du XIXe siècle, elles ont favorisé l'émergence d'une pensée focalisée sur les rapports « interculturels ». La « communication interculturelle » peut ainsi regrouper les apports théoriques de l'anthropologie, de la sociologie, mais aussi de la linguistique et de la psychologie.

Le « management interculturel » constitue un nouveau champ de recherche plus pragmatique qui, depuis la deuxième moitié du XXe siècle, a produit des concepts pour mieux comprendre les interactions de chacun à la fois dans la vie quotidienne et surtout dans la vie professionnelle, dans une économie de plus en plus mondialisée.

1))) Valeurs fondamentales

Edgar Schein a souligné que la culture d'une nation ou d'une entreprise est construite avec un certain nombre de composantes :
– les rituels, tels que la façon de se saluer et de montrer son respect ;
– les héros, les personnes admirées qui servent de modèles et sont les exemples mêmes d'un bon système de comportement ;
– les symboles, tels que des mots, la couleur ou d'autres objets qui portent une signification particulière.

Au fondement de toutes les cultures se trouvent des **valeurs fondamentales** qui existent bien en-deçà du niveau de la prise de décision consciente. Ces valeurs influencent le comportement des membres d'une culture. Si l'étude de contrastes, tels que les paires de dimensions d'Hofstede, permet d'identifier certaines grandes tendances afin d'alimenter l'analyse de conflits culturels, l'examen des valeurs fondamentales permet quant à lui d'aller plus profondément vers l'intérieur de la culture que l'on cherche à comprendre, en dévoilant les subtilités qui sous-tendent décisions et comportements.

Edward T. Hall a souligné l'importance, dans chaque culture, de la façon de percevoir et de gérer le temps et l'espace, une activité permanente pour chaque être humain et qui se joue principalement au niveau de l'inconscient. Ces réflexes déterminent notre façon de voir, sentir, entendre et interagir avec le monde autour de nous. Mais il existe un principe plus profond qui donne son sens à ces réflexes, qui fournit la trame de notre interaction avec le monde matériel et social : il s'agit des « valeurs fondamentales ».

On a tendance à penser qu'une « valeur » est le résultat d'un calcul, un jugement basé sur l'utilité ou l'intérêt. La valeur d'un objet se détermine par le rôle qu'il va jouer dans notre vie et le degré de facilité ou de difficulté qui existe pour l'obtenir (son prix). Mais on sait que l'on possède aussi des « valeurs morales », les principes qui nous permettent de juger si un acte est conforme à nos attentes en termes de relations humaines. Les valeurs morales sont souvent associées, au moins indirectement, à des lois et des règles formelles imposées par les institutions et les structures sociales qui nous encadrent. Les valeurs fondamentales d'une culture peuvent comprendre notre système d'évaluation des objets et nos valeurs morales. Mais elles sont différentes et fonctionnent à un niveau plus inconscient. Elles sont bien moins rationnelles que les calculs, déterminés par des acteurs économiques, avec un caractère souvent quasi scientifique, et les lois, élaborées par les professionnels de la rédaction raisonnée : politiciens et avocats.

Pour comprendre les valeurs fondamentales, il faut considérer toute la structure de nos valeurs, jugements et perceptions. Parce que les valeurs fondamentales existent sous le niveau de rationalité et de la conscience, on a l'habitude de les représenter à travers la **métaphore de l'iceberg**.

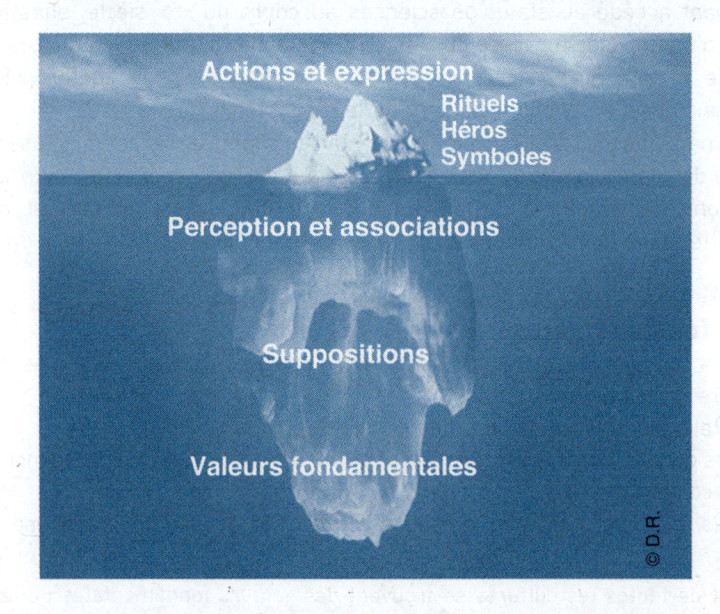

Ce schéma montre que les valeurs fondamentales sont profondément enfouies, bien cachées de la vue. L'histoire de la science interculturelle permet de comprendre les origines de la notion des valeurs fondamentales. Dans le chapitre précédent, nous avons présenté les recherches autour des dimensions, ou contrastes typiques entre cultures. Avec les valeurs fondamentales, on entre dans la logique spécifique de chaque culture pour mieux comprendre les forces qui influencent le comportement humain.

La première évocation de la notion de valeurs fondamentales peut être attribuée à Florence R. Kluckhohn et Fred L. Strodtbeck (*Variations in Value Orientations*, 1961), qui ont développé leur

Les composantes de la culture : « valeurs fondamentales » et « dimensions »

« théorie de l'orientation par les valeurs » à l'université d'Harvard. À bien des égards, les distinctions faites par tous les grands penseurs dans le domaine interculturel, y compris tout ce qui concerne les dimensions, se rapportent indirectement à la notion de valeurs. Par exemple, l'appréciation des différentes perceptions du temps étudiée initialement par Edward T. Hall peut être considérée comme liée à une manifestation de valeurs fondamentales. Dans la culture des États-Unis, le rapport entre le temps et l'action dans la sphère professionnelle est pris très au sérieux : on est censé prendre des décisions rapidement. Prendre des décisions et agir sans attendre pour les mettre en œuvre correspond à une « valeur » positive. On identifie ainsi la vitesse comme l'une des valeurs fondamentales de la culture des États-Unis. Par contraste, la plupart des autres cultures – Europe, Afrique, Asie et Amérique latine – ont conservé dans leur système de valeurs une appréciation de la lenteur que les Américains des États-Unis ont du mal à comprendre ou trouvent frustrante dans la pratique professionnelle. L'idée de « donner du temps au temps », formule attribuée à Cervantès dans *Don Quichotte*, est bien enracinée dans les cultures latines d'Europe. Aucune expression équivalente n'existe en anglais. L'expression la plus proche pour traduire ce proverbe en anglais américain serait *hold your horses* (*freiner vos chevaux*). On voit bien la différence entre, d'une part, une culture qui considère la vitesse comme la norme et la lenteur comme l'exception, et, d'autre part, des sociétés qui préfèrent se donner un temps de réflexion afin de ne pas compromettre les résultats des actions entreprises. *Hold your horses* peut se référer à une course ou à l'avancement d'une diligence dans le Far West. Pour les Américains, la vie est une course vers la réussite.

Par contraste avec les États-Unis, d'autres cultures ont conservé la **valeur du temps** de la réflexion dans le processus décisionnel. En réponse à la culture « fast-food » des États-Unis, l'Italie a créé le mouvement « slow food ». Mais même si aucune culture ne rivalise avec celle des États-Unis pour élever la vitesse à un idéal et la considérer comme la caractéristique obligatoire d'un comportement optimal, des contrastes existent à l'intérieur même de l'Europe, notamment en ce qui concerne le caractère d'urgence lors de la prise de décisions professionnelles. Par exemple, les Allemands accordent une grande priorité à l'exhaustivité des études dans la logique industrielle, ce qui fonde la réputation de qualité de l'ingénierie allemande. On dit les Allemands directs, ils ne s'attardent pas à émettre des jugements, ce qui est un signe de l'appréciation de la vitesse. Mais on identifie dans la culture allemande une valeur fondamentale, **Gründlichkeit** : rigueur, mais littéralement « fait d'être bien ancré au sol », qui prime sur tout souci d'aller vite. Il faut faire bien, aller jusqu'au bout et être satisfait du résultat, quel que soit le temps qu'il faut. *Gründlichkeit* comme valeur fondamentale d'un côté et vitesse de l'autre contribuent à comprendre pourquoi la fusion entre Chrysler et Daimler-Benz fut un échec.

Une expérience d'Edward T. Hall fournit un bon exemple de la façon dont la valeur « vitesse » aux États-Unis peut produire des effets négatifs même à l'intérieur de la culture. Hall est intervenu à la demande du Département d'État américain après que des incidents diplomatiques se soient produits à propos du respect de l'heure d'un rendez-vous avec un ministre au Moyen-Orient. L'interprétation de Hall fut la suivante : les deux cultures avaient une perception diamétralement opposée du sens à donner au non-respect d'une heure officielle de rendez-vous. Le ministre qui avait sciemment fait attendre l'ambassadeur américain voulait démontrer l'indépendance de son pays face au pouvoir intimidant des États-Unis. L'ambassadeur l'a pris à la fois comme une insulte et une preuve d'incompétence.

À partir de 1951, Hall reçut ainsi de la part du Département d'État un important budget pour développer un groupe de réflexion sur la communication interculturelle, afin de donner un éclairage culturel pour les corps diplomatiques et améliorer la conduite des relations internationales. Les recherches furent menées grâce aux travaux des meilleurs chercheurs et praticiens de l'anthropologie, de la sociologie, de la psychologie et de la linguistique, y compris des intellectuels tels que Franz Boas (*The Mind of Primitive Man*, 1911), Margaret Mead (*Coming of Age in Samoa*, 1928), Edward Sapir et Ruth Benedict (*Patterns of Culture*, 1934).

Le travail de Hall se poursuivit pendant quatre années. Mais il avait fait émerger des vérités culturelles gênantes, voire incompatibles avec la politique étrangère officielle, et Hall se vit retirer son financement du Département d'État, qui mit fin à cet épisode de l'histoire de la recherche interculturelle.

En Europe, en général, et plus particulièrement dans la culture française, où le **principe de stabilité (ou inertie positive)** représente une valeur fondamentale, il serait difficile d'appliquer une décision aussi radicale, car la vitesse et le souci d'un résultat rapide n'y constituent pas une valeur fondamentale. De façon complémentaire, comme dans la culture allemande, la réflexion et l'analyse réfléchie se trouvent parmi les valeurs privilégiées. Ce cas illustre parfaitement comment des actions conditionnées par des valeurs fondamentales peuvent avoir des conséquences différentes. La volonté du gouvernement américain de créer ce genre d'institution n'aurait pas été l'objet d'une décision si rapide en Europe. Et son éventuelle liquidation n'aurait été effectuée que progressivement et manipulée avec la plus grande discrétion pour ménager les susceptibilités.

Le travail de Hall a dérangé car il a remis en question les habitudes et les hypothèses de travail de la diplomatie américaine. Voici l'analyse de Hall : « Mon message a souvent été mal compris et activement combattu par la plupart des administrateurs ainsi que les membres du Foreign Service. »

L'action du gouvernement américain, en limitant la recherche de Hall, peut facilement être comprise dans un monde politique dominé par les États-nations. Les gouvernements nationaux sont concentrés sur « l'intérêt national » au détriment de tout effort pour comprendre d'autres cultures, en particulier s'ils estiment que leurs propres valeurs fondamentales sont menacées ou affaiblies. L'Europe fournit un contraste intéressant : les États-nations suivent la même logique, chacun à son niveau, avec un certain nombre de variantes, mais le cadre européen constitue une force qui non seulement reconnaît l'intérêt de la compréhension interculturelle, mais a également un intérêt réel pour le promouvoir.

Par contraste avec le monde de la politique, le monde des affaires se montre moins attaché aux valeurs fondamentales nationales et, par conséquent, manifeste davantage de motivation pour parvenir à comprendre l'étranger, surtout avec le développement d'une économie mondialisée. Les entreprises sont d'abord intéressées par les résultats : peu importe l'identité nationale ou la culture de ses clients, partenaires et fournisseurs. Ce sont ainsi les entreprises qui ont mené à une seconde vague de recherches sur les questions interculturelles. Hofstede a succédé à Hall en tant que penseur principal de l'interculturel. IBM, qui l'employait, lui commanda une analyse à l'échelle mondiale des cultures du personnel très diversifié de la plus grande entreprise de technologie moderne du monde, afin de faire comprendre son impact sur la culture de l'entreprise elle-même. On peut affirmer que, grâce à Hofstede, l'influence d'IBM dans le domaine de la communication interculturelle a été majeure.

Une conséquence de l'influence des entreprises sur le terrain est notamment la tendance à chercher des réponses simples à des problèmes complexes. Les dichotomies, quelque peu schématiques, inventées par Hofstede et Trompenaars, sont une illustration de ce besoin de réduire la complexité, pour mieux servir l'intérêt des entreprises clientes. Dans le monde universitaire et dans le domaine des sciences humaines, la tendance est plutôt de créer des modèles complexes afin de rendre compte du comportement humain dans l'abstrait, sans nécessairement se concentrer sur les spécificités d'une culture particulière. Très peu de travaux purement universitaires cherchent à définir des orientations utiles à la compréhension de la culture du monde professionnel.

La science interculturelle s'est donc développée à l'intérieur d'un système capitaliste marqué par une concurrence autant intellectuelle qu'économique. Edward T. Hall a été le premier à créer des **dimensions culturelles** en s'appuyant sur le concept scientifique de « dimension » des physiciens (c'est Einstein qui nous a offert une quatrième dimension : le temps), tandis que Geert Hofstede a cherché à valoriser cette théorie des dimensions en l'appliquant à la problématique des entreprises pour gérer la diversité. Plus récemment, Fons Trompenaars, Richard Lewis, Shalom Schwartz et bien d'autres ont proposé leurs versions des « dimensions culturelles » avec un certain succès. La tradition d'analyse culturelle par l'opposition de contrastes simples perdure.

2))) Dimensions culturelles et communication interculturelle

Dans la formation interculturelle, le succès de ce système a eu le défaut de mettre l'accent uniquement sur les dimensions culturelles au détriment d'autres concepts interculturels. Se concentrer uniquement sur ces dimensions peut nous faire oublier la réalité complexe de la culture dans son contexte réel : celle d'individus qui se comportent différemment dans différentes situations, qui sont chacun un amalgame de multiples influences culturelles et qui, en même temps, demeurent des personnes uniques. Dans le monde de l'entreprise, il est devenu courant – c'est même le fondement des méthodes de management – d'utiliser nos connaissances pour réduire les risques en fonction de nos prévisions. Ce mode de fonctionnement peut nous conduire à oublier que la culture n'est pas un facteur prédictif de comportement, mais plutôt une source d'influence sur nos choix et décisions. Dans l'intérêt de l'efficacité, le monde de l'entreprise a besoin de trouver de nouveaux moyens pour se réconcilier avec les profondeurs et la richesse de l'interaction interculturelle, car son objectif principal suppose la capacité à faciliter les échanges et les transactions.

Le système binaire des dimensions montre la difficulté à prendre en compte la double nature de la culture : un système à la fois statique (son inertie lui donne une identité) et dynamique (son adaptation nécessaire et permanente à des circonstances changeantes). Des tendances contrastées et imprévisibles se produisent constamment dans les cultures tant en surface qu'en profondeur. Comparons la culture à la météorologie : nous savons comment (et pourquoi) les dépressions et les anticyclones se succèdent et interagissent. La météo est basée sur le jeu entre hautes et basses pressions, comparable aux dimensions telles que la culture à fort ou faible contexte (*high, low context*). Mais le temps qu'on subit et qui constitue la réalité de notre vie est fait de nuages, brouillard, vent, pluie, sécheresse, neige, etc. Si les « dimensions » sont comparables aux paramètres de la météo, les conditions réelles constatées quand on sort de chez soi peuvent être comparées aux valeurs fondamentales. Mais où, avec quelle intensité, pendant combien de temps, avec quels résultats locaux sur une période de quelques jours, nous n'en savons rien. Cela rend la formation interculturelle plutôt difficile, surtout si l'attente des apprenants est de rendre le comportement (le nôtre ou celui de l'autre) prévisible ou du moins compréhensible.

Pour le manager, la réalisation d'une compétence interculturelle efficace exige plusieurs choses :
– reconnaître le système de perception et la psychologie des cultures auxquelles on est confronté ;
– se concentrer sur la logique interpersonnelle (la réalité des échanges) ;

Partie I — Le management interculturel en Europe

– apprécier la façon dont la culture produit ses effets à travers les interactions humaines dans le milieu et la culture de l'entreprise.

Pour ce faire, la prise en compte des valeurs fondamentales et l'appréciation de la complexité des relations humaines sont essentielles. Le schéma de l'iceberg ci-dessous donne une vision plus exhaustive de cette complexité.

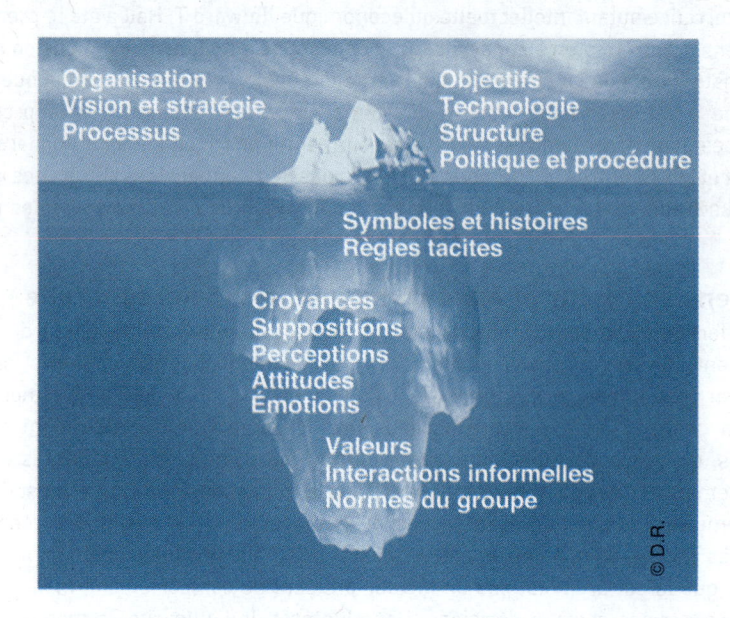

Organisation
Vision et stratégie
Processus

Objectifs
Technologie
Structure
Politique et procédure

Symboles et histoires
Règles tacites

Croyances
Suppositions
Perceptions
Attitudes
Émotions

Valeurs
Interactions informelles
Normes du groupe

3))) Un exemple de management tenant compte des valeurs fondamentales de différentes cultures européennes

L'exemple concret d'un projet de Nordlever, notre société danoise fictive, permettra de bien comprendre l'importance de valeurs fondamentales dans les milieux professionnels.

Le directeur du marketing, Lars Pedersen, décide de créer une *task force* composée de responsables marketing en poste dans cinq pays européens, afin de prévoir la conception et le lancement d'un nouveau modèle d'aspirateur. L'ancien modèle a toujours été populaire au Danemark, mais s'est moins vendu ailleurs. Connu par les Danois pour sa robustesse et perçu comme un appareil de grande qualité technique, présence rassurante dans les foyers d'une certaine classe sociale, le modèle a peu évolué depuis 30 ans. Mais l'internationalisation de l'activité de Nordlever et la révolution numérique ont conduit l'équipe marketing à envisager la modernisation de l'image de l'entreprise, sachant que cela impliquerait un effort particulier sur les produits phare de la gamme Nordlever.

En effet, les récentes études de marketing montrent que le public est de plus en plus sensible à l'innovation. Elles reflètent notamment l'idée que les technologies numériques sont le signe de l'efficacité des produits ménagers. Solide chez les Danois, l'image de Nordlever commence à souffrir d'une identité trop associée à des traditions anciennes. Cela se traduit par la crainte du manque de performance des appareils, qui ne pourrait s'améliorer que grâce aux nouvelles technologies. Mais comment défendre l'acquis – une image de robustesse et d'intemporalité – tout

Les composantes de la culture : « valeurs fondamentales » et « dimensions »

en mettant en avant l'innovation technologique que certains segments traditionnels de leur marché perçoivent comme des gadgets inutiles, alors que d'autres craignent une complexité technologique à laquelle ils sont allergiques ?

La *task force* est chargée d'imaginer les caractéristiques d'un « nouvel ancien » produit. Les cinq personnes choisies pour la *task force* sont des spécialistes marketing provenant de cinq pays : le Danemark, l'Allemagne, la France, l'Italie et la Hongrie.

Le choix de ces pays s'explique par le fait que trois d'entre eux totalisent 72 % du chiffre d'affaires en Europe, en dehors du Danemark, petit marché où la marque est très connue. Le choix de la Hongrie va dans le sens du projet d'expansion de Nordlever en Europe de l'Est et du Sud-Est. Par ailleurs, il a été identifié que le gain potentiel de parts de marché dans tous ces pays est significatif, à condition de renouveler et de moderniser l'image.

M. Pedersen est l'architecte du réseau européen de Nordlever depuis quinze années, pendant lesquelles il a passé du temps dans six pays différents. Il parle couramment l'anglais, l'allemand et le français, et comprend l'italien. Il connaît bien les différences culturelles à travers l'Europe et l'impact de ces différences sur la performance commerciale de ses produits. Il a constitué cette équipe en tenant compte de sa propre perception des valeurs fondamentales des cultures respectives, ainsi que des réflexes professionnels des quatre collaborateurs qu'il connaît bien pour les avoir accompagnés dans la construction de leurs plans marketing locaux. Il voit bien l'apport spécifique que chacun d'eux sera en mesure de livrer. Surtout, il a veillé à communiquer à chacun sa volonté d'encourager les échanges et la participation, d'écouter tout le monde sur un terrain d'égalité, et a insisté sur le fait que la décision finale sera le résultat d'un travail collectif.

Pedersen sait aussi que cette façon de travailler sur la base de rapports égalitaires fait partie de sa culture danoise, comme il sait qu'il n'est jamais acquis que des collaborateurs issus d'une culture aux valeurs hiérarchiques plus rigides réussissent à jouer pleinement le rôle qu'on leur invite à jouer et ne préfèrent pas s'effacer devant l'autorité présumée du leader.

Lars Pedersen convoque les quatre collègues à une réunion de lancement dans un hôtel de Copenhague en prenant soin de la cohésion de l'équipe : s'appuyant sur les recherches les plus récentes sur la motivation, il a décidé d'introduire des éléments de « ludification » pour inciter ses collègues à participer pleinement aux brainstormings et au travail continu d'élaboration du projet. Son but initial est de décontracter le groupe, mais aussi de faire réfléchir chacun activement à ses propres différences. Pour cela, Lars imagine des jeux où les participants sont invités à prendre des risques et à récolter des récompenses basées sur la qualité de leur participation, l'énergie qu'ils déploient et quelques critères plus techniques.

Lars a fait son propre audit culturel de l'équipe. Il sait, par exemple, que son collaborateur allemand, Gunther Richter, va veiller au sérieux du produit à concevoir et à la cohérence et la faisabilité technique du plan de production théorique qu'ils seront amenés à proposer. Il sait aussi que Gunther va vouloir aller jusqu'à prédéfinir dans le détail les spécifications fonctionnelles (peut-être même trop). Et Gunther sera également très efficace pour mobiliser et faire participer l'équipe qu'il a constituée autour de lui afin de l'assister dans ce travail de réflexion, jusqu'à prévoir les rôles précis et la charge de travail dans le projet. Gunther ne trahira pas sa valeur *Gründlichkeit*.

Lars comprend que son collègue français Jean-François Jaubert va s'engager à fond pour chercher à situer et schématiser la logique générale de l'innovation envisagée. Il se sentira surtout responsable de la cohérence du « concept », à la fois en termes de positionnement sur le marché (l'attente des clients) et d'apport théorique de l'innovation, de la façon dont elle va faciliter la vie de l'utilisateur. C'est le psychologue de l'équipe. Lars sait en revanche que Jean-François sera un peu l'électron libre et ne cherchera pas trop à engager son équipe, de crainte de diluer l'originalité de sa propre contribution. Jean-François aime parler de *focused concept* (concept focalisé) et pense que chaque concept doit suivre le chemin prévu par son créateur avant d'être débattu, critiqué ou transformé en équipe. Lars apprécie aussi le fait que Jean-François, en prenant le contre-pied de son collègue allemand, laissera au bureau d'étude une liberté maximum afin d'éviter d'imposer un schéma technique qui serait trop fermé, quitte à être un peu flou.

Lars sent que son collaborateur Italien, Marco Lidi, va faire un effort particulier sur le style et le symbolisme du design, en souhaitant réconcilier forme et fonction. Il aime répéter qu'il pense en termes de « résonance » avec le consommateur, une idée qu'il avait mise en pratique à l'époque où il était chef du marketing de Facilissimo, avant son acquisition par Nordlever en 1995. (Pedersen avait joué un rôle constructif pour convaincre le PDG, Søren Jorgensen, de l'intérêt d'acquérir Facilissimo.)

Enfin, son collaborateur hongrois ramènera les rêveurs des pays riches aux marchés déjà mûrs vers des principes plus « simples », mais pensés avec sérieux. En effet, il sait que Laszlo Vaszary est capable d'être aussi exigeant sur les détails que Gunther Richter, mais qu'il est aussi motivé par le fait d'attaquer un terrain vierge où ni la marque, ni le modèle ne sont connus.

Lars Pedersen souhaite utiliser les atouts de chacune des cultures en tenant compte de la personnalité de chacun de ses collaborateurs :
– Allemagne : sérieux et profondeur d'analyse technique ;
– France : cohérence de concept, sens de l'équilibre de l'innovation ;
– Italie : expression d'harmonie et de beauté, « résonance », « vibration » ;
– Hongrie : perception de la promesse de productivité, compréhension du point de départ du désir du consommateur.

Pour le lancement, Lars a préparé un jeu d'imagination, où il demande à chacun d'imaginer un nouveau produit pour un marché futur (10 ans plus tard) avec trois niveaux de budget très différents. Puis, après s'être répartis en deux équipes, ils décriront les produits auxquels ils ont pensés en fonction des trois budgets différents. Enfin, Lars demandera d'analyser comment la culture de chacun aura influencé ses idées.

Fort de sa culture danoise, Lars Pedersen, en tant que directeur du marketing, s'attribue le rôle de celui qui contrôle la vision d'ensemble, d'arbitre et de garant du résultat final. Il se prépare à tirer le meilleur de chaque culture, à trouver la bonne combinaison d'atouts en envisageant deux grandes stratégies, qui seront débattues après l'achèvement du programme de la *task force* :
1. la définition d'un produit réussissant à projeter une image qui séduit simultanément toutes les cultures concernées, un produit à l'attrait universel ;
2. la définition d'un produit de base, qui doit être décliné en une série de modèles spécifiques pour chaque culture.

La première stratégie serait idéale, car les coûts d'industrialisation et de distribution seront plus facilement maîtrisables, avec un impact sur le prix final. Mais compte tenu de la complexité culturelle du marché, Lars pense qu'ils seraient contraints d'envisager la deuxième solution. Si tel est le cas, il réunira une deuxième *task force*, peut-être avec d'autres participants, pour définir la gamme définitive de modèles dans le but de standardiser au maximum, tout en respectant les variations culturelles.

En composant sa *task force*, Pedersen a consciemment cherché une variété de points de vue attribuables à la fois aux personnalités et aux compétences particulières des quatre collaborateurs choisis et à leur culture d'origine (y compris leur sensibilité aux exigences de leurs marchés

Les composantes de la culture : « valeurs fondamentales » et « dimensions »

respectifs). C'est le côté positif, enrichissant du caractère multiculturel de cette équipe. Mais il sait aussi que, quelle que soit la dynamique positive qu'il réussit à créer au lancement, il y aura fatalement des divergences, des conflits, des ressentiments, des sauts d'humeur qui rendront sa gestion du projet difficile. Il sait également qu'à l'issue du processus, lorsque les décisions seront prises et la production lancée, il y aura fatalement, parmi les membres de la *task force* elle-même et peut-être davantage dans chaque équipe nationale représentée par les membres de la *task force*, le sentiment qu'il y a des gagnants et des perdants, des privilégiés et des victimes.

Lars Pedersen a réfléchi à toute cette complexité et s'y prépare avec des stratégies psychologiques et de diplomatie qu'il sait nécessaires, non seulement pour mener le projet à sa bonne fin, mais aussi pour construire son nouveau plan marketing sur l'ensemble du marché européen. Il va falloir à tout moment ménager des sensibilités divergentes et chercher à faire reconnaître aux uns et aux autres la valeur de la contribution de chaque membre de l'équipe, même quand elle se trouve en contradiction apparente avec les valeurs de certains collègues.

C'est cela qu'on appelle l'« intelligence interculturelle ».

Activités

Lisez la citation suivante d'Edward T. Hall :

« Théoriquement, il ne devrait exister aucun problème quand les gens de cultures différentes se rencontrent. Les choses commencent, le plus souvent, non seulement avec l'amitié et la bonne volonté des deux côtés, mais il existe une conviction intellectuelle basée sur l'idée que chaque culture dispose d'un ensemble différent de croyances, de coutumes, de mœurs, de valeurs, ou de ce que vous voudrez. Les ennuis commencent quand les gens sont obligés de travailler ensemble, même sur une base superficielle. Souvent, même après des années de collaboration étroite, on n'arrive pas à faire fonctionner le système de l'autre ! » (*The Hidden Dimension*)

1. Trouvez l'exemple d'une relation entre des personnes ou des institutions appartenant à deux cultures différentes qui a débuté dans un sentiment de compréhension et de confiance, puis, quand les personnes ont commencé à travailler ensemble, elles découvrent que le système ne fonctionne pas. C'est un phénomène très courant dans les cas de fusions.

2. Essayez de définir la différence conceptuelle entre « dimensions » et « valeurs ». De quelle manière chaque notion se montre-t-elle utile au développement de la compréhension des problèmes interculturels ?

Chapitre 4

Chapitre 5

Reconnaître la nature de la complexité d'une équipe culturelle

Lars Pedersen connaît les problèmes de management que son projet de *task force* multiculturelle, qui aborde la question sensible de l'image de l'entreprise dans une économie en mutation, va engendrer. Il ne peut pas prévoir les aléas et planifier toutes ses réponses. Il doit être prêt à gérer l'imprévisible. Au lieu de « manager » (appliquer des règles), il doit commencer par exercer ses facultés de perception : écouter, regarder, suivre les comportements, reconnaître les émotions, sentir les changements de ton et de qualité de discours, guetter les sources de malentendus et les désamorcer, avant que les effets ne s'aggravent et nuisent au projet.

1))) La perception des effets de la diversité culturelle

La culture est la résultante de tout le vécu d'un individu, depuis sa naissance. Le cerveau humain traite les informations générées par l'expérience de façon complexe, dans un effort de construction de modèles et de représentations qui facilitent la compréhension d'événements nouveaux. La **complexité** provient des types de données de l'expérience qui sont traitées en parallèle : le comportement, l'interaction avec l'environnement, la connaissance formelle communiquée verbalement (orale ou écrite), diverses manières tacites et explicites d'exprimer l'approbation et la désapprobation, y compris l'énoncé de règles et des signes non verbaux. En outre, contrairement à un ordinateur puissant, les données sont reçues et traitées sous forme analogique (par l'affect, le désir), à des degrés variables, plus que de façon binaire sous forme de paquets discrets de connaissances, qui peuvent être consciemment rappelées et reformulées. Les deux modes (affect et information) se combinent pour s'influencer mutuellement, et finissent par se stabiliser dans le cerveau, voire se figer en configurations répétables face à certains types d'événements ou d'expériences.

Cette prévisibilité de la **perception** reflète en premier lieu la stabilité des relations construites à l'intérieur de la culture de chacun. C'est pourquoi nous nous sentons à l'aise – avec l'assurance que tout se passe normalement – lorsque les modes de comportement observés autour de soi sont semblables à ceux déjà rencontrés dans le passé. C'est aussi la raison pour laquelle on se sent mal à l'aise lorsque les séquences d'action et de réaction sont différentes, heurtant ainsi notre capacité à prédire les résultats et à préparer nos propres actions. Lorsque nous tentons d'interagir au sein d'une culture qui a forgé des modèles de perception et de comportement différents – souvent de façon trop subtile pour qu'on le remarque, tels que par les signes non verbaux, d'approbation, de tolérance, de désapprobation, etc. –, on peut se sentir mal à l'aise, avec un grand risque de se tromper dans l'interprétation des signes. Cette confusion sera sans doute perçue et mal vécue par nos interlocuteurs.

Partie I

Le management interculturel en Europe

La psychologie fondamentale de la différence culturelle est donc facile à comprendre. On confronte la même réalité avec deux codes, deux jeux de réflexes différents. À l'intérieur de ma culture, je trouve des ensembles de comportements prévisibles pour la société autour de moi dans la plupart des circonstances. Mais lorsque ces comportements diffèrent, nos attentes sont trahies et nous sommes susceptibles de réagir d'abord au niveau de l'affect avec un ressenti négatif, qui peut comprendre la frustration, l'indignation, l'humiliation, la perte de face, le sentiment d'échec, et même la perte de l'identité. Le problème de la culture n'est donc que superficiellement un problème de « connaissances des pratiques » ou même des valeurs d'une culture particulière, il se situe plus profondément au niveau de notre ressenti, nos affects en relation avec la culture.

À bien des égards, il est moins problématique de s'adapter et de trouver un moyen cohérent de se comporter dans une culture nettement différente de la nôtre lorsqu'on est appelé à travailler au sein d'une équipe multiculturelle. Cela crée un espace plus ouvert, plus tolérant, moins monolithique, dont la complexité même peut rassurer. L'avantage des groupes ou équipes multiculturelles est que, selon le type d'équipe et le contexte particulier, une des cultures ne parviendra pas à s'imposer comme suffisamment dominante pour fournir un cadre permanent et relativement stable, capable de gérer les comportements. Néanmoins, plus il y a de cultures présentes, plus les occasions de conflits se présentent. Les valeurs et les codes provenant de différentes cultures peuvent émerger de façon conflictuelle au cours des activités et interactions quotidiennes les plus banales. Parce que les origines des comportements manifestés sont variées – tant en termes de valeurs explicites qu'implicites –, la clé pour les comprendre et les interpréter ne sera jamais facile à trouver.

Le chef d'une équipe interculturelle doit rester vigilant à plusieurs niveaux.

1. Reconnaître que les conflits et malentendus liés à l'exécution de tâches et la conduite des responsabilités se produiront avec une fréquence plus grande qu'au sein d'une culture de travail unique, et qu'il faut se souvenir que les moyens de les résoudre seront toujours plus subtils qu'une simple « application de la règle ». La clé fondamentale pour le maintien du bon fonctionnement d'une équipe multiculturelle est de développer un niveau de confiance au sein de la communauté, qui reconnaît et encourage le dialogue entre les membres, aussi bien sur le plan social que professionnel. C'est le principe qui a guidé Lars Pedersen à organiser son séminaire de lancement à Copenhague.

2. Dans la majorité des cas d'équipes multiculturelles, une culture dominante existe, qui fournit un cadre de référence utile pour résoudre les problèmes. Mais, même dans le cas d'une équipe partageant une forte culture d'entreprise, à laquelle tous les membres de l'équipe peuvent s'identifier, des problèmes risquent de survenir. Le niveau de stress en milieu de travail peut varier selon le degré de compatibilité de la culture de certains membres de l'équipe avec la culture dominante. Et, dans beaucoup d'exemples, la culture de l'entreprise reflète à la fois la culture de ses fondateurs (Schein) et la culture nationale du pays dans lequel l'entreprise a été créée. Pour cette raison, il est important de comprendre la culture particulière de l'entreprise et de réfléchir à la façon dont ses valeurs fondamentales ont été créées, héritées par des générations successives et transformées par l'expérience collective. Cela sera crucial, pour comprendre et résoudre des conflits, des incidents passagers de dysfonctionnement, pour des individus originaires d'autres cultures.

Reconnaître la nature de la complexité d'une équipe culturelle

En résumé, un bon manager d'équipe multiculturelle doit rester vigilant sur ces deux points essentiels, se montrer curieux et compréhensif à l'égard de certains facteurs culturels qui ne font pas partie de sa propre expérience. Il doit montrer les qualités suivantes :
– avoir le sens de ses propres origines culturelles et de ses modes de comportement habituels ; comprendre à la fois les forces et faiblesses (aux yeux des autres) de sa propre culture ;
– comprendre l'histoire et la culture de son entreprise, ainsi que sa relation avec la culture nationale dans laquelle elle a été créée. Il ne faut pas non plus oublier que cette relation peut, selon les cas, représenter une souche particulière dans la culture nationale et peut, en tant que telle, se trouver en tension, voire en contradiction avec d'autres souches historiques de la culture. Par exemple, en France, les traditions jacobines et girondines s'opposent à l'intérieur d'une culture française bien partagée, et peuvent parfois se refléter dans la culture d'une entreprise. Dans l'histoire de tous les pays, les clivages politiques sont une source possible et permanente de conflits, comme par exemple, entre les royalistes (*cavaliers*) et les puritains (*roundheads*) pendant la guerre civile en Angleterre au XVIIe siècle : les effets de ce conflit sont toujours inscrits dans la culture britannique, même s'ils sont très dilués ;
– apprécier le principe de la diversité, afin de favoriser la compréhension entre les cultures par une attitude plus souple face au comportement de collègues ou de subordonnés d'origine différente ;
– considérer les équipes multiculturelles comme une source d'enrichissement et de productivité potentielle, tel que l'a fait Lars Pedersen en constituant sa *task force*.

La curiosité et l'empathie sont les deux clés de la gestion de la diversité. La **curiosité** comprend la prise de conscience de ce qui est hors de soi. L'**empathie** implique la capacité d'apprécier les facteurs de motivation qui sont valables, voire précieux pour une autre personne, même si l'on n'est pas soi-même sensible à leurs valeurs, objectifs et rituels.

Cela met en évidence un fait important : le manager, dans un contexte interculturel ou multiculturel, doit être conscient des facteurs qui influencent l'interaction, à deux niveaux différents :
– sa relation propre avec des collègues d'origine culturelle différente,
– les relations interculturelles qui existent entre les membres de l'équipe.

Il n'existe pas de solutions sur mesure pour l'harmonie interculturelle ni de remèdes simples pour les conflits interculturels. Chaque situation nécessite non seulement une analyse où le tact joue un rôle important (accompagné d'une auto-analyse permanente), mais aussi la capacité à encourager le développement de relations productives dans l'équipe au fil du temps. Les supposées « règles » d'une culture ne sont pas des règles, mais des schémas de signification et de comportement en évolution permanente, partagés, interprétés et développés par des personnes réelles. Tout groupe humain, qu'il soit permanent ou éphémère, crée sa propre culture par l'ensemble de ses interactions sur des durées plus ou moins longues. Cette culture est d'abord construite à partir d'un point souvent marqué par la présence d'une culture dominante, mais, au fil du temps, elle évoluera pour devenir la « personnalité », voire la culture du groupe.

2))) Reconnaître les sources de diversité dans l'équipe

Le manager d'une équipe multiculturelle devrait par conséquent saisir chaque occasion pour reconnaître les **sources de la diversité** de son équipe et, si nécessaire, se renseigner, voire enquêter sur ces sources, au moment même d'organiser le travail de l'équipe et préparer sa méthodologie pour la résolution de problèmes. L'origine nationale n'est pas le seul facteur, d'autant que chaque culture nationale possède un large éventail de traits culturels parfois contradictoires. Par exemple, si l'on considère, à juste titre, que le « fair-play » est une valeur fondamentale forte et permanente de la culture anglaise, cela ne signifie pas que les Anglais soient uniformément portés à sentir la nécessité de pratiquer le fair-play, et encore moins que cette valeur soient appliquée à leurs propres actions. En revanche, ils y feront appel spontanément et même inconsciemment pour évaluer et juger les actions des autres. En d'autres termes, un Anglais dans une équipe sera immédiatement conscient des écarts au principe de fair-play selon sa compréhension du concept, alors que ces collègues étrangers ne remarqueront rien.

Prenons un cas extrême, celui d'un homme d'affaires anglais qui, comme tous ses compatriotes, ne manquera pas de se sentir indigné pendant une négociation si on lui indique qu'on attend, pour conclure le marché, un « cadeau » de sa part (perçu comme un pot-de-vin dans la culture anglaise). S'il manifeste son indignation, il perdra l'affaire. S'il campe sur ses principes et refuse de proposer le pot-de-vin, le résultat sera le même. Mais d'autres, culturellement plus aguerris, n'hésiteront pas à accepter un « compromis », en observant que c'est la seule façon de conclure des affaires dans certains pays, tout en continuant à ressentir malaise et indignation. Leur culture ne change pas, mais leur comportement s'adapte.

Ainsi, la culture, à son niveau le plus profond et le plus authentique, fonctionne comme une programmation d'affects plus que comme un déterminant de comportement. Les rituels et les actions spécifiques peuvent évoluer très rapidement, mais les affects qui les mettent en perspective restent profondément ancrés et persistants, même après des mutations des comportements superficiels. Certains des facteurs clés de ces affects peuvent être compris en fonction des distinctions établies par Hall, Hofstede et Trompenaars. Par exemple, les cultures « collectivistes » créent un double effet :
– l'attente que toute décision importante sera prise par la consultation du groupe ;
– la peur viscérale de prendre une décision entièrement par soi-même.

Les membres de cultures « individualistes » deviennent rapidement frustrés ou peuvent se sentir indignés lorsque leurs homologues, issus d'une culture collectiviste, prennent le temps de s'assurer que le groupe s'engage sur une décision, avant de la confirmer. Pour eux, cela relève de tactiques dilatoires ou d'un manque d'intérêt pour la proposition.

Ce qui peut rendre difficile la gestion d'équipes multiculturelles est le fait que tout le monde apprend à observer les rituels communs du groupe professionnel et à se comporter selon un schéma reconnu et répété. Cependant, ces actes, même conformes aux normes organisationnelles, ne sont pas forcément accompagnés par les mêmes affects. Il est possible, par exemple, qu'un Allemand vivant en France, mal à l'aise avec le contact physique, s'habitue néanmoins au rituel de la bise pour saluer les membres d'une équipe. Alors que pour les Français, ce bref contact physique renforce le sentiment d'un lien d'intimité, l'Allemand ne pourrait pas s'empêcher de le pratiquer comme un devoir plus ou moins désagréable. Les membres français de l'équipe le perçoivent tel un encouragement à travailler ensemble, à renforcer leur solidarité, à réaffirmer leur engagement sur les mêmes objectifs. L'Allemand ou le Britannique peut au contraire le sentir comme la preuve de sa propre exclusion en tant qu'étranger. Si vous leur posez la question, ils répondront : « Oui, ça fait partie de la culture d'équipe », mais leurs sentiments réels sont plus susceptibles de se traduire par ce sentiment sincère : « être membre d'une équipe signifie passer du temps à accomplir un objectif aux côtés d'autres personnes, non pas à établir une relation personnelle avec ces personnes ». Au plus profond d'eux-mêmes, ils continuent à sentir le rituel de la bise comme un acte hypocrite mais nécessaire pour avoir la paix.

Pour compliquer un peu plus les choses – ou plutôt pour souligner comment la culture demeure un phénomène complexe –, certains Français peuvent avoir une attitude semblable. Ils peuvent, consciemment ou inconsciemment, résister à l'idée de construire une relation avec les membres de l'équipe. Mais parce que la bise est pour eux une caractéristique normale dans certains types de relation, ils ne la perçoivent pas comme un signe d'hypocrisie.

Ainsi, la compréhension de l'échange culturel implique une conscience non seulement de perceptions et de rituels différents et variables, mais aussi des sensations qui peuvent être provoquées lorsqu'on est amené à s'adapter à d'autres formes de comportement. Un aspect important du management est l'encouragement et l'entretien de la motivation. Alors que la motivation doit être considérée comme un facteur de dynamisation plutôt qu'un simple engagement intellectuel, nous pouvons conclure que la gestion d'une équipe multiculturelle ne peut être efficace que si le manager est prêt, non seulement à accepter le ressenti des personnes sous sa responsabilité, mais aussi à faire l'effort de chercher à comprendre ce qu'elles ressentent.

3))) La distinction entre une pluralité d'influences

La culture ne doit pas être considérée comme un phénomène purement national. Tout le monde possède un faisceau de cultures, qui existent de deux manières distinctes :
– comme les aspects conjugués de la personnalité, y compris la capacité de s'adapter spontanément aux codes appropriés à un environnement spécifique ;
– comme un mélange d'influences qui se combinent pour créer une nouvelle culture personnelle, potentiellement plus riche que chacune des cultures qui la composent.

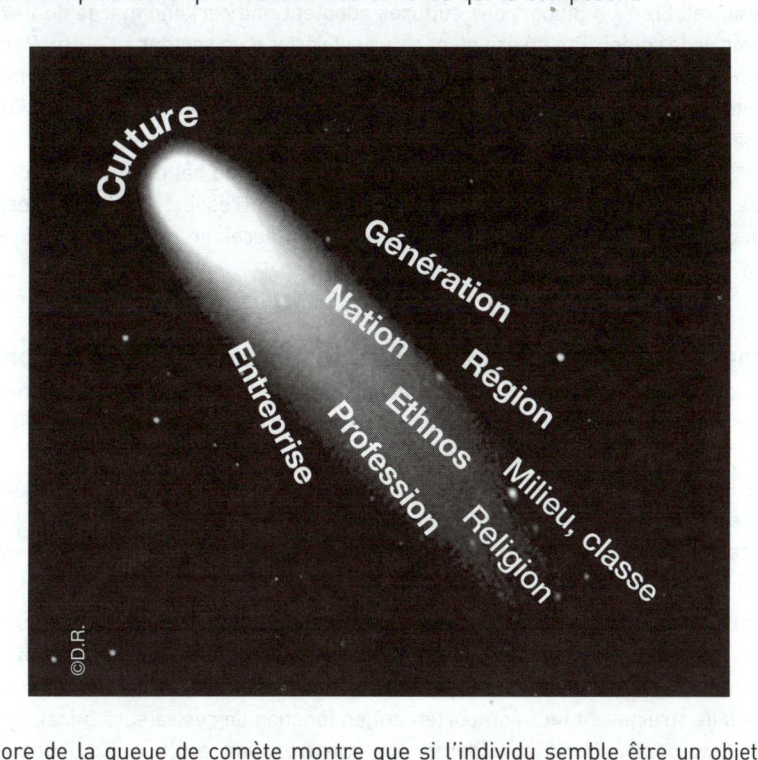

La métaphore de la queue de comète montre que si l'individu semble être un objet simple, la composition culturelle de chaque être humain comprend une diversité structurée de cultures : nationale, régionale, ethnique, professionnelle, religieuse, pour ne citer que les principales. Cela peut être encore compliqué par la profondeur et l'étendue de l'expérience de certains individus.

Partie I — Le management interculturel en Europe

Ceux qui ont vécu dans des pays différents, exercé des métiers variés, travaillé pour plusieurs entreprises ou dans des équipes intergénérationnelles, etc., auront acquis des habitudes, des coutumes et des réflexes qui sont plus variés que ceux d'un individu monoculturel. Ils seront plus aptes à comprendre la variation culturelle et sauront mieux interpréter des comportements imprévus.

La culture d'entreprise est un concept relativement récent, mais il est intéressant de noter que, même au sein d'une organisation où chacun est censé refléter la culture dominante institutionnelle, la logique de la profession exercée par l'un n'est pas la même pour un autre : les spécialistes du marketing, de la production et de la R&D ont des conceptions très différentes du temps. Ceci peut être une source de tension dans les équipes. Il s'agit d'un domaine d'investigation culturelle qu'ont exploré Edgar Schein et Fons Trompenaars.

Edward T. Hall a été le premier à décrire la façon dont les différentes cultures traitent le temps. Un des aspects essentiels, en particulier dans les relations professionnelles, est l'estimation de la norme acceptable (et inacceptable) de respect de l'heure d'un rendez-vous. Dans certaines cultures (en particulier dans le sud de l'Europe, y compris la France), il est tout à fait acceptable d'arriver à une réunion avec dix à quinze minutes de retard, alors que dans la plupart des pays européens du Nord, cela serait considéré (c'est-à-dire ressenti) comme une atteinte grave au protocole et un manque de respect.

Un autre aspect important concerne l'annonce et la gestion des délais ou des échéances. Sont-ils absolus ou relatifs ? La plupart des cultures adoptent une certaine marge de flexibilité, souvent en fonction de la complexité du projet, et cela peut varier d'un secteur à l'autre. Par exemple, dans l'industrie informatique pour le développement de logiciels, les délais sont très flexibles car tous les projets ont un caractère de R&D, tandis que les délais annoncés dans l'industrie du bâtiment ont tendance à être absolus, avec des dispositions pour des événements exceptionnels (force majeure). Ainsi, le directeur financier qui quitte le secteur du bâtiment pour l'édition de logiciels risque de se sentir frustré et même gêné par le manque de respect des délais fixés, alors que tous ses collègues attendent de lui la prise en compte du décalage « normal » des délais dans ses budgets.

4 ››› Comprendre l'impact des valeurs fondamentales sur le comportement

Nous avons vu que les valeurs fondamentales sont au cœur de l'expression culturelle et peuvent être une source cachée de conflit entre des personnes de cultures différentes. Il est important de distinguer deux types d'effets dus aux valeurs fondamentales :
- la création d'attentes et d'habitudes spécifiques, une forme de conditionnement par l'expérience, qui détermine nos choix de comportement ;
- l'orientation au niveau conscient du jugement porté sur les actions des autres et le ressenti associé à l'observation de ces actions.

Les valeurs fondamentales nous aident à trouver le bon style et le bon ton dans une conversation. Elles servent également à évaluer les intentions des autres. Au sein de notre propre culture, nous nous attendons, parfois à tort, à ce que les autres aient les mêmes valeurs fondamentales que nous et qu'ils structurent leur comportement en fonction de ces valeurs. Ainsi, un Américain des États-Unis va typiquement considérer que montrer une attitude explicitement amicale et informelle va rassurer l'interlocuteur qu'il rencontre pour la première fois. La poignée de main peut être particulièrement énergique. Il va s'obliger à sourire et à montrer une attitude joyeuse, même si en réalité il est triste ou apathique. Mais dans les cultures européennes, et plus particulièrement dans l'Europe de l'Est, un tel style de comportement qui force une impression de joie risque d'être considéré comme invasif, agressif et hypocrite. Les Européens pensent : « Pourquoi quelqu'un qui ne me connaît pas me traite comme si j'étais un vieil ami ? Et même mes vieux amis ne sourient comme ça que quand il y a quelque chose à fêter ! »

5))) Comprendre l'importance de la communication non verbale (ou une mauvaise communication)

Toute communication significative est composée d'une variété d'éléments dans lesquels on échange non seulement des informations mais, surtout, des indications sur les intentions et affects couplées avec des propositions confirmant ou développant des relations. Dans le monde des affaires, ces relations sont articulées autour de transactions possibles ou de la capacité à s'engager dans une transaction, mais elles contiennent aussi de multiples composantes personnelles. Dans certaines cultures, un effort important est entrepris pour occulter ou minimiser le côté personnel, faire comme si l'historique de la relation n'existait pas. Cela est vrai, par exemple, des cultures britannique et américaine, où les notions de fair-play (Angleterre) et de *level playing field* (terrain égal et donc neutre) font partie des valeurs fondamentales. La qualité d'une relation ne doit pas influencer la nature de la transaction, celle-ci devant être engagée sur ses mérites propres.

Mais, même dans les cultures individualistes ou à contexte faible qui donnent la priorité aux tâches et aux résultats immédiats et mesurables, les relations jouent un rôle important, ne serait-ce que dans la création du contexte dans lequel les transactions peuvent être effectuées. C'est pourquoi de nombreuses personnes, en particulier dans les pays anglophones, considèrent que les premières impressions sont particulièrement importantes. C'est en partie lié à la croyance que cette première impression peut être suffisante pour créer un climat propice à l'échange. Dans de nombreux pays européens, en particulier dans le sud de l'Europe, comme en Asie, les premières impressions sont considérées comme moins importantes, dans la mesure où ce qui compte vraiment, c'est la capacité d'assurer le suivi en montrant son intérêt à établir une relation permanente avec son interlocuteur.

Cela signifie que, d'une manière ou d'une autre, toutes les cultures mettent l'accent sur les relations avant de faire des affaires. Mais alors que, dans certaines cultures, il est juste question de créer une bonne impression, dans d'autres, il est nécessaire de passer du temps en compagnie de son interlocuteur, et même de montrer un intérêt pour sa vie personnelle, sa famille ou encore ses goûts. Les cultures latines de l'Europe ont tendance à donner de l'importance au repas partagé avec les personnes avec qui on va faire des affaires. Il est important de passer du temps « social » avec la personne, afin de prouver sa capacité à parvenir à un accord qui tiendra la route. Sans cette étape, il peut être difficile de se sentir suffisamment à l'aise pour faire confiance et aboutir à une bonne relation d'affaires. Dans le nord de l'Europe, l'idée est plutôt que les bonnes affaires sont basées sur les faits matériels plutôt que sur la personne.

6))) Concilier la hiérarchie d'équipe avec les interprétations culturelles de la hiérarchie

Un autre problème pour les managers d'équipes multiculturelles est l'appréciation des variations dans la perception de phénomènes hiérarchiques et les comportements qui leur sont associés. L'un des contrastes importants entre les cultures est en effet le niveau de respect donné aux différences hiérarchiques. Hofstede appelle cela la dimension pouvoir-distance (*power-distance*).

Dans certaines cultures, la hiérarchie est si importante que tout le monde perçoit de la même façon les règles très strictes qui régissent le degré de liberté possible en présence de personnes en position d'autorité. Dans les cultures dites « à hiérarchie plate », non seulement les règles ne sont ni formulées ni ressenties, mais il peut également y avoir un certain respect attaché à ceux qui osent contester ou renverser les règles implicites de la hiérarchie traditionnelle. C'est ainsi que sont découverts les talents de leader ! Dans les entreprises à structure hiérarchique plate, l'autorité existe, mais il y a aussi une invitation implicite – parfois même un défi – à exprimer son ambition en complétant ou en améliorant les décisions prises par les supérieurs hiérarchiques. Dans les cultures avec un fort sens de la hiérarchie, cette attitude et a fortiori tout acte dans ce sens seraient considérés comme une instance d'insubordination risquant de mener à des actions d'exclusion (avertissements, licenciement ou diverses formes de harcèlement officiel).

7))) Culture d'entreprise ou d'organisation

Edgar Schein a insisté sur le fait que les entreprises créent leur propre culture en utilisant une variété de sources. Parmi celles-ci :
1. la personnalité du ou des fondateurs ;
2. l'histoire de l'entreprise et sa relation avec l'histoire économique ou sectorielle (innovatrice, créatrice de normes, pilier de la communauté, etc.) ;
3. la politique marketing et ses objectifs dans la création et le maintien de son image ;
4. les règles internes, directives, énoncés de mission (*mission statements*), déclarations de valeurs, etc. ;
5. les codes vestimentaires et autres formes de modélisation comportementale spécifique.

Les quatre premiers points ont tendance à être très explicites pour contribuer à la définition de l'image de l'entreprise.

Les codes vestimentaires peuvent être imposés (pendant longtemps ce fut le cas chez IBM), mais ils ont plus souvent tendance à se créer et se gérer par des effets d'émulation et d'imitation. C'est ainsi que les cultures se construisent : elles sont la résultante de la manière dont leurs membres s'observent mutuellement pour adopter des pratiques similaires. Tenter de définir des comportements culturellement cohérents par décret peut, bien sûr, moduler les choix de comportement, mais cela risque également de donner une impression d'artificialité et un manque de créativité. Les bons managers cherchent à encourager les modes de travail efficients et facilement adaptables. Ils les préconisent tout en permettant au groupe de faire évoluer sa propre culture, qui adopte et intègre ces modes en tant que principes actifs et même organiques.

La modélisation du comportement peut s'étendre à diverses pratiques. Par exemple :
– l'utilisation de la flexibilité pour les horaires ;
– les procédures et les styles de communication lors de la réception de prospects et de clients ;
– le partage des ressources (salles de réunion et autres installations) ;
– la décoration de bureau et d'autres actions qui ont un impact sur l'environnement de travail et les interactions du personnel avec les visiteurs.

Afin d'encourager et éventuellement de gérer la culture d'entreprise, ce qui implique toujours l'acceptation volontaire et la participation du personnel, il est important de considérer un autre aspect essentiel de la culture d'entreprise, souvent négligé, mais qui commence à s'imposer grâce aux évolutions technologiques récentes : la culture d'apprentissage. Toute culture est, par définition, un champ permanent, dynamique et continu de création collective à travers un processus informel d'apprentissage partagé par tous. Cet apprentissage collectif en milieu professionnel se manifeste à la fois à travers les échanges prévus et prévisibles (focalisés sur des objectifs officiels, comme dans les réunions formelles) et spontanés entre les membres du groupe (par exemple, les conversations autour de la machine à café). Ce ne sont pas les programmes officiels de formation qui tiennent compte de ce processus continu d'apprentissage en groupe, mais avec les mutations actuelles, en particulier l'utilisation croissante des réseaux sociaux, les entreprises commencent à structurer les processus d'apprentissage dans leur propre culture organisationnelle. Cette tendance est bien engagée dans certaines grandes entreprises. Le défi consiste à trouver les moyens d'harmoniser l'apprentissage informel – le développement spontané et l'évolution de la culture professionnelle d'une entreprise – avec ses politiques de formation formelle. Apprendre la culture est un ingrédient essentiel de la culture d'entreprise.

8))) La question complexe de la relation entre éthique et image publique

Un des problèmes majeurs est la question de l'éthique. Comme nous l'avons vu, la perception de ce qui est éthique ou non peut être fonction de la culture d'origine. Dans un certain sens, il est inévitable qu'une entreprise établie dans un pays étranger soit parfois soupçonnée de pratiques contraires à l'éthique en raison de valeurs fondamentales divergentes dans sa culture d'origine. Des membres de cultures intégrant des valeurs fondamentales liées à l'exigence de l'égalité des chances et le fair-play émettront toujours des doutes sur les relations spéciales à engager, dans certaines cultures, avant qu'une affaire sérieuse puisse être conclue. Ils auront tendance à soupçonner un grave problème éthique. Vu de l'autre côté, ceux qui considèrent la qualité des relations non seulement comme une valeur fondamentale, mais aussi comme une nécessité fondamentale pour mener des affaires dans la durée, auront tendance à mettre en doute la compétence de ceux qui sont prêts à prendre le risque de miser sur un accord, sans « sentir » sérieusement l'engagement de l'autre partie. Bien que cette critique ne soit pas à caractère éthique, l'idée qui la fonde est celle-ci : si vous ne connaissez pas une personne assez bien pour vous sentir en confiance avec elle, vous courez le risque que l'autre soit tenté de tricher, de violer l'éthique en poursuivant tout simplement son intérêt personnel. Dans les cultures où c'est la relation qui prime, il existe un fort sentiment du risque de trahison personnelle, quand le seul ciment liant les deux parties est un contrat écrit plutôt qu'un engagement personnel. On pourrait même soupçonner que l'évitement de la relation est une tentative d'obtenir un avantage indu par le biais de la manipulation du langage du contrat.

9))) L'internationalisation des cultures d'entreprise

Les grandes entreprises sont de plus en plus nombreuses à s'engouffrer avec violence dans le jeu de la mondialisation. Cela conduit très naturellement à une réflexion approfondie sur leur culture de base. Possèdent-elles une culture unique qui s'applique de la même manière partout ? Ou doivent-elles entretenir plusieurs cultures en parallèle ? Si oui, faut-il encourager la multiplicité ? Peut-il y avoir une culture d'entreprise unique avec simplement des variations dans son mode d'expression vers le public ?

Il n'y a pas de réponses simples à ces questions. Dans certains contextes, la multiplicité doit être soulignée, que ce soit pour plaire aux autorités politiques ou pour répondre aux besoins du marché. Il est parfois nécessaire d'estomper l'origine nationale de l'entreprise. Dans d'autres cultures, on pourrait choisir de façon très volontaire d'intégrer deux ou plusieurs cultures de façon équilibrée dans la culture d'entreprise. La différence de comportement de l'Allemagne et de la France à l'égard d'entreprises américaines ou même britanniques offre un contraste intéressant. En suivant

Partie I — Le management interculturel en Europe

une tendance générale depuis la fin de la Seconde Guerre mondiale, la culture allemande a encouragé l'identification avec certains aspects de culture anglo-saxonne, perçue comme un modèle de modernisme et d'efficacité. La culture française a toujours résisté à une telle identification, et tout en admirant les aspects de dynamisme et de créativité de la culture américaine, elle a en même temps insisté pour les apprécier, pour ainsi dire, à distance. Au mieux, on désire intégrer certains principes – comme les méthodes de management – dans les modèles français. En Italie et en Espagne, la tendance est plus complexe. Ceci est en partie dû à la prise de conscience du caractère spécifiquement latin de ces cultures, qui sont considérées par leurs membres comme fondamentalement différentes d'une culture anglophone et germanique ancrée dans l'Europe du Nord et l'Amérique du Nord, de religion protestante et davantage individualiste.

Un autre facteur d'évolution de la culture d'entreprise concerne son identité mondiale, d'un côté, et de l'autre la sensibilisation progressive à la présence et à la légitimité de cultures multiples au sein de l'entreprise. Cela concerne aussi les marchés de l'entreprise. Cette sensibilisation accrue à la valeur de ce qui est local a un impact, qui ne se limite pas à la tolérance ou l'encouragement de pratiques locales, mais s'étend à l'image et à la culture de l'entreprise dans son ensemble.

Activités

1. Trompenaars insiste sur le fait qu'il est plus facile de commencer à explorer la différence culturelle quand on est conscient d'un « dilemme ». En l'analysant, on peut trouver la source de celui-ci dans les valeurs fondamentales. Essayez de penser à un dilemme réel ou imaginaire (peut-être quelque chose qui vous est arrivé) et recherchez les origines culturelles possibles. Rappelez-vous que ces origines culturelles peuvent être nationales, professionnelles, institutionnelles, ethniques, etc.

2. Pensez à la relation entre la culture dans le contexte d'une entreprise comme à un phénomène avec un extérieur et un intérieur. Les valeurs sont la composante intérieure. L'image est la manifestation extérieure d'une culture. Comment les deux interagissent-elles ?

Chapitre 6

La culture générationnelle

Les grandes mutations, notamment technologiques, des deux dernières décennies du XXe siècle – convergence de l'audiovisuel, de l'informatique et des télécommunications – ont eu pour effet d'accélérer la différenciation des modes de vie des générations successives presque partout dans le monde. Une génération née avec la télévision n'a ni les mêmes attentes ni les mêmes habitudes quotidiennes que la génération suivante, qui a vu le PC et les jeux vidéo envahir l'espace domestique où elle a grandi, et encore moins avec celle qui est née connectée à Internet.

Autrefois bastions d'une culture professionnelle stable et unique, régie par des règles durables et sans ambiguïté apparente, les entreprises ont découvert, depuis 10 ans à peine, que le management du personnel devait prendre en compte des valeurs et des habitudes qui varient de façon significative selon les tranches d'âge.

1 »» Reconnaître les différences générationnelles

Le changement rapide, à la fois politique, économique et technologique des dernières décennies, a été un facteur d'accélération de la différenciation à l'intérieur des cultures, créant souvent des ruptures dans les valeurs partagées et les styles de vie. Dans de nombreuses entreprises aujourd'hui, quatre générations distinctes vivent et travaillent ensemble :
- les seniors (surtout dirigeants et cadres supérieurs de 70 ans, nés avant la fin de la Seconde Guerre mondiale) ;
- les baby-boomers (de 45 à 65 ans) ;
- la génération X (30 à 45 ans) ;
- la génération Y (moins de 30 ans).

On commence à évoquer également la génération Z, née avec le Web. Bien que la division entre les générations soit une construction artificielle, elle correspond globalement à l'expérience de la vie propre à chaque génération, influencée par des facteurs historiques qui ont contribué à modéliser leur vision du présent et du futur, en particulier leurs propres perspectives professionnelles et leur carrière. Les seniors ont été marqués par la culture de l'héroïsme associée à la Seconde Guerre mondiale et par la gestion de l'après-guerre. Les baby-boomers ont connu la prospérité des trente glorieuses et l'optimisme économique de cette période. La génération X a été marquée par les ambiguïtés générées par une série de crises : guerre froide, ferveur révolutionnaire dans les années 1960, crise pétrolière des années 1970, et échec patent de quelques-uns des rêves extravagants des baby-boomers. La génération Y, quant à elle, a été marquée par la croissance fulgurante des nouvelles technologies et leur convergence : le traitement des données, l'audiovisuel et les télécommunications qu'on trouve aujourd'hui non seulement sur nos ordinateurs mais aussi sur nos téléphones mobiles.

L'idée d'un objectif touchant à la fois la vie privée et la carrière professionnelle a changé de génération en génération. Les valeurs se décalent entre le sens du sacrifice (seniors), le droit à l'épanouissement (baby-boomers), la gestion d'un équilibre autogéré entre la vie et le travail (génération X) et le sentiment d'indépendance, lié à l'identification avec le potentiel jouissif et productif des technologies, qui marque la génération Y.

2))) L'effet de levier produit par les contrastes de motivation

La mise en place d'une politique générale pour l'entreprise destinée à gérer les générations simultanément et inculquer les valeurs de l'entreprise que chacun est censé reconnaître est devenue un sérieux défi que certains jugent impossible. Les nouvelles techniques de management cherchent ainsi à intégrer des politiques RH qui s'appliquent aux différentes générations, avec des moyens plus souples visant à stimuler la motivation.

3))) Création et gestion d'équipes plurigénérationnelles : la nécessité de distinguer des modes de pensée et de communication différentes

De même qu'un effort est nécessaire pour reconnaître et comprendre les différences au sein d'une équipe multiculturelle définie par ses origines nationales, régionales ou linguistiques, à l'intérieur de laquelle des conflits peuvent survenir sans raison professionnelle apparente, de même il faut chercher à distinguer les processus de pensée et ce qui fonde le ressenti de chaque groupe générationnel. L'attention aux pratiques langagières des membres d'une équipe peut aider à comprendre leurs tendances à s'identifier ou non aux valeurs couramment associées avec une des générations. Il ne faut pas oublier que l'âge de la personne n'est pas un indice suffisant pour supposer qu'il s'identifie avec le profil stéréotypé d'une génération donnée. Comme avec l'identité nationale, les individus d'une même génération ne s'identifient pas de la même manière à toutes ses valeurs et caractéristiques. L'écoute et l'observation du style des membres de l'équipe peuvent donner à un manager certaines indications sur la tendance des jeunes à adhérer ou non aux valeurs que l'on attribue à leur génération.

Chapitre 7

La culture européenne

L'Europe est un ensemble d'identités culturelles et ethniques très diverses. Pourtant, elle est perçue par ses habitants comme une identité collective réelle à travers son histoire, même si son centre de gravité et ses frontières sont difficiles à définir. On peut se demander comment un Irlandais et un Serbe, un Estonien et un Basque, un Islandais et un Russe pensent qu'ils partagent une identité culturelle. Il faut entrer un peu dans l'histoire pour commencer à cerner l'idée d'une culture européenne.

1))) Racines historiques

L'idée d'une Europe comme région du monde possédant sa propre culture s'est développée très lentement depuis les origines dans divers lieux autour de la Méditerranée. L'expansion grecque et romaine dans le monde antique, culminant avec l'Empire romain, a créé un sentiment d'unité géographique pour la façade ouest du continent eurasiatique, consolidée par des formes de pouvoir politique et militaire centralisés et relativement stables à différentes époques. L'adoption du christianisme par l'Empire au IVe siècle (édits de Milan en 313 et de Thessalonique en 380) a conduit à identifier la culture européenne avec la religion chrétienne, dont la puissante symbolique, la discipline et l'organisation ont permis d'établir un socle commun de références pour une très grande diversité de groupes ethniques. Ce nouveau facteur identitaire fut soutenu par l'utilisation de la langue latine par les institutions politiques et religieuses.

Avec la longue campagne de croisades entreprise à partir de 1096 par le pape Urbain II, l'Europe chrétienne s'est progressivement redéfinie comme une région en concurrence directe avec l'islam, en particulier pour le contrôle de la Méditerranée, créant une dynamique pour la découverte de nouveaux territoires et le développement de routes commerciales maritimes, permettant la conquête du Nouveau Monde (les Amériques), puis la volonté d'organiser un vaste réseau colonial, en grande partie à des fins économiques. L'Espagne, le Portugal, l'Angleterre et la France ont été, à diverses périodes, chefs de file, rivaux, ennemis, allant toujours plus loin dans les conquêtes coloniales. De nombreuses régions du monde portent ainsi des marques encore visibles du colonialisme, notamment à travers l'usage des langues européennes (en particulier l'anglais, l'espagnol et le français).

Le colonialisme européen a rencontré son succès le plus durable en Amérique du Nord, où une politique particulièrement brutale de conquête pendant trois siècles a permis l'implantation d'une culture dérivée, dans un premier temps, de la culture européenne (et plus particulièrement britannique), mais qui devait, par la suite, se construire indépendamment, pour devenir, au cours du XXe siècle, une puissance politique, économique et militaire mondiale dominante. Il existe toujours un fort lien culturel entre l'Europe, les États-Unis et le Canada, hérité de la culture d'origine commune. Les liens culturels entre les nations latino-américaines et les puissances coloniales qui les ont conquises, l'Espagne et le Portugal, sont beaucoup moins évidents. Cela s'explique en partie par le fait que les populations indigènes ont continué à exister à l'intérieur d'une culture dominée par les Européens, produisant une culture latino-américaine mélangée, tandis que les colons, surtout britanniques, d'Amérique du Nord, en particulier aux États-Unis, ont pratiqué une politique d'exclusion en neutralisant systématiquement, marginalisant et même massacrant les populations indigènes, afin d'imposer la domination absolue d'une culture importée d'Europe.

En raison de la croissance de l'économie nord-américaine au cours du siècle dernier, l'Europe est devenue une sorte de partenaire culturel dans la *pax americana* (domination américaine). Ce partenariat, axé sur l'Europe du Nord (et plus particulièrement sur les îles britanniques), a été consolidé par la contribution essentielle des États-Unis à la résolution des deux guerres mondiales. Aujourd'hui, les cultures européenne et nord-américaine partagent un sens d'identité commune, qui n'exclut pas les tensions et les rivalités. Mais la plupart des Européens et des Nord-Américains ont le sentiment de faire partie de la même communauté culturelle, sinon ethnique, et d'appartenir à une même continuité historique.

2))) Reconnaître ce qui est commun à l'ensemble de l'Europe

Aujourd'hui, l'**identité européenne** est déstabilisée principalement par la diversité de langues qui a un effet négatif, en dépit des ressources économiques, sur sa confiance en ses entités politiques, économiques et militaires, par comparaison avec les États-Unis. Au XVIe siècle, l'Europe a connu la Réforme, qui a donné lieu à une scission au sein de la communauté chrétienne. La rivalité entre le nord de l'Europe, à majorité protestante, et le sud, très majoritairement catholique, a eu un effet catalyseur sur la course des États-nations européens pour établir des colonies dans le monde entier, tout en marquant l'échec de la mise en place d'une unité économique et politique à l'échelle du continent. Pourtant, la Seconde Guerre mondiale et le processus de décolonisation sur tous les continents ont permis, dans la deuxième moitié du XXe siècle, d'envisager la solidarité européenne sous la forme d'institutions économiques et politiques communes.

L'histoire des quatre derniers siècles a créé une dichotomie importante au sein de la culture européenne. Le passif des guerres de religion (chrétiens contre chrétiens) a conduit à une sécularisation radicale de la culture de l'Europe occidentale, où les fêtes et symboles religieux sont devenus marginaux dans la vie quotidienne. La crise et les guerres répétées provoquées par la rivalité des États-nations ont conduit à un affaiblissement de l'identité purement nationale. Et tandis que l'Union européenne offre une structure supranationale capable de remplacer la plupart des fonctions des États-nations, elle n'a pas encore réussi à créer une identité culturelle capable de pousser la diversité des cultures locales à s'unir autour d'une vision européenne commune, avec un sens clair et partagé de son destin historique.

L'incertitude sur l'identité européenne est accentuée par la question toujours actuelle de l'immigration. Le fait que les peuples des régions voisines ou d'anciennes colonies cherchent à émigrer vers l'Europe est le signe d'une économie dynamique et d'une culture solidement structurée. Mais le besoin massif de travailleurs, dû en partie à la situation démographique de la population européenne, est perçu par beaucoup comme la source d'un nouvel affaiblissement de l'identité locale et européenne. Cela explique sans doute en partie l'opposition politique parfois extrême contre l'immigration dans de nombreux pays européens, en particulier lorsque les populations migrantes sont d'origine ethnique différente et pratiquent une religion différente (dont les manifestations paraissent en décalage avec la sécularisation de la culture européenne).

En résumé, les Européens fluctuent aujourd'hui entre plusieurs tendances :
– un sentiment d'appartenance à une population géographiquement identifiée avec une ethnicité quelque peu diversifiée et déterminée par l'histoire et la langue (Latins, Slaves, Celtes, Germains, Scandinaves, Basques, etc.), une population d'Européens de souche caucasienne, enrichie par

la présence marginale mais historique des Maures (Arabes) et des groupes assimilés par les ex-colonies (essentiellement d'Afrique, du Maghreb et de Turquie) ;
- un sentiment d'insécurité concernant la pérennité de l'identité européenne, couplé avec la nostalgie d'une identité liée aux origines purement ethniques et/ou à l'histoire de l'État-nation, moins comme une entité politique réaliste que comme un symbole de l'identité locale ;
- un sentiment d'appartenir à un cartel puissant de nations et d'entités politiques fixant les règles de l'économie mondiale, essentiellement composé de l'Europe et de l'Amérique du Nord ;
- un sens atténué, mais réel, d'une mission historique qui consiste à fournir un autre modèle d'organisation sociale à un monde troublé par les idéologies du XXe siècle (capitalisme, communisme, fascisme, etc.), avec l'idéal implicite d'un équilibre entre la concurrence et la coopération (« la troisième voie ») ;
- un sentiment d'être l'intermédiaire des relations entre l'Occident et l'Orient ; ce sentiment est continuellement déçu par celui de la faiblesse des institutions européennes et la crainte d'être dépassé, voire marginalisé par la montée des superpuissances asiatiques, la Chine et l'Inde et, dans une certaine mesure, par la Russie et le Brésil.

Ces tendances décrivent des sentiments diffus plutôt que des croyances ou des comportements particuliers. La culture agit toujours directement sur nos sentiments, voire nos sensations. La situation ambiguë de la culture européenne d'aujourd'hui est bâtie sur les contradictions et conflits du passé, ainsi que sur l'incertitude croissante concernant la façon dont les centres de pouvoir dans le monde de demain seront définis et le pouvoir exercé.

Ces ambiguïtés contribuent à cette impression d'identité fluctuante au sein de l'Europe qui peut se résumer en une série de questions.

• La *pax americana* est-elle entrée dans une phase de déclin définitif ?

• Si le rapport de forces des superpuissances se transforme, par quel système risque-t-il d'être remplacé ?

• Le changement actuel est-il une opportunité ou une menace pour notre « mode de vie » ?

• L'origine de notre mode de vie est-elle locale ou régionale ?

• L'Europe peut-elle jouer un rôle moteur dans le nouvel ordre mondial et quelle serait la nature de ce rôle ?

• La logique profonde de l'organisation politique et économique mondiale est-elle régionale ou locale ?

• La mondialisation est-elle une menace pour notre identité ?

• La régionalisation (l'intégration progressive politique et militaire de l'Europe) est-elle une menace pour notre identité ?

Parmi ces ressentis et ces hésitations, aucune solution simple ne semble se dessiner. Au lieu de porter sur « l'état de la culture européenne », le vrai débat devrait plutôt se concentrer sur « l'état de la culture des Européens », voire sur la « culture de l'État européen », toujours en cours de définition. Il est pourtant indéniable que les événements récents – la crise financière mondiale, les crises qui affectent l'euro, l'émergence des économies des BRICS (acronyme anglais : Brésil, Russie, Inde, Chine, Afrique du Sud) et le déclin relatif des économies occidentales – ont provoqué une réflexion renouvelée sur la question de la finalité même de l'identité culturelle.

3))) Les influences majeures qui séparent les cultures en Europe

Si, pendant une longue période de l'histoire récente (du XVIe au XVIIIe siècle), la religion fut un facteur majeur de division en Europe, responsable d'une série de guerres dévastatrices, d'autres facteurs soulignent des contrastes visibles dans la culture européenne. Malgré la tendance à la sécularisation au cours des deux derniers siècles, la religion a laissé des traces permanentes de son impact culturel. Les historiens Max Weber et Richard Henry Tawney ont souligné la forte corrélation dans la culture des nations protestantes entre leur forme particulière de christianisme (surtout le calvinisme) et le capitalisme. Le contraste est toujours visible entre nations catholiques et protestantes dans l'organisation politique, mais aussi dans les pratiques managériales.

Dans les pays latins, où l'Église catholique est restée la religion dominante, le gouvernement et la gouvernance ont tendance à être confiés à une élite en grande partie invisible et collectivement organisée. Cette élite se sent investie de la vocation de représenter les intérêts du public et d'en assumer la responsabilité. Dans les pays protestants, l'élite a tendance à faire confiance à une force anonyme, la logique capitaliste, des marchés. Dans ces pays, l'émergence d'une élite dirigeante plus éclatée est déterminée par le mérite, même si certaines écoles peuvent en faciliter l'accès. Le mérite est acquis par le succès plutôt que par la reconnaissance de l'élite en place ou des parcours universitaires particuliers. En France, par exemple, l'élite est tacitement définie par le système des « Grandes Écoles », qui reconnaît la qualité de futur dirigeant à ses membres. Cette culture est destinée à perdurer au-delà du parcours universitaire. Ceux qui passent par le système appartiennent déjà à une forme particulière de réseaux, où le respect mutuel tacite est acquis. Les portes de l'État, mais aussi des grandes entreprises sont ouvertes aux lauréats, car au-delà de leurs connaissances et talents, ils apportent leur appartenance aux réseaux de hauts fonctionnaires, politiques, banquiers, et ce sont les réseaux eux-mêmes qui traditionnellement constituent la clé du succès des grandes entreprises.

Le système français est une conséquence directe de la culture d'une forme de gouvernement centralisé, instauré par les monarques aux XVIIe et XVIIIe siècle, une culture consolidée et perpétuée par les jacobins pendant la Révolution avant d'être formalisée par Napoléon. En Espagne, le réseau de l'*Opus Dei* apporte un parallèle au système français en fournissant une élite liée, dans ce cas particulier, à la puissance de l'Église catholique espagnole. L'autre grand pays catholique, l'Italie, constitue un cas à part en raison de l'absence, jusqu'au XIXe siècle, d'unité politique et la relation ambiguë entre un système politique laïque et le Vatican. Ce qui semble néanmoins être constant est la prégnance, dans les cultures catholiques, d'une élite dirigeante qui se sent responsable des affaires publiques, tandis que, dans les cultures protestantes, l'accent est mis sur la responsabilité de chacun, concentré sur sa réussite personnelle et couplé à la croyance que l'effet cumulatif de la poursuite des intérêts particuliers sert toute l'économie, produisant grâce au dynamisme des marchés le bien-être de tous (cf. l'économiste écossais Adam Smith, *The Wealth of Nations*, 1776) et son concept de « main invisible », qui régit l'économie).

La fracture entre une Europe catholique au sud et protestante au nord existe depuis le XVIe siècle. Les événements de la Réforme (protestante) et de la Contre-Réforme (catholique) ont accéléré des tendances culturelles déjà présentes, conduisant à fixer deux façons bien contrastées de concevoir à la fois la logique de gouvernance et la gestion de l'économie. On peut constater qu'il est souvent difficile pour les managers des entreprises européennes, d'éviter les conflits de perception hérités des valeurs culturelles associées à ces deux traditions.

L'Europe offre une autre distinction culturelle importante, entre l'Est et l'Ouest. La dichotomie a été aggravée par le règlement politique de l'après-guerre qui a donné à l'Union soviétique le contrôle de nombreux pays d'Europe de l'Est, auparavant sous l'influence ou le contrôle de l'Allemagne. 45 ans de régime communiste ont laissé des traces sur la culture de ces pays, qui, non seulement n'ont pas connu de longues périodes de stabilité, mais qui ont souvent été soumis au contrôle politique des pays voisins au cours de leur histoire, notamment l'Empire austro-hongrois, mais aussi l'Empire ottoman (les Balkans ont fait partie de l'Empire ottoman du XVe au XIXe s. et une partie de la Hongrie était sous contrôle ottoman entre 1541 et 1699). Les cultures allemande et prussienne ont également exercé une influence importante pendant des siècles sur l'ensemble de l'Europe orientale.

Pour l'Europe de l'Est, la question de l'identité culturelle s'éclaire aussi à travers des processus historiques, qui ont fini par discréditer quasiment toutes les influences majeures de son passé : l'impérialisme allemand (culminant avec la défaite du régime nazi), la mise sous tutelle sous le système de l'Union soviétique, l'appartenance à l'Empire austro-hongrois démantelé au début du XXe siècle et l'Empire ottoman qui, dans un passé plus lointain, s'était étendu sur tout le quart sud-est de l'Europe. La situation actuelle du Sud-Est de l'Europe – en particulier la Grèce et les Balkans – est encore plus complexe, notamment en ce qui concerne la religion. Cette région se distingue de l'Europe occidentale de deux façons :

– dans les traditions des pays slaves (y compris la Russie) et de la Grèce, les Églises chrétiennes dominantes (byzantines) sont davantage intégrées au pouvoir politique que l'Église catholique et les Églises protestantes à l'Ouest ;
– le reliquat musulman dans les Balkans est surtout le fruit de la conquête ottomane ; le mélange des religions (orthodoxe, musulmane et catholique, en particulier en Croatie) a généré une instabilité géopolitique et une série de guerres dévastatrices à la suite de la dissolution du bloc soviétique.

La perspective toujours reportée de l'entrée de la Turquie dans l'Union européenne pose un problème pour l'identité culturelle de l'ensemble de l'Europe, en raison de sa religion et de son influence sur toute la zone autour de la Méditerranée orientale.

Mais le Sud-Est de l'Europe n'est pas la seule région problématique. Certains pensent qu'il faut classer les îles britanniques comme une zone distincte de l'Europe, non complètement intégrée. Dans les pays continentaux, il est courant de penser que la Grande-Bretagne constitue une culture à part, peut-être plus étroitement liée à l'Amérique du Nord qu'à l'Europe. Sa religion nationale (anglicane), instaurée par le roi Henri VIII au XVIe siècle, son développement colonial offensif en opposition directe aux autres États européens, son refus de rejoindre la zone euro, ainsi que quelques-unes des positions politiques prises ces dernières années par les gouvernements britanniques à l'égard de l'Europe ; tous ces phénomènes ont contribué à la perception de la Grande-Bretagne comme un visiteur qui demeure à l'extérieur tout en insistant pour avoir un droit de regard à l'intérieur.

Cependant, son rôle historique en Europe au cours du dernier millénaire en tant que leader dans le développement du commerce et son interaction permanente avec le reste de l'Europe situent sans hésitation la Grande-Bretagne comme européenne. Et la république d'Irlande, si fortement influencée par la culture anglaise, l'État britannique l'ayant colonisée et gardée sous tutelle pendant des siècles, s'est révélée être un membre pleinement intégré de l'Union.

4))) Identité locale (micro-identités)

Bien que les États-nations, souvent en guerre les uns contre les autres, aient dominé l'histoire politique de l'Europe au cours des 500 dernières années, il reste, partout en Europe, un sens de l'identité locale liée à la géographie, aux rituels, aux traditions, aux industries et styles de vie, y

Partie I — Le management interculturel en Europe

compris les traditions culinaires (nourriture, boisson, arts de la table). Ces traditions sont souvent la source d'un fort sentiment de fierté, qui peut dépasser le sens de la loyauté envers la nation. Dans certains pays qui n'ont que tardivement réalisé leur unité nationale (l'Italie et l'Allemagne, tous les deux au XIXe siècle), la fierté locale peut être très forte, jusqu'à éclipser l'identification avec la culture de la nation. En revanche, l'industrialisation massive de l'Europe dès la fin du XVIIIe siècle a créé des conditions démographiques qui ont fortement atténué le sentiment traditionnel d'identité avec la culture locale. L'exode massif des populations rurales vers les villes a contribué à la désertification de plusieurs régions. Cette situation s'est aggravée plus récemment par la domination économique du complexe agro-industriel qui a rendu l'agriculture traditionnelle, familiale, de moins en moins viable. L'effet sur la vie du village rural a, dans de nombreux cas, été dévastateur. Par conséquent, la vivacité des traditions locales a tendance à s'atténuer.

Néanmoins, par contraste avec des nations « jeunes » aux économies développées, comme les États-Unis et l'Australie, l'Europe garde la mémoire des **traditions liées à l'activité et à la culture locales**. Paysages, architecture, produits de la terre, traditions vestimentaires, cuisine et boissons telles que le vin, la bière et les alcools, sont les facettes d'une grande diversité permettant de définir des identités locales. Certaines d'entre elles ont été conservées et ont même été exploitées de façon semi-industrielle pour des raisons touristiques. Mais dans la conscience européenne, la fierté associée aux traditions authentiques demeure un facteur important d'identité. Un Anglais peut être fier en pensant à l'émergence, à la fin de XXe siècle, du *real ale movement*, dans lequel la bière traditionnelle s'est imposée dans une guerre culturelle et commerciale contre les bières industrielles sans caractère, qui avaient pourtant dominé la production pendant des décennies. Les Parisiens n'ont aucun lien direct avec les régions où le fromage de Roquefort ou le foie gras sont produits, mais ressentent un lien d'identité avec les régions et les personnes qui produisent ces denrées si distinctives, emblèmes de la qualité culinaire française. Les Hongrois s'identifient avec le goulasch et la palinka, exactement comme les Alsaciens avec la choucroute et le gewurztraminer. Presque tous les Européens sont conscients du prestige de leurs alcools traditionnels, du Scotch whisky au cognac français, le schnaps suédois et la vodka polonaise. Les traditions architecturales locales – toits de chaume, maisons à colombages ou en granit – qui ont modelé les paysages des régions, évoquent aussi une impression de confort, d'intimité et de continuité avec le passé. L'identification ne s'établit pas uniquement avec des produits ou artefacts reconnus pour leur qualité ou leur goût, mais aussi avec les artisans et maîtres ouvriers à l'origine de ces traditions et les générations qui les ont perpétuées.

5))) L'Europe et ses voisins

Il existe bien entendu deux « Europe » : l'Europe géographique, qui s'étend jusqu'en Russie, et l'Europe politique, définie par l'appartenance de 28 nations à l'Union. La définition d'une région est toujours difficile. Même l'**Europe politique** est un concept difficile à saisir, car beaucoup d'Européens considèrent que la Norvège et la Suisse (non-membres de l'Union) font partie intégrante de la famille européenne, davantage que la Bulgarie ou Chypre, qui sont membres de l'Union. En termes géographiques, personne n'a jamais résolu la question de savoir où l'Europe finit et où commence l'Asie, mais de nombreux Européens « sentent » spontanément que Moscou appartient à la culture européenne, contrairement à Istanbul. Cela est dû en partie à la perception de l'ethnie et de la religion et, dans une certaine mesure, de la langue.

En d'autres termes, la Russie est souvent considérée comme une extension de « l'âme » de l'Union européenne vers l'Asie, mais sans comprendre l'Asie, qui est, à bien des égards pour les Européens, l'Autre absolu. L'Amérique du Nord, comme nous l'avons vu, peut être considérée

La culture européenne

comme une province historique de l'Europe. Le nom même de l'Amérique latine fait allusion aux langues européennes (espagnol, portugais), qui sont ses vecteurs officiels de communication. Toutes les Amériques sont donc considérées comme culturellement liées à l'Europe. En tant qu'objet d'une colonisation intense et continue, l'Afrique, où les langues européennes bénéficient d'un statut officiel dans une majorité des pays, est également perçue par beaucoup comme une extension de l'Europe. Cependant, le décalage radical en matière de développement – conséquence directe de pratiques et d'attitudes coloniales – et la persistance de certaines formes résiduelles de racisme ont atténué la perception que le vaste continent voisin du sud fait partie de la même civilisation.

Les cas de l'Afrique du Nord et de la Turquie sont différents, de même que celui du Moyen-Orient. Une grande partie du Maghreb se trouvait non seulement colonisée mais, pour certains territoires (Algérie, Maroc, Tunisie), partiellement intégrés à la France. Après la décolonisation et l'indépendance, dans la deuxième moitié du XXe siècle, les liens avec l'Afrique du Nord demeurent ambigus, mais l'idée persiste que les deux cultures sont dans un dialogue permanent et partagent un patrimoine historique commun qui remonte aux époques grecque et romaine.

La Turquie est un cas particulier pour diverses raisons historiques, dont la dernière est son ambition à rejoindre l'Union européenne. Bien que l'Europe soit largement sécularisée, la question de la religion apparaît encore pour beaucoup d'Européens comme une source de dissonances culturelles. En même temps, on sait que Byzance était autrefois un pilier de la civilisation européenne et un facteur majeur de son développement et de son évolution dans le sillage de l'Empire romain. L'Allemagne accueille une importante population d'origine turque qui, intégrée avec un certain succès dans la culture allemande, a contribué à la réussite de l'industrie allemande, mais a conservé en même temps une grande partie de son identité spécifique, notamment en raison de la religion. Pour les Européens, la Turquie est donc considérée comme étroitement liée à l'Europe et partageant une grande partie de sa culture.

Le Moyen-Orient a une histoire très complexe qui est devenue particulièrement problématique pour les Européens ces dernières années. Il existe des liens culturels forts, influencés par des événements historiques spécifiques, avec Israël et le Liban, mais aussi avec l'Égypte, qui garde certaines traces de l'occupation napoléonienne. L'histoire des échanges avec le Moyen-Orient est très ancienne et a connu de nombreuses vicissitudes, laissant des traces ambiguës. Mais l'histoire a créé un véritable sentiment de dialogue et d'implication entre l'Europe et les pays méditerranéens du Moyen-Orient.

Chapitre 8

Langue et culture

Aux États-Unis, une multitude de langues sont parlées par une population très diverse. Il n'existe pas de langue officielle au niveau fédéral. Mais un visiteur qui arrive pour la première fois aux États-Unis, quels que soient l'État ou la ville, sait que l'anglais est la langue du pays. En revanche, un étranger arrivant en Europe, avant d'entamer la moindre conversation, doit toujours se poser cette question : « Quelle est la langue parlée dans cette partie de l'Europe ? ». Pire, il doit penser : « Vais-je réussir à me faire comprendre ? »

La Chine contient une pluralité de langues dont les deux plus importantes sont le mandarin et le cantonais, deux langues qui ne sont pas mutuellement intelligibles, la structure et la prononciation étant très différentes. En revanche, le système d'écriture à base d'idéogrammes est partagé par les deux dialectes qui utilisent les mêmes caractères pour exprimer le même sens. Cette intercompréhension par l'écrit aide ainsi à établir un sentiment d'unité à une culture.

Tout serait simple si chaque pays d'Europe représentait uniquement une langue ou si chaque langue européenne permettait d'identifier un pays. Pourtant, les Européens ont le sentiment de partager une identité, même s'ils n'ont pas une langue commune de communication. Quel est donc le rapport entre la diversité linguistique et l'identité culturelle des Européens ?

1 ››› Un facteur de division

La langue est la composante la plus problématique dans la perception d'une culture européenne commune. L'Union européenne reconnaît 24 langues officielles (ainsi qu'une série d'autres langues non officielles utilisées au sein de l'Europe). Le *Journal officiel de l'Union européenne* est publié dans ces 24 langues.

L'allemand est la langue maternelle la plus parlée, mais l'anglais est utilisé comme la première ou la deuxième langue par 51 % de la population européenne.

Le pourcentage est beaucoup plus élevé en Europe du Nord qu'en Europe du Sud. Conscients de la prévalence de l'anglais dans le dialogue transfrontalier, certains politiciens, même en France (traditionnellement réservée pour l'utilisation de la langue anglaise), insistent sur l'importance d'apprendre l'anglais. L'influence de l'allemand a décliné depuis la fin de la Seconde Guerre mondiale, lorsque les Soviétiques imposèrent le russe comme première langue dans les écoles des pays de l'Est (membres du bloc soviétique). Depuis la chute du l'Empire soviétique, l'anglais a supplanté le russe comme première langue d'apprentissage dans les écoles.

La diversité linguistique de l'Europe a joué un rôle majeur pour définir sa diversité culturelle. La langue et la culture sont toujours étroitement liées. Avec le développement de l'activité économique transfrontalière, stimulée par la création de l'Union, puis la mise en place de l'euro en 1999, la nécessité de s'accorder sur une langue commune a poussé de nombreuses entreprises à adopter l'anglais pour la communication interne. Le français a joué le rôle de langue universelle diplomatique en Europe et au-delà pendant plusieurs siècles, mais il a été éclipsé au profit de l'anglais pour les affaires. En conséquence, les hommes d'affaires et politiciens des pays européens se trouvent aujourd'hui obligés de parler anglais à un niveau ne répondant pas à la perfection stylistique souhaitée par les universités anglo-saxonnes, mais qui permet des

Partie I

Le management interculturel en Europe

transactions et négociations efficaces. La langue utilisée lors des réunions au sein de la Commission européenne à Bruxelles, Luxembourg ou Strasbourg est donc l'anglais et, seulement de temps en temps, le français, qui est aussi reconnu comme langue officielle de la Commission. Bien que l'allemand soit une langue parlée par beaucoup d'Européens et officiellement reconnu comme la troisième « langue de procédure » (pour les réunions internes de la Commission), il est rarement parlé par tous les membres d'un groupe. La règle tacite semble être que, si un groupe de personnes d'origines nationales différentes est réuni pour une séance de travail, toutes seront tenues de travailler en anglais, quelle que soit la qualité de leur expression. En revanche, au Parlement européen, toutes les langues officielles peuvent être utilisées, ce qui nécessite une infrastructure de traduction et d'interprétation.

Le Parlement européen se distingue des autres institutions de l'UE par son obligation de garantir le degré le plus élevé possible de multilinguisme. Tous les citoyens de l'UE doivent être en mesure de se référer à la législation, qui les concerne directement, dans la langue de leur pays. En outre, étant donné que chaque citoyen européen peut se présenter aux élections au Parlement européen, il est déraisonnable de demander aux parlementaires d'avoir une parfaite maîtrise de l'une des langues les plus courantes. Le droit de chaque membre de lire les documents parlementaires, de suivre les débats et de parler dans sa propre langue est expressément reconnu dans les règles de procédure du Parlement. Dans son rôle de législateur, le Parlement européen est tenu de garantir que la qualité linguistique de toutes les lois qu'il adopte est irréprochable dans toutes les langues officielles.

L'histoire de l'Europe et de sa littérature a donné un prestige particulier à 6 langues : le français, l'anglais, l'espagnol, l'allemand, le portugais et l'italien, parfois appelés « langues majeures ». Toutes les autres langues sont regroupées sous les noms de « langues minoritaires ». La différence entre langue majeure et langue minoritaire est, dans une certaine mesure, liée à la politique coloniale : les **langues majeures** sont celles qui sont parlées en dehors de leur pays d'origine. L'allemand est la langue de l'Allemagne, de l'Autriche et la langue majoritaire en Suisse, mais il a aussi été utilisé pendant plusieurs siècles comme *lingua franca* dans toute l'Europe de l'Est, et il est une des trois langues officielles du Luxembourg. L'allemand est également la première langue de la région italienne du Trentin-Haut-Adige, près de la frontière autrichienne. L'italien, parlé en Suisse, est une langue prestigieuse par sa littérature depuis le Moyen Âge, et la langue romane la plus proche de sa langue mère, le latin. Le portugais est la langue du Brésil et de certaines régions de l'Afrique.

Depuis au moins deux décennies, la volonté de l'Europe est que tous les Européens puissent parler au moins trois langues. Cet objectif est loin d'être atteint. Un sondage européen datant de 2005 a montré que 50 % des citoyens en Europe prétendent parler une seconde langue. En réalité, le nombre de personnes capables de parler une seconde langue est estimé à moins d'un tiers de la population. Le score le plus élevé se trouve au Luxembourg, où 99 % des personnes prétendent « maîtriser une conversation dans une seconde langue ». Avec 29 %, la Hongrie a le score le plus faible.

Pour ceux qui voyagent en Europe, il paraît évident que dans les pays scandinaves, les Pays-Bas et la Belgique, chacun parle anglais avec aisance. La majeure partie de la population est donc soit bilingue, soit trilingue (les Belges, surtout flamands, qui parlent l'anglais, parlent aussi souvent le français). L'Allemagne a un pourcentage élevé de professionnels qui parlent l'anglais à un niveau opérationnel et sont habitués à l'utiliser quotidiennement. La France, l'Espagne et l'Italie sont loin derrière. Le Royaume-Uni a très peu de bilingues, en partie parce que les anglophones s'attendent à ce que les autres nationalités parlent couramment l'anglais.

Une question se pose donc de façon inéluctable : « Sera-t-il possible à l'avenir d'être pleinement européen sans savoir parler l'anglais ? » Parce que le statut de l'anglais comme *lingua franca* mondiale semble largement accepté, il est probable que les générations futures s'adapteront à l'aide d'une forme d'anglais simplifié, parfois appelé « globish », qui rend la communication possible, sans compromettre ou marginaliser, pour les non-anglophones, leur propre langue maternelle.

Pour les professionnels du management à l'international, parler une seconde langue et interagir avec une autre culture sont des compétences essentielles et des sources d'expérience précieuses. Ils se nourrissent d'idées, de méthodes d'analyse et même d'objets qui ne sont pas entièrement ou correctement représentés ou conceptualisés dans leur propre culture et leur propre langue. Ils seront en mesure de comprendre et traiter les problèmes qui peuvent se poser lorsque, dans leur équipe, certains membres ajustent difficilement leur communication et leurs méthodes de travail.

Parfois négligé dans l'éducation et la formation, le vrai défi n'est pas seulement de s'assurer qu'on a la capacité opérationnelle de travailler avec au moins une autre langue, mais surtout de veiller à ce que la communication translinguistique prenne en compte la spécificité culturelle du contexte. La langue reflète la culture et la culture reflète la langue. La fameuse hypothèse Sapir-Whorf soutient que les individus perçoivent la réalité différemment selon la langue que leur culture leur a transmise.

> Il n'existe pas deux langues qui sont assez semblables pour être considérées comme représentant la même réalité sociale. Les mondes dans lesquels vivent les différentes sociétés sont des mondes distincts, pas simplement le même monde avec des étiquettes différentes.
> Edward Sapir, "The status of linguistics as a science", *Language 5*, 1929

Lorsque nous travaillons dans un contexte interculturel, nous devrions avoir à l'esprit que notre perception du monde et des événements de notre vie professionnelle ne peut être identique à celle d'individus venant de cultures différentes.

2))) Le cas Nordlever

En prenant son poste de directeur des ressources humaines chez Nordlever, Elsa Magnusdotter a découvert une situation typique au Danemark, celle d'une entreprise possédant une véritable identité danoise, et qui, grâce à son développement à l'international, pratique l'anglais comme langue universelle au sein de l'entreprise. Ayant vécu et travaillé aux États-Unis, elle n'a eu aucun mal à s'adapter à cette situation, d'autant plus qu'elle est également responsable de l'harmonisation des pratiques en gestion RH sur l'ensemble de l'Europe. Elle a constaté, sur ce point, que les pratiques varient de pays en pays. Par exemple, en France, en Italie et en Espagne, l'anglais n'est pas la langue de tous les jours, même si tout le monde est censé le parler (et est formé à cette intention). Elle y a remarqué que l'anglais n'est utilisé dans les réunions internes que lors de la présence d'un participant étranger d'un statut hiérarchique élevé ne parlant pas la langue du pays. Parlant le français de façon très imparfaite, elle fut surprise de voir que les managers français avaient l'habitude de démarrer en français leurs réunions avec elle, jusqu'à ce qu'elle décide de leur rappeler que l'anglais est la langue de l'entreprise, et de rigueur pendant les

Partie I — Le management interculturel en Europe

réunions. Elle a cependant fini par comprendre que, pour les managers français, il ne s'agissait ni de paresse, ni d'incompétence linguistique, mais d'une manière de montrer leur volonté d'approfondir les liens sociaux, de l'inviter à participer à leur culture, comme un membre de la famille. Elle a accepté de communiquer en français pour la « socialisation » avant ou après les réunions, mais a insisté pour imposer l'anglais dans toutes les réunions.

Par contraste avec la France et les pays méditerranéens, chacun continuait de penser que l'utilisation de l'anglais ne poserait pas de problème au Danemark. Tout le monde avait appris l'anglais à l'école, les films et les dessins animés à la télévision étaient diffusés en version originale et on savait que la solution pour parler avec les étrangers était l'anglais. Lorsque la direction de Nordlever décida d'imposer l'anglais comme langue de l'entreprise, cinq ans avant l'arrivée de Mme Magnusdotter, on supposait qu'il n'y aurait pas de résistance, que la qualité de la communication serait toujours très professionnelle et que l'habitude de travailler en anglais renforcerait le sentiment d'être une entreprise avec une vraie vocation internationale. Globalement, le pari était réussi. Mais Mme Magnusdotter s'aperçut de tensions inhabituelles dans les ateliers et demanda l'aide de consultants. Voici leurs conclusions :

« Les compétences linguistiques et la compétence de communication sont souvent négligées lors de fusions et d'acquisitions transfrontalières. Les implications et conséquences doivent être mesurées lorsqu'on décide qu'une grande partie de la communication au sein d'une entreprise sera conduite dans une langue étrangère. Même si beaucoup de Danois pratiquent avec aisance les langues étrangères, la question du choix de la langue que les employés doivent utiliser n'est pas secondaire. Généralement, l'écart entre les niveaux de langue étrangère parmi les différents groupes d'employés est très important. Il existe de nombreux exemples d'employés qui, en tant que délégués syndicaux ou représentants des salariés au conseil d'administration ou du conseil, même après sept à neuf ans de scolarité, étaient incapables de communiquer librement et d'articuler le point de vue de leurs collègues parce que le management avait fixé l'ordre du jour en anglais, sans penser que la participation active et l'échange de points de vue dans une discussion sur des questions telles que la future stratégie économique de l'entreprise aurait besoin d'un niveau d'anglais si élevé que seul un très petit nombre d'employés danois le maîtrisent » (adapté et traduit de Martine Cardel Gertsen et Anne-Marie Søderberg, "Foreign Acquisitions in Denmark: Cultural and Communicative Dimensions").

Activités

1. Essayez d'identifier vos valeurs générationnelles en pensant aux membres de votre famille (parents, frères et sœurs, enfants) et aux collègues. Seriez-vous capable d'identifier les différences entre les générations ? Pouvez-vous définir des similitudes au sein de votre génération ?

2. Parmi les Européens de différents pays que vous connaissez, tentez d'imaginer comment ils pensent leur histoire et ce qu'ils pensent des pays voisins et de leurs cultures.

Langue et culture

Europe : multiculturalisme et plurilinguisme

Le continent européen constitue un espace exceptionnel par la richesse et la diversité de ses cultures, de son patrimoine, de ses langues, par son histoire, et la multiplicité de ses influences religieuses et spirituelles. C'est une réalité durable : le résultat d'échanges multiséculaires, de confrontations, de déplacements et de la libre circulation des personnes et des idées.

La culture n'est pas un objet en soi, désincarné, elle s'inscrit dans la vie quotidienne, elle est évolutive, on la pratique, on la respecte, on la défend lorsqu'elle est mise en cause, on la valorise, on l'apprend, on la transmet. Mais elle implique également qu'on s'intéresse aux autres cultures, à celles des autres, pour y puiser un enrichissement mutuel, profitable à tous.

Les enfermements idéologiques et la vie en autarcie sont de tous temps porteurs de conflits et de xénophobie, car ils instituent de fait des attitudes, des sentiments de supériorité, des volontés de domination potentielle de l'autre : ils servent bien souvent de palliatifs, d'arguties et d'alibis à l'incapacité à résoudre des problèmes endogènes.

Le siècle des « Lumières » a brillé pour tout le monde, qu'il se soit appelé *Enlightenment*, *Aufklärung* ou *Illuminismo*. Il s'assignait, déjà en son temps, de développer les libertés individuelles, la liberté d'expression, l'autonomie de l'individu, une égale dignité pour tous, dans la diversité des cultures : donc plus d'universalité et d'égalité des droits de l'homme, dans la diversité.

Dès le Moyen Âge et la Renaissance, nombreuses furent les personnes – professeurs d'université, étudiants, artisans – qui ont parcouru l'Europe pour puiser, ailleurs, dans d'autres pays, des connaissances, des savoir-faire, s'inspirer de nouvelles expériences : ils « ont frotté leur cervelle à celle d'autrui » ; ils ont connu d'autres cultures et ont appris d'autres langues.

Ce qui est vrai pour les États l'est également pour notre vie en société : il s'agit de se connaître, de se comprendre, de s'apprécier, d'agir, de créer pour réussir à vivre ensemble. La cohésion sociale n'existe pas durablement lorsqu'il y a seulement une juxtaposition de groupes sociaux, économiques et culturels travaillant et vivant en systèmes étanches, qui ne communiquent pas entre eux.

Il n'y a pas de hiérarchie des cultures ; il y a une égale dignité des cultures et de ses pratiques qui nécessitent leur reconnaissance et leur mise en valeur pour qu'elles soient vivantes et accessibles à tous ; ceci implique un corpus de droits et d'obligations et l'ouverture d'esprit pour vivre effectivement sa propre culture, respecter celle des autres, son origine, son histoire, sa religion et sa langue. Ceci est valable de la même façon à l'intérieur des États qu'entre les États, acceptant ainsi l'altérité et l'équivalence des cultures.

Cette diversité culturelle est donc à préserver, à encourager et à développer pour s'opposer ainsi aux enfermements culturels, à l'uniformisation, aux risques d'homogénéisation et de standardisation culturelle et linguistique. On a parfois caricaturé le continent européen, en le qualifiant de « vieux », comme si l'Europe n'avait pas encore compris les « avantages » de l'uniformisation des cultures, donc de la monoculture.

C'est pourquoi la connaissance de l'histoire, celle des régions, des pays, celle de l'Europe, celle des peuples et aussi celle des langues, revêt une importance toute particulière : celle des legs culturels et linguistiques, reçus et à transmettre à nos successeurs.

Partie I — Le management interculturel en Europe

))) La connaissance de l'histoire

La richesse humaine et sociale, dans la diversité, se fonde nécessairement sur la connaissance du passé.

Comment ne pas inclure, en effet, l'histoire, sa connaissance, son enseignement, sa valorisation dans toute problématique de société concernant le multiculturalisme et l'interculturalité ?

Connaître les différentes cultures, en approfondir les origines, les évolutions, leurs ruptures et leurs progrès, leurs confrontations, parfois violentes au cours des siècles passés, est de plus en plus indispensable dans notre vie quotidienne, dans notre monde contemporain.

Chacun mesure bien les enjeux d'une telle nécessité pour mieux vivre ensemble en pleine connaissance de l'autre.

Les diverses cultures, en particulier en Europe, nous ont légué un patrimoine considérable, matériel et immatériel, comme en témoignent par exemple les constructions, les monuments de toutes natures représentatives de l'activité des hommes, que ces réalisations aient été inspirées par les religions, les spiritualités, l'amour et la recherche de ce qui est beau et harmonieux. L'histoire nous a transmis de façon continue et en permanence un patrimoine immatériel inestimable, celui des idées, de la spéculation intellectuelle, celui de la recherche constante du progrès humain, tout aussi bien dans le domaine des sciences, de l'éthique, de la volonté de connaître et d'approfondir et d'enrichir, sans cesse, le savoir.

Cette connaissance du passé, du nôtre, de celui des autres, s'inscrit bien dans la référence aux valeurs fondamentales et universelles de démocratie et de droits de l'homme, qui doivent guider durablement les orientations et les politiques pour assurer l'avenir.

La connaissance historique s'inscrit dans le cadre de l'éducation formelle de la maternelle – par le vécu – à l'université, dans un contexte plus universel ; elle implique d'abord qu'on y accorde une place constante dans tous les systèmes éducatifs. Elle doit s'inscrire également dans le cadre de l'éducation non formelle et pour une éducation tout au long de la vie.

L'enseignement de l'histoire revêt de plus une importance capitale et croissante dans le contexte actuel de remise en cause du multiculturalisme, de la montée des fondamentalismes de toutes natures, des intégrismes religieux et de la pensée unique.

L'enseignement de l'histoire doit évoluer tant dans sa conception que dans ses supports. Il est légitime et nécessaire de connaître et de faire connaître sa propre histoire, celle de l'Europe, celle de sa région, de son peuple, celle de sa propre culture, celle de l'utilisation et du rayonnement de sa langue. Il est de plus en plus indispensable de découvrir et de connaître les grands courants de civilisations, les grandes périodes qui ont jalonné le développement de l'humanité, les interactions, les confrontations souvent dramatiques entre les cultures, les religions, les modes de pensée, les conceptions politiques et de gestion de nos pays et de notre continent et des autres régions du monde. Comment ne pas penser aux diverses formes de dominations dues aux langues, aux impérialismes, à la colonisation et aux esclavage ? Il s'agit bien de promouvoir une vision interculturelle de l'histoire qui intègre les éléments fondamentaux de la diversité, c'est-à-dire la connaissance du passé, des évolutions sociales, celles des cultures, des arts, des religions, et montrant surtout les influences réciproques, mutuelles entre les civilisations.

Cette connaissance plurielle de l'histoire en implique une nouvelle conception, qui se situe dans la « multiperspectivité », c'est-à-dire dans la mise en synergie d'approches diversifiées, d'informations diverses dans une perspective rationnelle et constructive de la réalité historique.

Langue et culture

))) La connaissance des langues

L'Europe est donc une mosaïque de peuples, de cultures et de langues. Cette diversité, qui est une richesse irremplaçable, doit être encouragée et préservée ; une langue est le produit de l'histoire, d'une culture ; elle apporte une vision du monde. Cependant, notre continent n'est pas une forteresse isolée alors que les échanges et l'internationalisation des relations humaines s'accroissent et se diversifient. Les pays européens ont connu, au cours de leur histoire, des bouleversements et des dominations, y compris linguistiques : les politiques linguistiques des États européens représentent en effet des enjeux de société et des défis permanents à relever dans un monde multipolaire.

On peut spolier une personne de ses biens, on peut la spolier aussi du droit d'utiliser sa propre langue et lui interdire d'apprendre d'autres langues. L'utilisation de sa propre langue et de celles des autres fait partie intégrante de la citoyenneté et des valeurs humanistes de notre époque. L'Union européenne et le Conseil de l'Europe s'emploient à promouvoir la diversité culturelle et linguistique :

« **diversité linguistique et culturelle** est constitutive de l'identité européenne, elle est à la fois un héritage partagé, une richesse, un défi et un atout pour l'Europe ; le multilinguisme est un thème transversal majeur qui recouvre les domaines sociaux, culturels, économiques et donc éducatifs. »

Les droits linguistiques, le droit à la langue, font partie intégrante des droits de l'homme, comme cela est stipulé dans diverses déclarations internationales : Déclaration universelle des droits de l'homme de 1948, Convention européenne des droits de l'homme de 1950 et les multiples décisions et recommandations du Conseil de l'Europe et de l'Union européenne concernant particulièrement l'éducation et la culture :

« Tous les citoyens européens ont le droit d'acquérir un niveau de compétence communicative dans plusieurs langues et ce tout au long de leur vie, en fonction de leurs besoins. »
Ou encore :
« Les Conventions du Conseil de l'Europe garantissent le droit d'utiliser et d'apprendre plusieurs langues. »

La langue est une composante de notre identité. Dans le même temps, elle crée le lien avec l'autre grâce à la communication et à la compréhension mutuelle. Elle ne saurait être ni un élément de discrimination, ni d'exclusion, ni un motif de repli identitaire.

Une langue est le véhicule d'une culture, d'une histoire, d'une façon d'être, d'une conception de la vie et de ses modes ; elle contribue au pluralisme des idées tout en représentant un atout professionnel et social indéniable. La connaissance des langues et le plurilinguisme favorisent la mobilité professionnelle et aident les entreprises à développer leurs échanges et leurs activités nationales et à l'exportation.

Une grande partie de la population du monde est considérée comme bilingue et un grand nombre de personnes est plurilingue.

On considère que 5 000 à 6 000 langues sont parlées sur notre planète : la plupart en Asie du Sud-Est, en Inde, en Afrique et en Amérique du Sud. La moitié au moins aura probablement disparu avant la fin de ce siècle, étant entendu qu'« une langue disparaît tous les 15 jours ». Nous vivons une période qui connaît le plus grand nombre de disparitions de langues. Une langue peut disparaître pour des causes diverses – extinction d'une communauté, déplacement autoritaire d'un peuple, catastrophe naturelle –, mais surtout aujourd'hui pour des raisons de domination culturelle et économique, par des langues plus utilisées, imposées ou plus attractives.

Partie I — Le management interculturel en Europe

Des craintes réelles s'expriment pour l'avenir et la pérennité de certaines langues, comme le danois ou le néerlandais en Europe et le taïwanais en Asie.

L'Europe compte environ 300 langues et cette diversité décline rapidement : il s'agit d'une perte irrémédiable pour notre patrimoine commun et pour nos cultures, tel que l'a exprimé Viviane Reding, commissaire européen : « Perdre une langue, c'est perdre une part du patrimoine commun et c'est la raison pour laquelle le nivellement des cultures et donc des langues est absolument à éviter. » Le respect et la promotion de la diversité culturelle et linguistique sont inscrits dans les législations de l'Union européenne, notamment dans la Charte des droits sociaux fondamentaux.

24 langues, dites « officielles », sont utilisées dans le cadre du Parlement européen pour les 28 pays qui composent actuellement l'Union européenne, devant ainsi permettre à chaque député de s'exprimer et d'utiliser textes et documents dans sa propre langue, mais aussi à chaque citoyen européen de connaître les législations débattues ou adoptées. Rappelons que le premier règlement établi par la Communauté européenne en 1958 indiquait l'utilisation de quatre langues.

On attribue à l'empereur Charles Quint la déclaration suivante :
« J'ai appris l'italien pour parler au pape,
l'espagnol pour parler à ma mère,
l'anglais pour parler à ma tante,
l'allemand pour parler à mes amis,
et le français pour me parler à moi-même. »

En ce domaine, les motivations pour l'acquisition d'une ou de plusieurs langues jouent un rôle essentiel. Elles sont permanentes, variées mais évolutives, en fonction des impératifs dus aux transformations profondes de nos modes de vie, en particulier pour tout ce est des activités professionnelles, les besoins de l'économie, la multiplication des échanges et la mondialisation de nos relations humaines, et aussi la soif de connaître mieux autrui.

En raison des mouvements de populations et des phénomènes migratoires, les pays d'Europe sont devenus multilingues. Les Européens vivent de plus en plus dans un environnement multilingue dans leur vie quotidienne, de travail, de loisirs, d'échanges culturels ; en témoigne la grande variété des langues maternelles utilisées en milieu scolaire, comme le turc, le kurde, le berbère, le chinois, et en particulier l'urdu, le bengali, le hindi au Royaume-Uni, etc. Une enquête récente dans 22 des 47 pays du Conseil de l'Europe montre que 458 langues sont ainsi encore parlées comme langues maternelles. Nombre de pays et de collectivités territoriales développent des structures de formation à destination des populations d'origine étrangère pour faciliter leur intégration, tout en favorisant la conservation et l'enrichissement de leurs langues maternelles et de leurs cultures. C'est ainsi, par exemple, que la Finlande permet l'enseignement dans plus de 50 langues, comme le somali, l'albanais et le russe.

Dans ce contexte environnemental, les langues interagissent entre elles, évoluent et s'influencent mutuellement. L'anglais dans le passé a emprunté des quantités de mots à plus de 350 langues dans le monde, avant d'en procurer désormais un grand nombre aux langues de notre continent.

))) Quelles langues ?

De façon récurrente, la même question revient sans cesse : « Quelles langues utiliser et comment les apprendre ? »

Langue et culture

Il ne s'agit pas d'instituer une quelconque hiérarchie dans les langues, entre celles qui seraient nobles, fortes et importantes, et d'autres « faibles » qui ne seraient pas dignesd'être considérées, donc apprises, des langues « subalternes » en quelque sorte. Il s'agit en réalité d'établir une réelle parité d'estime entre toutes les langues. Mais une langue qu'on ne peut pas apprendre parce que l'offre n'existe pas ou qu'elle est interdite, est de ce fait rangée dans une catégorie « inférieure » ; les langues de l'Europe doivent avoir une même valeur pour la communication, l'expression d'une identité ou d'une culture et la compréhension mutuelle.

Cela pose en permanence la problématique de l'offre disponible d'apprentissage à tous niveaux des langues et, notamment, dans les systèmes éducatifs partout en Europe.

Actuellement, dans l'Union européenne, plus de 95 % des élèves du 2e cycle de l'enseignement secondaire étudient l'anglais comme langue étrangère ; le français est la 2e langue la plus étudiée dans l'enseignement primaire et dans le 1er cycle du secondaire, et l'allemand l'est dans le 2e cycle de l'enseignement secondaire.

Toute personne est éducable, dès l'enfance et tout au long de sa vie. Chaque individu, quel que soit son âge ou son origine, peut apprendre et acquérir plusieurs langues. Il n'y a pas de populations qui seraient morphologiquement ou physiologiquement plus aptes que d'autres à apprendre et à maîtriser plusieurs langues, sinon à considérer que certains peuples auraient des aptitudes et des capacités supérieures aux autres. Plusieurs pays européens font la démonstration constante que les jeunes et les adultes acquièrent et utilisent plusieurs langues, comme le Luxembourg, la Belgique, les pays scandinaves et les régions frontalières.

Cependant, plus on commence tôt et plus c'est facile, efficace et valorisant. Il convient donc de développer l'apprentissage précoce des langues dès le plus jeune âge, en milieu scolaire, dans les situations de la vie quotidienne, avec un enrichissement progressif des capacités langagières pour toutes les situations de communication. L'enseignement des langues, dans leur diversité, contribue au développement intellectuel, à celui de la personnalité et des compétences sociales.

Le LEAP (Laboratoire européen d'anticipation politique) a publié une étude sur les langues utilisées par les Européens dans les années à venir (à l'horizon 2025). Il en ressort que, en Europe, ce seraient d'abord l'allemand, le français, le russe et l'anglais qui seraient dominants et, sur le plan international, l'anglais, le français et l'espagnol avec, corrélativement, une perte du caractère « socialement discriminant » de l'anglo-américain.

Cette recherche montre bien l'aspect évolutif de la demande et de l'offre en langues pour servir les économies, favoriser les échanges, y compris culturels, soutenir les marchés de l'emploi et leur adaptation. Ainsi l'apprentissage des langues en milieu scolaire et universitaire est utilisé tout à la fois comme instrument de sélection et de promotion sociale.

L'anglais, lingua franca internationale, de communication planétaire, est un fait de société, un fait de nos sociétés, donc bien établi. L'anglais est parlé par 52 % des citoyens européens, 13 % par ses locuteurs natifs et 39 % par des locuteurs étrangers.

L'utilisation de l'anglais s'est développé principalement en raison de la mondialisation des échanges, avec la délivrance des diplômes internationaux, en relation avec les formations du commerce et des affaires, et aussi avec l'accroissement du nombre des publications, par exemple des thèses et des comptes rendus de recherches scientifiques.

On considère que l'anglais comprend environ 300 000 vocables ; toutefois, comme le montrent de nombreuses analyses, l'anglais utilisé le plus souvent, surnommé le « globish »,

99

mobilise seulement 1 500 mots, avec une syntaxe élémentaire ; les anglais eux-mêmes dénoncent fréquemment leur crainte d'un appauvrissement de la qualité de leur propre langue.

Il y a ainsi un risque de standardisation linguistique et culturelle, bien que, par exemple, la Chine ait créé 110 instituts Confucius dans le monde pour développer l'enseignement du mandarin. D'autre part, de gigantesques perspectives technologiques se développent dans le secteur de la traduction automatique individuelle, en temps réel : de grands opérateurs des médias et de la communication s'y préparent déjà.

Une langue est un marqueur d'identité sociale et culturelle.

Il s'agit donc désormais, plus que jamais, de tout mettre en œuvre pour favoriser et développer l'acquisition de l'enseignement d'une seconde langue avec cet objectif : la langue maternelle à laquelle doivent s'ajouter deux autres langues.

Comment ne pas réaffirmer ce qui est attendu de la connaissance des langues, tant sur le plan économique, professionnel, culturel, social, mais aussi dans tous les éléments de la vie quotidienne ?

Le multilinguisme est indispensable pour « vivre ensemble ». Il sert également à rendre les entreprises, les États et l'Europe plus compétitifs dans le domaine de l'économie et des échanges commerciaux. Il aide à l'employabilité et à l'accroissement de la qualité des emplois. En cette période, il convient de rejeter plus que jamais toute « démission linguistique », qui, au nom d'une mondialisation mal comprise, conduirait à un nivellement par le bas de la diversité culturelle et à un monolinguisme forcément préjudiciable à terme à la diversité culturelle, au respect des droits de l'homme et à la démocratie.

Les langues régionales et minoritaires

En Europe, plus de 60 millions de citoyens européens parlent quotidiennement une langue, qui n'est pas reconnue comme langue officielle dans leur propre pays. Par exemple, la fédération de Russie comprend, selon les critères retenus, entre 130 et 200 langues. Pourtant, ces langues régionales, dites de « faible diffusion » ou « régionales ou minoritaires », doivent pouvoir, comme le recommande la Charte européenne des langues régionales et minoritaires du Conseil de l'Europe – adoptée en 1992 et entrée en vigueur dans la plupart des pays depuis 1998 – être utilisées et enseignées. Toutefois, seulement 25 États membres du Conseil de l'Europe sur 47 ont ratifié cette Charte, 8 autres l'ayant signée sans la ratifier. Il s'agit de langues spécifiques à une région, transfrontalière ou non, au sein d'un État membre, ou bien d'une langue parlée par une minorité d'un État mais ayant un statut de langue officielle dans un autre État, comme le français ou l'allemand dans le nord de l'Italie, ou encore comme le hongrois en Slovaquie. Il s'agit également de langues non liées à un territoire, telles que le romani, langue traditionnelle des Sinti et des Roms, ou le yiddish des communautés juives.

« La protection et la promotion des langues régionales ou minoritaires dans les différents pays et régions d'Europe représentent une importante contribution à la construction d'une Europe fondée sur les principes de démocratie et de diversité culturelle dans le cadre de la souveraineté nationale et de l'intégrité territoriale.

La protection et l'encouragement des langues régionales ou minoritaires ne doivent pas se faire au détriment des langues officielles et de la nécessité de les apprendre. »

La Charte couvre, à ce jour, 84 langues, employées par 206 minorités nationales ou linguistiques. En France, elles sont au nombre de 10 : le breton, le catalan, le corse, le créole, l'allemand, le basque, le luxembourgeois, le néerlandais, l'occitan et les langues d'oïl.

Langue et culture

Certaines langues régionales bénéficient d'un statut officiel, telles que le catalan, le galicien ou le basque en Espagne, le gallois au Royaume-Uni, ou encore les langues sames dans les pays scandinaves.

Il est nécessaire de renforcer les mesures de protection et de relance des langues gravement menacées et de développer des lignes directrices pour améliorer l'intégration linguistique et éducative des enfants appartenant à des minorités et à des groupes vulnérables.

Jamais dans le passé notre planète n'a connu de tels bouleversements collectifs dans la vie des personnes, en raison de la multiplication considérable des échanges de toute nature, sociaux, économiques et culturels.

Le brassage des populations, l'intensité des migrations, les déstabilisations multiples de populations entières dues, notamment, à la crise, créent un environnement nouveau pour tous et qui se complexifie sans cesse : il sera durable. La société de l'information dans laquelle s'inscrivent désormais toutes les activités humaines influence profondément nos attitudes, nos relations avec le temps et l'espace, les relations entre les êtres humains, et accroissent paradoxalement les stéréotypes.

Les valeurs fondamentales universelles liées aux droits de l'homme, à la démocratie, à l'état de droit, sont des références incontournables pour tous : elles conditionnent nos conduites sur le continent européen. Ces valeurs sont porteuses d'espoir et d'avenir, car elles respectent la vie des citoyens dans leur diversité tout en affirmant et en promouvant leurs droits.

La connaissance diversifiée et plurielle des langues est un atout majeur pour développer et enrichir la communication, les échanges de toute nature, à tous les niveaux de la société, et faire progresser la créativité et l'innovation par un accès renforcé aux savoirs, aux idées et aux informations de toute origine.

Le dialogue interculturel s'impose, de plus en plus, partout, pour « vivre mieux ensemble », en assumant la diversité de nos sociétés en profonde transformation : la connaissance des langues et le plurilinguisme sont des moyens essentiels pour le permettre et le conforter.

Chapitre 9

La résolution de conflits

Tous les exemples que nous avons cités montrent que, par simple inertie, chacun ayant tendance à reproduire les comportements de sa propre culture, les malentendus sont fréquents dans les équipes multiculturelles. Au-delà des malentendus, on remarque des « incidents critiques » occasionnant un sentiment d'échec dans la communication qui peut compromettre le fonctionnement de l'équipe. Le moindre malentendu peut produire irritation et frustration. La répétition de malentendus peut évoluer vers le conflit, voire la dégradation permanente des relations professionnelles.

Il est souvent plus facile pour un manager de gérer un conflit, où les différentes parties doivent rendre compte de l'incident, qu'une dégradation lente des relations, dont le résultat peut être plus nuisible. Il est donc important que le manager d'une équipe multiculturelle dispose de quelques méthodes lui permettant d'aborder et de résoudre les conflits d'origine culturelle.

1 ⫸ Les méthodes qui peuvent servir à surmonter des conflits culturels

Les managers responsables de la productivité d'équipes multiculturelles doivent être à la fois proactifs et réactifs.

La proactivité consiste à réfléchir aux sources possibles d'incompréhension au sein de l'équipe et à envisager les mesures qui aideront l'équipe à discerner les sources de conflits potentiels dus aux différences entre les codes culturels.

La réactivité signifie la capacité de détecter des problèmes lorsque les premiers symptômes apparaissent afin de chercher les moyens pour les résoudre.

Prenons l'exemple de la difficulté rencontrée par deux membres d'une équipe provenant de cultures différentes à coordonner ou synchroniser une tâche critique, qui pourrait s'expliquer par le fait que les deux professionnels ont une lecture différente des étapes essentielles et du calendrier. Il peut arriver que chacune des parties ait appris une méthode d'organisation qui coïncide avec les habitudes de sa culture. Par exemple, prévoir un temps de réflexion avant de passer à l'acte, ce temps de réflexion étant obligatoire et perçu comme une étape importante de la production. Dans d'autres cultures, la réflexion sera considérée comme une perte de temps, car on est censé avoir réfléchi avant de définir le projet.

Pour résoudre des conflits de ce type, le manager peut chercher à comprendre le raisonnement conscient qui sous-tend les choix. Dans d'autres, il s'agira plus de ressenti que de pensée élaborée et donc difficile à appréhender et restituer sans référence à sa culture d'origine. Par exemple, au lieu de dire qu'« il faut prévoir deux jours de réflexion et de discussion entre les membres de l'équipe avant de commencer les travaux, avec une réunion de coordination à la fin », le manager risque d'entendre des remarques comme : « je sais qu'on mettra deux jours de plus pour démarrer », ce qui pourrait entraîner la remarque de l'autre expert : « il ne sait pas gérer son temps ». La question de la gestion du temps est toujours problématique, comme nous l'avons vu, la notion d'échéance ayant une valeur variable selon les cultures. Date butoir absolue pour les uns, l'échéance est pour d'autres un objectif idéal qui ne sera probablement pas respecté ; pour d'autres encore, l'échéance est une date qui sera systématiquement dépassée de 20 % sur la durée totale de la tâche.

S'il peut y avoir de nombreuses explications aux conflits, on peut affirmer qu'un manager possédant des compétences interculturelles saura développer les talents d'un détective, un véritable enquêteur qui ira au-delà d'un dysfonctionnement et du simple conflit de personnalités.

Au cœur du processus de compréhension de la source possible d'un conflit culturel, il y a la capacité à faire parler les parties au conflit, mais aussi à les écouter, à interpréter leurs propos et à détecter les raisons qui orientent leurs comportements respectifs. Il s'agit d'identifier les raisons, pensées ou ressenties, que chaque partie considère comme positives, des raisons validées par leur culture, mêmes quand une telle conduite risque de bouleverser un collègue et perturber le déroulement d'un projet.

Le manager devrait parfois accepter d'être un « coach culturel » pour les membres de son équipe. Dans les équipes multiculturelles, cela signifie développer une sensibilité particulière aux facteurs en amont, qui seront sans doute moins visibles. Pour certains managers, dont la culture managériale est concentrée sur l'exécution des tâches et l'efficacité des procédures, cela exige un effort supplémentaire de patience, mais aussi une curiosité, une implication dans les relations humaines, et surtout un esprit ouvert car, quel que soit son niveau de connaissances des cultures représentées dans son équipe, sa compréhension des enjeux affectifs ne sera jamais complète.

2))) Un cas particulier de conflit : l'Italien et le Néerlandais

Un conflit peut également provenir du type d'information qu'un membre de l'équipe communique ou divulgue selon la perception qu'il a de sa place dans la hiérarchie, ou encore la façon dont une relation de confiance peut être construite ou entravée.

Prenons un exemple simple. Un Italien, Luigi, travaille dans la même équipe qu'un Néerlandais, Jaan. Ils doivent coordonner certains aspects de leur travail. Un jour où la pression monte, Luigi prend l'initiative de suggérer que son coéquipier et lui réservent un soir après les heures de travail pour prendre un repas ou un verre ensemble afin de passer en revue les plans pour la semaine suivante. Jaan, qui a beaucoup travaillé sur la planification des ressources et le calendrier des tâches, estime que tout est déjà bien défini – il a soigneusement vérifié tous les détails – et affirme qu'il n'a pas le temps pour des activités de loisirs, mais que si Luigi a besoin de compléments d'informations, il peut toujours lui téléphoner. Il persiste à dire qu'il suffit à Luigi de se pencher sur les documents qu'il a préparés et que tout devrait être clair.

La semaine suivante, Luigi entreprend une tâche sans vérifier les résultats d'une tâche précédente. Jaan, toujours très direct et sérieux lorsqu'il traite un problème grave, l'accuse calmement d'incompétence, de manque d'attention, et insinue que Luigi serait plus efficace s'il pensait moins aux loisirs et davantage au travail. Luigi est exaspéré et affirme qu'il ne peut pas travailler avec quelqu'un qui n'est pas tout à fait humain.

Le manager qui doit faire face à cette situation conflictuelle a besoin d'écouter les deux parties. Il peut ainsi remarquer que Jaan est convaincu que son temps de travail devrait être entièrement consacré à fournir toutes les données et les ressources requises par un projet complexe. Compte tenu de la complexité des tâches, le risque de distraction est permanent. Il faut éviter à tout prix d'être dévié de la tâche et de perdre un temps précieux, car cela serait signe d'un défaut de professionnalisme. Quant à Luigi, qui a quelques problèmes pour comprendre l'anglais de son collègue en raison de son fort accent néerlandais, il a senti qu'il avait besoin d'établir une relation dans le but d'améliorer leur compréhension mutuelle : s'ils apprenaient à se connaître, les discussions éventuelles pour résoudre certaines difficultés seraient plus efficaces. Il lui semble

La résolution de conflits

logique qu'un changement de perspective, de style et de ton autour d'un verre aiderait à clarifier les ambiguïtés potentielles.

Le manager essayera donc de comprendre les motivations de Jaan, comment celui-ci conçoit ses responsabilités et pourquoi il pense que son action est positive. Il peut chercher une corrélation entre ces motivations – le goût du travail bien fait – et sa connaissance de la culture néerlandaise : par exemple, c'est une qualité suprême que de se concentrer sur les tâches et d'être très direct et sérieux lorsqu'on analyse un problème.

Le manager tentera également de savoir ce qui motive Luigi, ce qu'il pense pouvoir améliorer en proposant de prendre un verre avec Jaan. Quand les bonnes intentions des deux parties sont mises en évidence – chacun avait son idée de ce qui pourrait servir aux besoins du projet –, il sera possible de trouver des solutions fondées sur deux principes importants :
1. que l'amorce de la solution consiste à aider les parties en conflit à comprendre que chacun, à sa manière et selon sa culture, essayait d'accomplir quelque chose destinée à contribuer à l'objectif commun ;
2. que les membres d'une équipe peuvent se soutenir les uns les autres s'ils arrivent à reconnaître leurs facteurs respectifs de motivation.

Le résultat d'un tel processus sera une expérience d'apprentissage essentielle. Chacune des parties apprendra quelque chose de nouveau à la fois sur l'autre culture et peut-être sur la sienne aussi. Luigi apprendra que, dans la culture néerlandaise, la dimension sociale peut être entièrement coupée de la dimension professionnelle. Mais il apprendra également que le fait de chercher des solutions dans un contexte social est spécifique à sa culture et n'est pas universel. De même, Jaan apprendra que d'autres cultures ont spontanément recours à des méthodes autres que le simple fait de transmettre des informations pour accomplir des tâches complexes et que cela peut être un moyen d'éviter des erreurs. Il aura une meilleure idée de la façon de penser des Italiens, mais aussi de la façon dont il pense lui-même et ce qu'il attend des autres. Ce sera encore pour lui l'opportunité de réfléchir à la question de la barrière linguistique et de comprendre l'importance de vérifier les informations, quitte à reformuler, voire changer de perspective si nécessaire.

Le manager, qui est un coach interculturel, doit être prêt à respecter les étapes suivantes.

• Écouter chacune des parties afin de comprendre les raisons de leurs actions spécifiques tout en minimisant la critique directe de part et d'autre.

• S'assurer que les deux parties ont l'occasion de s'exprimer de façon aussi précise que possible sur la motivation derrière leurs actions.

• Identifier les facteurs positifs de la motivation dans leurs décisions, même s'ils paraissent inadaptés à la situation.

• Encourager les parties à exprimer leur perception des valeurs qui sous-tendent leurs motivations, valeurs qui correspondent probablement à leurs origines culturelles.

• Trouver une façon de faire comprendre par chacune des parties pourquoi les intentions positives de l'autre n'étaient pas évidentes.

• Encourager les deux parties à trouver une solution qui tiendra compte de cette nouvelle perception de leurs sources respectives de motivation.

Tel que nous l'avons vu, la culture est par définition complexe. Il n'existe pas de base de connaissance qui résume ce qu'est la culture et encore moins ce que contient chaque culture. La culture est généralement la résultante de la collaboration humaine répétée à très grande échelle et sur une longue durée. La résolution de conflits culturels nécessite une approche similaire à celle nécessaire à la conception des **processus de collaboration** (*collaborative process design*), une procédure utilisée pour le développement de logiciels où toute une équipe et même des personnes extérieures à l'équipe contribuent à une œuvre commune. Ceci implique une multiplicité d'acteurs qui apprennent les uns des autres pour construire des solutions répondant aux besoins complexes et émergents qu'il n'était pas possible de définir au début du projet.

Le management d'équipes multiculturelles exige la capacité de tirer profit de chaque expérience, mais aussi la capacité d'aider les membres d'une équipe à mieux comprendre non seulement leurs coéquipiers mais aussi eux-mêmes.

Si tout se passe bien, dans six mois Jaan blaguera avec Luigi sur son envie d'apprendre, un verre à la main. Il aura peut-être même envie de prendre un verre avec Luigi, qu'il y ait des questions à éclaircir ou non.

Les ressources humaines en Europe

Partie II

La mobilité de la population au sein de l'Europe permet aux employeurs de trouver le personnel correspondant au profil recherché, en particulier lorsque les candidats sont peu nombreux dans leur propre pays. Le recrutement de travailleurs à l'étranger peut également être source de diversité pour l'entreprise.

Dans cette perspective, les notions essentielles du droit du travail en Europe, les formalités d'immigration dans les pays de l'Union européenne, les systèmes de protection sociale en Europe et la responsabilité sociale des entreprise sont les thèmes traités dans cette partie. Les lignes qui suivent apporteront au lecteur des informations sur les aspects pratiques et le cadre légal en matière de ressources humaines en Europe.

Chapitre 10

Les notions essentielles du droit du travail en Europe

Droit du travail en Europe ou droit du travail européen ? L'Europe communautaire est constituée d'États : les États ont diverses traditions juridiques et un corpus législatif propre. On peut alors parler de droits du travail en Europe au pluriel car les législations nationales sont distinctes et sont applicables. L'Union européenne (UE) a également créé sa législation. Il s'agit alors du droit du travail de l'UE, applicable dans tous les États membres. Il est donc nécessaire de comprendre l'articulation des droits (nationaux et européen), et d'être conscient que le droit du travail applicable dans chacun des pays de l'UE est distinct.

1))) La hiérarchie des sources du droit

La notion de **hiérarchie des normes** a d'abord été formulée par le juriste Hans Kelsen (1881-1973), auteur de la *Théorie pure du droit*, fondateur du positivisme juridique, afin d'élaborer une science véritable du droit indépendante des présupposés subjectifs et des préjugés moraux de chacun. Selon Kelsen, toute norme juridique reçoit sa validité de sa conformité à une norme supérieure, formant ainsi un ordre hiérarchisé. Plus elles sont importantes, moins les normes sont nombreuses : la superposition des normes (circulaires, règlements, lois, Constitution) acquiert ainsi une forme pyramidale.

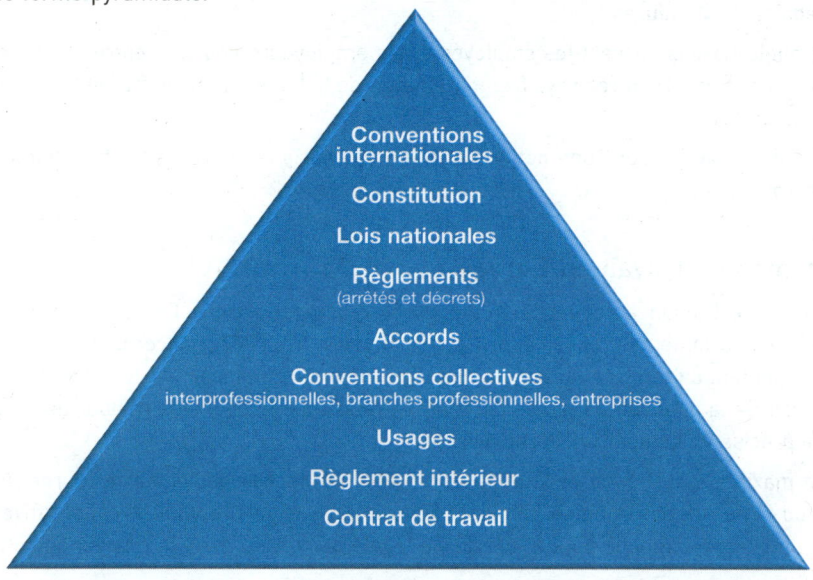

Conventions internationales
Constitution
Lois nationales
Règlements
(arrêtés et décrets)
Accords
Conventions collectives
interprofessionnelles, branches professionnelles, entreprises
Usages
Règlement intérieur
Contrat de travail

Partie II — Les ressources humaines en Europe

Selon la hiérarchie des **sources du droit**, les constitutions nationales sont au sommet de la pyramide. Le droit social européen est supérieur à la constitution d'un pays, mais la constitution doit être modifiée si une disposition de droit de l'Union est contraire à la première. Le droit social de l'Union est inférieur aux conventions de l'Organisation internationale du travail car le droit international est supérieur dans la hiérarchie des normes au droit de l'Union.

Les législations nationales viennent après les dispositions européennes. En revanche, la loi nationale est supérieure aux décrets et règlements, qui sont eux-mêmes supérieurs aux actes administratifs.

Les conventions collectives du travail, issues d'une négociation entre les représentants des salariés et des employeurs, sont également applicables et font partie du dispositif normatif. Une convention collective du travail est un texte réglementaire définissant chacun des statuts des employés d'une branche professionnelle, après une négociation passée entre les organisations représentant les employeurs et les organisations représentant les salariés.

Cette hiérarchie a des implications logiques : tout texte inférieur doit respecter les dispositions des textes supérieurs.

2))) La durée du travail en Europe

A))) Définitions

Il convient de distinguer deux notions : la **durée légale hebdomadaire du travail** et la **durée maximale hebdomadaire légale**. Le second concept inclut les heures supplémentaires à la première. Celles-ci doivent être en principe rémunérées à un taux horaire supérieur.

Le **temps de travail** est une mesure de la durée qu'une personne travaille en étant rémunérée. Il est souvent calculé de manière hebdomadaire. Il s'agit du temps de travail effectif dans lequel ne sont pas inclus les jours fériés, la pause-déjeuner, le temps pour se changer. Par exemple, une personne qui travaille huit heures par jour, cinq jours par semaine, a un temps de travail hebdomadaire de 40 heures.

Les pays anglo-saxons laissent les employés et les employeurs négocier entre eux le temps de travail hebdomadaire. D'autres pays fixent au moyen de la loi le temps de travail hebdomadaire : c'est le cas en France.

La **durée du travail** est donc une notion nationale, qui varie d'un pays à l'autre à l'intérieur de l'Union européenne.

B))) Le temps de travail en Europe

Chaque pays de l'Union européenne a une durée légale du travail. En revanche, la directive 2003/88/CE du Parlement européen et du Conseil (4 novembre 2003), concernant certains aspects de l'aménagement du temps de travail, abrogée en 2008 et remplacée par une directive nouvelle en 2010, clarifie la question du temps de la durée maximale hebdomadaire pour les salariés de l'UE. Elle précise également les dérogations.

La durée maximale du travail en Europe est fixée à 48 heures par semaine (durée maximale absolue) ou 44 heures par semaine, calculées sur une période de 12 semaines consécutives (durée maximale moyenne). Chaque pays a une durée légale du travail, dans le respect de cette durée maximale.

Les modifications successives ont pour objectif d'améliorer la compétitivité économique de l'Europe. Cette compétitivité est également affectée par les charges sociales qui modifient le coût du travail.

3))) Les salaires en Europe

A))) D'importantes différences de salaires entre les pays de l'Union européenne

Les différences de salaires dans les différents pays de l'UE sont importantes.

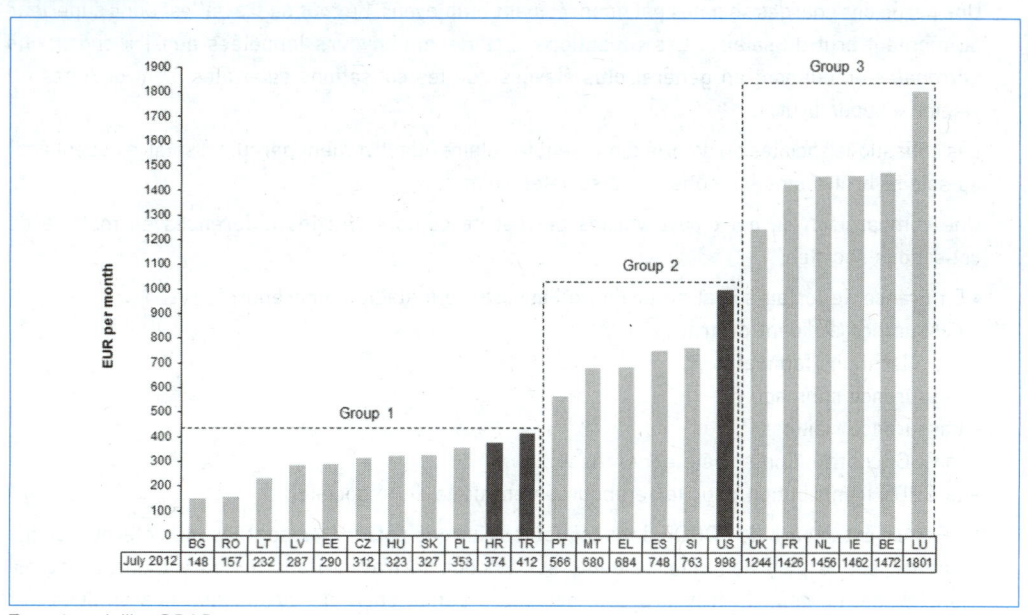

) Comparaison des salaires dans les pays de l'UE

July 2012	BG	RO	LT	LV	EE	CZ	HU	SK	PL	HR	TR	PT	MT	EL	ES	SI	US	UK	FR	NL	IE	BE	LU
	148	157	232	287	290	312	323	327	353	374	412	566	680	684	748	763	998	1244	1426	1456	1462	1472	1801

Données : juillet 2012

Eurostat

Une analyse des salaires minimum dans les pays de l'UE est disponible en anglais sur le site d'Eurostat.

Il est à retenir notamment que 20 pays dans l'UE ont fixé un salaire minimum légal. Pour autant, les chiffres sont très variables, de 138 € en Bulgarie à 1 801 € au Luxembourg (chiffres d'avril 2012). L'idée d'un salaire minimum européen fait son chemin, mais certains États membres s'y opposent. Le débat est ouvert au sein de l'UE, et la portugaise Ilda Figueiredo (gauche unitaire européenne) a été chargée de préparer un rapport sur un revenu minimum européen en 2010. Selon elle, « *il n'est besoin de changer le monde, mais on peut le faire avancer un peu* ». Pour lutter contre la pauvreté, cette violation des droits de l'homme, elle propose de ne pas se limiter à un simple salaire minimum mais de garantir un ensemble de revenus minimums, incluant l'accès à des services de base comme la santé et l'éducation. Cela devrait s'appliquer à tout âge de la vie et être adapté à chaque pays. Toutefois, depuis 2010, aucune mesure n'a encore été décidée au niveau européen.

Partie II — Les ressources humaines en Europe

Les différences de salaires entre les différents pays de l'UE font débat. En effet, la circulation des travailleurs dans l'espace européen étant reconnue, les risques de dumping social existent. Le niveau des salaires est également affecté par les différences du niveau des cotisations sociales d'un État membre à l'autre.

B))) Les charges sociales

Le coût du travail est en effet également affecté par le montant des **charges sociales**. Celles-ci financent notamment la protection sociale (assurance maladie, retraite, famille, chômage, etc.). Leur montant varie selon les États membres de l'UE, et selon le degré de protection sociale de chaque pays. Ce niveau de **protection sociale** est dicté par la tradition de chaque pays et son histoire en matière de droit social.

Une partie des charges sociales est financée par l'employeur. Le **coût du travail** est donc supérieur au montant brut du salaire. Les **cotisations sociales employeurs** (appelées aussi « *cotisations patronales* »), qui sont en général plus élevées que les cotisations salariales, sont déduites du salaire « super-brut ».

Les cotisations sociales du salarié diminuent le salaire effectivement perçu. Le salaire net est égal au salaire brut moins les cotisations sociales salarié.

Une comparaison de deux pays voisins permet de comprendre les différences en matière de cotisations sociales.

- En France, le forfait social au profit de l'assurance maladie comprend :
- l'assurance accident du travail ;
- les allocations familiales ;
- l'assurance chômage ;
- l'assurance vieillesse ;
- la CSG (contribution sociale généralisée) ;
- la CRDS (contribution pour le remboursement de la dette sociale).

La France est le pays de l'OCDE dans lequel les **charges patronales** sont les plus élevées, ce qui alimente, sur le plan politique, le débat sur le coût du travail, dans le cadre d'une économie mondialisée. Le coût du travail a des incidences sur le choix de localisation des emplois, les entreprises cherchant à diminuer ce poste.

Une étude de l'OCDE (« Le financement de la protection sociale : effets sur l'emploi », *Perspectives de l'emploi de l'OCDE*, 2007) analyse les effets sur l'emploi du financement de la protection sociale. Cette étude date de 2007, toutefois ses conclusions demeurent valables.

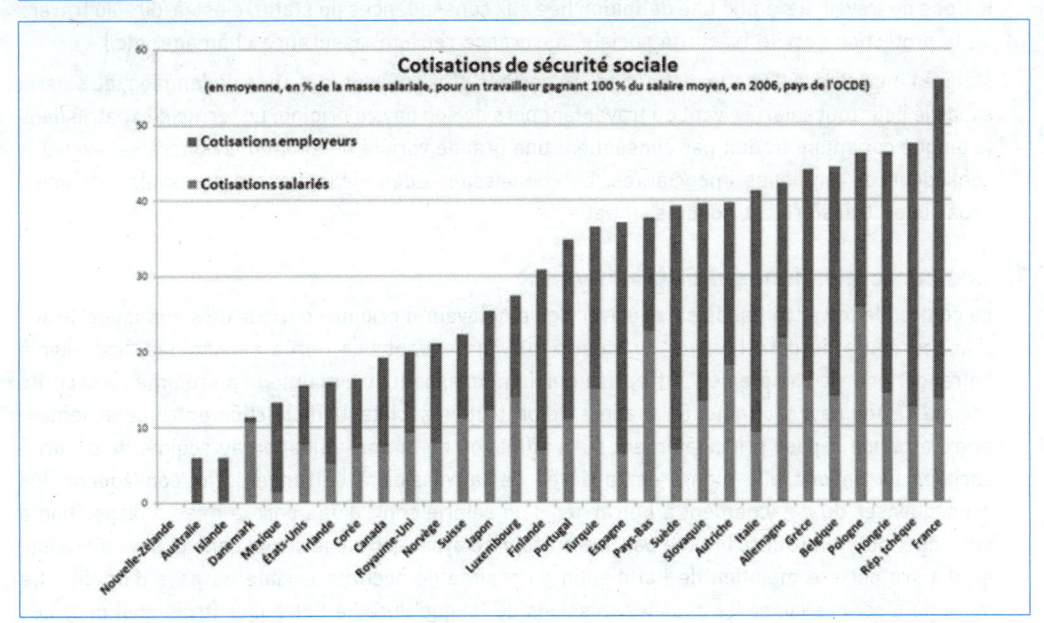

Les cotisations de sécurité sociale dans les pays de l'OCDE

Cotisations de sécurité sociale
(en moyenne, en % de la masse salariale, pour un travailleur gagnant 100 % du salaire moyen, en 2006, pays de l'OCDE)

- Cotisations employeurs
- Cotisations salariés

OCDE

- **En Allemagne**, la différence entre le salaire brut et le salaire reçu sur le compte en banque peut aller du simple au double. Notamment, l'impôt sur le revenu, perçu par l'entreprise, est prélevé directement sur le salaire tous les mois, ce qui vient en plus des charges sociales. Les charges sociales sont par ailleurs différentes d'une entreprise à l'autre, en particulier sur le volet des cotisations retraite : seule la cotisation au régime général de base est obligatoire, et certaines entreprises proposent des retraites complémentaires (ce qui viendra donc réduire d'autant le salaire net). En outre, si le salarié déclare une religion, il devra s'acquitter de l'impôt de l'église (*Kirchensteuer*).

4))) Les situations applicables au salarié en mobilité internationale

A))) Les distinctions de statut

Il n'existe aucune définition de principe en droit du travail de la notion de détachement, ni de celle d'expatriation. D'après une partie de la doctrine, **le détachement suppose un séjour de courte durée à l'étranger**, tandis que **l'expatriation exige un séjour de longue durée.** Cette distinction est reprise par l'article 2 de la directive 96/71/CE du Parlement européen et du Conseil du 16 décembre 1996, concernant le détachement de travailleurs effectué dans le cadre d'une prestation de services :

> « On entend par travailleur détaché, tout travailleur qui, pendant une période limitée, exécute son travail sur le territoire d'un État membre autre que l'État sur le territoire duquel il travaille habituellement. »

Partie II — Les ressources humaines en Europe

Il est à noter que la distinction entre le salarié détaché et le salarié expatrié n'est pas faite par le Code du travail. Il s'agit d'une définition liée aux conséquences du statut, c'est-à-dire au travers de la protection sociale (sécurité sociale, assurance retraite, assurance chômage, etc.).

Malgré l'importance de cette distinction, on parle le plus souvent, par abus de langage, de salarié expatrié pour tout salarié vivant ou travaillant hors de son pays d'origine. Le terme d'expatrié dans la langue commune traduit par conséquent une grande variété de situations concrètes, avec des conséquences juridiques importantes. La connaissance des distinctions entre salarié détaché, expatrié ou transféré est donc essentielle.

1. Les caractéristiques du détachement

Le contrat de travail initial du salarié avec son employeur d'origine continue de s'appliquer. Grâce à la procédure du détachement, le salarié qui va, pendant une durée déterminée, travailler à l'étranger pour le compte de l'entreprise qui l'emploie, peut être maintenu au régime de sécurité sociale de son pays d'origine. En matière de protection sociale, la distinction entre détachement et expatriation repose principalement sur l'affiliation ou la non-affiliation au régime de sécurité sociale, qui dépend elle-même de la durée de la mission à l'étranger. Par conséquent, les conséquences du détachement à l'étranger d'un salarié sont, d'une part la mise à disposition à l'étranger pour une durée limitée par une entreprise ayant son siège social dans le pays d'origine, et, d'autre part, le maintien de l'affiliation au régime de sécurité sociale du pays d'origine. Ce système n'est pas conseillé pour les missions de longue durée à l'étranger (trois ans) pour des raisons légales et de coût, si les cotisations sociales du pays d'origine sont supérieures aux cotisations sociales dans le pays d'accueil.

Le détachement vise essentiellement des missions de courte durée ; il n'est jamais obligatoire et il est toujours limité dans le temps. Le détachement implique que l'employeur continue à payer toutes les cotisations du régime général de la sécurité sociale du pays d'origine ; les prestations sont versées soit par la caisse d'affiliation du pays d'origine, soit par l'institution locale selon sa propre législation. À noter la dispense des cotisations locales obligatoires dans les pays signataires de convention de sécurité sociale avec le pays d'origine. Toutefois, il n'y a pas de dispense s'il n'y a pas de convention, ou si les délais prévus par la convention sont dépassés.

2. Le contrat de travail dans le cadre du détachement

L'entreprise doit conserver le contrat de travail originel et y ajouter un avenant de détachement ou lettre de mission.

Ce document permet de suspendre le contrat de travail originel pour l'adapter aux nouvelles conditions de travail et de vie.

Un certain nombre d'informations doivent y figurer.

Les notions essentielles du droit du travail en Europe

> **Clauses obligatoires du contrat de travail originel (aux termes de la directive 91/533/CEE)**
> - l'identité des parties : qui est l'employeur
> - le titre du salarié ou sa fonction
> - la date du début du contrat
> - le lieu de travail : clause de mobilité
> - la rémunération : le salaire, les primes d'expatriation, les avantages divers, la périodicité du versement, la devise servant au paiement
> - la durée du travail : durée hebdomadaire et journalière et la durée du travail à l'étranger
> - les conditions de rapatriement

> **Clauses recommandées pour l'avenant de détachement**
> - l'objet du contrat
> - la période d'essai, période probatoire
> - les congés payés
> - la protection sociale : détachement ou expatriation, assiette des cotisations
> - la reprise de l'ancienneté
> - la clause d'égalisation fiscale
> - l'intéressement et la participation
> - les conventions collectives
> - la résiliation du contrat : rupture du contrat, montant de l'indemnité de licenciement
> - les conditions de réintégration du salarié
> - la loi applicable au contrat de travail et les juridictions compétentes en cas de conflits

Un exemple de contrat de détachement d'un salarié chinois en France est proposé en fin de ce chapitre (**document 2**).

3. Les caractéristiques de l'expatriation

Le contrat de travail initial du salarié est suspendu pendant la durée de la mission à l'étranger, le salarié étant lié à l'entreprise d'accueil par un contrat local. Par conséquent, le salarié expatrié est celui qui dispose, pendant une même durée, de deux contrats de travail. Les deux contrats sont : le contrat de travail initial conclu avec la société d'origine, qui est suspendu pendant la durée de la mission à l'étranger, et le contrat de travail local, conclu avec la société d'accueil qui s'appliquera pendant toute la durée de la mission à l'étranger. L'employeur et le salarié négocient quelle est la loi en matière de droit du travail qui régira le contrat de travail (directive 91/533/CEE du 14 octobre 1991, art. 4). Autre caractéristique de l'expatriation, le travail est effectué pour le compte de la société d'accueil, non pour le compte de la société d'origine. Enfin, le salarié expatrié n'est plus résident dans son pays d'origine sur le plan fiscal.

4. Les clauses du contrat de travail dans le cas de l'expatriation

Les clauses de l'avenant ou du contrat international sont négociables, mais certaines informations doivent obligatoirement y figurer :

Partie II

Les ressources humaines en Europe

> **Clauses obligatoires du contrat de travail dans le cas de l'expatriation**
> – l'identité de l'entreprise et du salarié ;
> – le titre, la fonction et la catégorie d'emploi du salarié ;
> – la date de début et la durée du contrat ;
> – le lieu de travail ;
> – le montant du salaire ainsi que les modalités de paiement (devise, périodicité) ;
> – le nombre d'heures de travail par jour/semaine ;
> – les congés payés ;
> – la durée des délais de préavis ;
> – les conditions de rapatriement.

Un exemple de contrat d'un salarié non UE expatrié dans la filiale française d'un groupe international est proposé en fin de chapitre (**document 3**).

5. Le transfert

Le contrat de travail initial du salarié est rompu, un nouveau contrat est conclu avec l'entreprise d'accueil. Les conséquences principales sont les suivantes : il n'existe plus aucun lien juridique entre l'employeur d'origine et le salarié transféré, et le lien de subordination entre l'employé transféré et la société d'origine est rompu, à la différence du détachement qui se caractérise par le maintien du lien de subordination entre l'employeur d'origine et le salarié détaché.

6. Le contrat de travail du salarié transféré

Des salariés expatriés peuvent, pour des raison professionnelles ou personnelles, demeurer en fonction dans la même société du pays d'accueil durant plusieurs années. L'expatriation peut être renouvelée, conduisant à une « sédentarisation ». Compte tenu du coût d'une expatriation, le groupe ou la société d'origine peuvent remettre en question le statut d'expatrié, le plus souvent à l'issue d'une période supérieure à cinq ans. Lorsque la société d'origine refuse une nouvelle prolongation du statut d'expatrié, elle propose au salarié soit un retour dans cette société d'origine, soit un transfert dans la société d'accueil.

Les conséquences juridiques sont les suivantes : le contrat de travail initial doit être définitivement rompu juridiquement avec la société d'origine. La rupture peut prendre la forme de la démission du salarié. Toutefois, cette solution n'est pas en la faveur du salarié. Une rupture d'un commun accord peut être envisagée, solution qui correspond à la réalité de la situation. L'expiration du contrat de travail se traduit juridiquement par une résiliation, ce qui signifie que le contrat prend fin sans rétroactivité, uniquement pour l'avenir. Les prestations effectuées par le passé ne sont pas remises en cause (salaire et travail), mais le contrat disparaît pour l'avenir.

Il est conseillé aux parties de signer un protocole de rupture d'un commun accord tripartite (entreprise d'origine + entreprise étrangère + salarié) reprenant toutes les informations : mention de la rupture définitive du contrat initial, de la conclusion d'un contrat local, du transfert des droits du salarié (ancienneté, congés payés, etc.), ainsi qu'une éventuelle clause de garantie de retour.

À partir de la rupture, plus aucun lien juridique ne subsiste avec l'employeur d'origine. Le salarié transféré sort définitivement de l'effectif de la société d'origine.

Le nouveau contrat de travail conclu avec la société d'accueil est un contrat de droit local ; celui-ci peut néanmoins prévoir une clause reprenant tout ou partie de l'ancienneté que le salarié avait accumulée au sein de l'entreprise d'origine. Il est également possible de prévoir une clause de

Les notions essentielles du droit du travail en Europe

garantie de retour : le salarié conserve un droit de réintégration dans l'entreprise d'origine, s'il ne donne pas satisfaction au sein de l'entreprise étrangère. Le droit au retour doit être limité dans le temps. En règle générale, la durée de la clause varie de deux à cinq ans.

> La lecture des textes légaux et réglementaires est toujours conseillée. Exemple de convention bilatérale : la convention entre la France et les États-Unis. Les dispositions impliquent la réciprocité des engagements.

7. Les conséquences de ces distinctions

Il est très important de noter que ces distinctions n'ont pas de conséquences fiscales. Un non-résident fiscal ne paie pas d'impôts dans le pays où il est non résident, quel que soit par ailleurs son statut (détaché, expatrié, transféré). Un contribuable peut parfois être considéré comme résident fiscal dans deux pays, et donc payer des impôts dans deux pays. La législation sociale et la législation fiscale sont relativement indépendantes, même si le statut du salarié peut avoir des conséquences fiscales. La législation fiscale n'est pas traitée dans cet ouvrage. Toutefois, il est nécessaire de savoir qu'il existe un certain nombre de conventions fiscales bilatérales permettant de régler la situation des personnes en mobilité internationale. On trouvera des informations complémentaires sur les pages du site web de l'UE consacrées à l'union douanière et la fiscalité (conventions en matière de double imposition).

Les conséquences de la qualification juridique donnée aux déplacements internationaux (détachement, expatriation, transfert) du salarié ont d'importantes conséquences pratiques : elles affectent la détermination du tribunal compétent, les modalités de rupture du contrat à l'issue de la mission à l'étranger, la loi applicable. Elles n'affectent pas, en revanche, le montant de la rémunération (directive 96/71/CE du Parlement européen et du Conseil du 16 décembre 1996 concernant le détachement de travailleurs effectué dans le cadre d'une prestation de services, art. 2).

Les sources légales de ces distinctions sont les législations sociales de chaque pays et la convention 80/934/CEE, dite convention de Rome, entrée en vigueur en 1991. Pour connaître la législation applicable selon cette Convention, la loi qui s'applique aux parties signataires du contrat est, à défaut d'accord explicite entre les parties signataires d'un contrat, la loi du pays avec lequel il présente les liens les plus étroits, selon le principe de proximité.

B))) Documents

))) Document 1 : politique d'expatriation

La plupart des groupes internationaux disposent d'une politique d'expatriation. La définition d'une politique de mobilité internationale traduit de façon opérationnelle la stratégie de l'entreprise quant à son développement international, mais aussi sa volonté de constituer un groupe avec ses références et ses valeurs.

Elle permet de définir à l'avance les principes généraux qui s'appliqueront pour tout salarié en mobilité internationale, tout en laissant une marge à la négociation. Elle permet aussi l'égalité entre les salariés.

Le document ci-dessous a été abrégé pour des raisons de simplification. La politique d'expatriation, après avoir été définie et actée, peut être rendue publique à l'intérieur de l'entreprise par la rédaction d'un guide du salarié expatrié.

Partie II

Les ressources humaines en Europe

))) Objectifs et contenu de la politique de mobilité internationale du groupe International Products

Les attendus de cette politique pour International Products sont en particulier :
- Affirmer un cadre général pour les expatriés et les futurs candidats à l'expatriation :
  - éviter les précédents, les avantages particuliers qui pourraient faire jurisprudence ;
  - avoir une « égalité de traitement » conforme à la politique RH de International Products ;
  - agir dans la sérénité, sans improvisation.
- Gagner du temps :
  - en suivant les étapes d'une procédure ;
  - en appliquant des règles simples et transparentes à partir d'une grille et d'un contrat de base commun ;
  - en anticipant l'ensemble des démarches nécessaires pour l'entreprise et le salarié.
- Maîtriser les coûts de l'expatriation et éviter les surcoûts importants liés à la généralisation des cas particuliers.
- Laisser des marges de négociation « encadrées » en fonction des situations individuelles.

La politique de mobilité internationale a vocation à s'appliquer aux cadres français partant à l'étranger mais aussi, le cas échéant, aux cadres des filiales venant en France. Elle est fondée sur des principes transparents, objectifs et reproductibles.

Elle comprend 6 chapitres :
- le rappel de la stratégie de développement à l'international d'International Products et les conséquences RH ;
- la nature du contrat de travail ;
- les principes de rémunération et les avantages financiers ;
- la protection sociale ;
- les autres bénéfices ;
- le pilotage des missions d'expatriation.

))) Quelques éléments clés de la politique internationale d'International Products et conséquences RH

La politique de développement d'International Products à l'international
International Products souhaite se développer rapidement à l'international.
Le développement de l'entreprise sera réalisé autant que faire se peut grâce à des acquisitions dans les pays cibles.

Conformité avec la politique RH France
La politique d'expatriation conforme aux pratiques managériales du groupe en France consiste à proposer une expatriation au cadre le plus compétent pour le poste à pourvoir à un instant donné.
La suite de la carrière au sein d'International Products n'est pas acquise et dépendra des opportunités au retour. Toutefois, International Products propose qu'à compétences égales, les cadres expatriés soient prioritaires, et si aucun poste n'est directement accessible, d'assurer une période de transition au retour de six mois à un an afin de garantir au salarié un retour en France confortable.

))) Structures contractuelles

- Missions

En cas de mission supérieure à un mois, International Products devra remettre au salarié un document contractuel précisant notamment la durée, la devise de paiement, les avantages et les conditions de rapatriement.

- Détachement

La possibilité de mettre en place des contrats de détachement pour les missions de deux à six mois est à étudier.

- Expatriation

Pour les missions supérieures à six mois, il est proposé de mettre en place des contrats d'expatriation.

International Products peut décider de l'arrêt de la mission à tout moment.

La suite de cette note ne traite que des contrats d'expatriation.

))) Principes de rémunération et avantages financiers en expatriation

Principes de rémunération à l'international

Plusieurs méthodes de calcul des rémunérations peuvent être appliquées, notamment un calcul fondé sur une cohérence avec le pays d'origine, ou bien un calcul appuyé sur les grilles salariales locales, ou encore un « *mix* des deux » : une grille locale avec maintien de certains avantages du pays d'origine.

Expatriation dans les pays comparables, les principes contractuels

Dans les cas où l'approche est fondée sur la grille locale, le contrat de travail français est suspendu et le contrat local devient la référence.

- Priorité aux clauses locales

Un salaire de référence en France sera calculé en fonction du salaire du salarié avant son expatriation.

Les charges spécifiques dues à l'expatriation pourront faire l'objet de différentes primes et indemnités identifiées hors salaire et payées sur place.

- Congés

Concernant une expatriation, en application du principe de territorialité des lois et règlements, le salarié expatrié est soumis à la réglementation en vigueur dans le pays d'accueil.

- Indemnité d'expatriation

L'indemnité d'expatriation est une incitation à la mobilité. Elle est fondée sur des critères objectifs.

- Allocation logement

International Products participera aux frais de location dans le pays d'accueil via une allocation logement.

- Frais de déménagement et domicile personnel en France

))) Protection sociale

Santé

Le salarié adhérera et bénéficiera du régime local, ainsi que de la mutuelle prévue par le contrat local.

Une assurance spécifique rapatriement sera souscrite pour le salarié et sa famille pendant toute la durée de la mission.

Partie II   Les ressources humaines en Europe

Retraite
Durant son expatriation, le salarié cotise au système de retraite local et acquiert de nouveaux droits dans le pays d'accueil.
Chômage
L'expatrié dans un pays de l'UE dépend du système d'assurance chômage du pays d'affectation.

))) Autres avantages
Avantages en nature
– Prime d'emménagement
Le montant de cette prime est de …
– Véhicule
– Visites en France
– Prise en charge de l'éducation des enfants
International Products prend en charge les frais d'inscription.
– Allocations familiales
Avantages permettant de faciliter l'arrivée dans le pays d'accueil
– Recherche d'un logement, démarches administratives et fiscales à l'arrivée
– Formations au départ
– Formation linguistique
Autres services
D'autres services pourront être proposés et valorisés par International Products auprès des candidats à l'expatriation. Ils sont décrits en annexe.
Aides et accompagnement au retour
International Products proposera une prime d'emménagement payée en une fois à l'arrivée en France. *Le montant de cette prime correspond à un mois du salaire brut local, soit 1/12e d'année. (à valider)*
– Préparation du retour
Six mois avant son retour, le salarié bénéficiera d'un entretien carrière avec la DRH France.
Accompagnement du conjoint

))) Pilotage des missions d'expatriation
Pilotage RH
• Le pilotage des missions d'expatriation sera réalisé par la DRH Groupe.
Afin de simplifier le traitement de leurs demandes, chaque expatrié ou impatrié bénéficiera d'un référent au sein de la RH Groupe pour traiter l'ensemble de ses questions.
• Recrutement
Les candidats à un poste à l'étranger seront reçus par le référent RH.

))) ANNEXE : Détail des prestations offertes
Ce détail doit concrétiser les principes énoncés ci-dessus.

))) Document 2 : contrat de travail d'un salarié chinois détaché en France
Ce contrat de travail a été rédigé initialement en chinois et en français. Toutefois, seule la version chinoise fait foi. La traduction française est utilisée pour l'information du responsable RH et du manager du salarié détaché dans la filiale française, mais n'a pas de valeur juridique. Le document

est rédigé sur papier à en-tête de la société chinoise du groupe. Le groupe International Company, les sociétés International Company France et International Company China sont fictifs, ainsi que le nom du salarié. Les montants financiers sont indiqués sous la forme NNN CNY (monnaie chinoise) ou NNN EUR (euros).

Il est à noter que le statut de détaché est indiqué dans les premiers articles du contrat de travail. Les termes « expatrié » et « expatriation » sont utilisés dans les derniers articles du contrat. Il s'agit d'une facilité de langage qui n'a pas de conséquence sur le statut de détaché du salarié.

INTERNATIONAL COMPANY CHINA

Shanghai, le 1er février 2013
Monsieur Tang
Cher Monsieur,
Nous vous confirmons les conditions de votre détachement en France (Paris) à compter du 1er mars 2013.

1. Détachement

Le présent contrat n'entrera en vigueur qu'après votre obtention des autorisations de séjour et de travail, visa ou tout autre document requis par la législation française.
Vous êtes détaché auprès de International Company à Paris pour une durée prévisible de 3 à 5 ans.

2. Fonction

Vous serez *accountant manager* de International Company France. Vous dépendrez hiérarchiquement du directeur comptable de International Company France.

3. Qualification

En France, vous aurez le titre de « manager expatrié ». Vous serez rattaché juridiquement à la société chinoise International Company China.

4. Rémunération de référence/net garanti/variable

4.1 – Rémunération de référence
Votre salaire de base brut de référence pour l'exercice 2012-2013 est fixé à NNN.NNN CNY.
Lors de votre retour en Chine, c'est le salaire de base brut de référence à la date de la dernière augmentation qui sera pris en considération.

4.2 – Rémunération nette garantie
Votre rémunération nette garantie, incluant votre salaire de base brut de référence après déduction des cotisations de sécurité sociale et de l'impôt sur le revenu théoriques calculés en fonction de la législation française en vigueur, s'élèvera, pour l'exercice 2012-2013, à NNN NNN CNY.

4.3 – Rémunération variable
Vous bénéficierez d'une rémunération variable liée au poste que vous occupez et conforme à la politique d'International Company Group.
Cette part variable pourra atteindre 18 % de votre salaire de base brut de référence à objectifs atteints.
Elle vous sera versée nette de charges sociales et fiscales théoriques calculées en fonction des prélèvements en vigueur en Chine pendant toute la durée du détachement.
Cette part variable vous sera versée en France.

Partie II — Les ressources humaines en Europe

5. Éléments variables d'expatriation

En fonction de votre lieu d'expatriation, des taux de change et des indices actuels, vous percevrez également une rémunération variable d'expatriation 2012-2013, composée de la façon suivante :
- indemnité de coût de la vie (COLA) : NNNN CNY ;
- indemnité d'expatriation : 7 % de votre salaire de base brut de référence soit NNN CNY ;
- indemnité voiture : NN.NNN CNY (montant de votre avantage en Chine) ;
- contribution logement : NN.NNN CNY (montant du loyer que vous auriez acquitté si vous étiez resté en Chine)

6. Rémunération nette d'expatriation

Votre rémunération nette d'expatriation, incluant la somme de votre rémunération nette garantie et des éléments variables d'expatriation, sera révisée annuellement en fonction de vos performances, des variations de la législation fiscale et sociale de votre pays d'origine, et des variations de vos indemnités d'expatriation. Votre première révision salariale interviendra le 1er janvier 2014.

Votre rémunération nette d'expatriation vous sera versée comme suit :

Rémunération versée dans le pays d'accueil : vous serez rémunéré en France sur la base d'une rémunération annuelle nette de NN.NNN EUR.

Il sera effectué un calcul de paie à l'envers (*gross-up*) en France afin de prendre en compte les charges sociales et fiscales réelles conformément à la législation en vigueur.

L'ensemble des éléments figurant aux paragraphes 4, 5 et 6 seront versés au prorata de votre présence en France. Toute autre forme de rémunération versée dans le pays d'accueil conformément à la politique locale sera déduite de votre rémunération nette d'expatriation. Toutes les sommes perçues et avantages en nature devront être déclarées, et les charges sociales et fiscales correspondantes devront être acquittées, conformément à la législation applicable. Vous êtes responsable du respect des obligations sociales et fiscales vous incombant conformément à la législation en vigueur, notamment le respect du délai de dépôt des déclarations fiscales et le respect du délai de paiement, durant la durée de l'expatriation.

Pour rappel, la société d'accueil International Company France acquittera les impôts relatifs à votre rémunération mais vous serez personnellement responsable du paiement des impôts relatifs à vos revenus personnels (revenu de votre conjoint, dividendes, intérêts, plus-values, etc.).

7. Frais professionnels

Vos frais professionnels vous seront remboursés conformément à la politique locale, et sur justificatifs uniquement.

8. Logement

Votre logement sera pris en charge sur la base d'un budget, incluant les frais annexes, d'un montant de N.NNN euros, défini selon les règles de la politique de mobilité internationale du groupe et des informations fournies par la base de données GLOBAL.

9. Déménagement

L'entreprise prend en charge vos frais de déménagement Shanghai/Paris, dès acceptation de l'un des trois devis que vous nous soumettrez.

10. Frais d'installation

L'entreprise vous versera une indemnité d'installation nette d'un montant de NN.NNN CNY. Cette prime vous sera versée en France. Il vous est conseillé de conserver les justificatifs de vos frais d'installation.

11. Temps de travail et congés annuels

Durant votre expatriation, vous bénéficierez de 29 jours de congés payés par an en ligne avec la politique de la société française.

À la fin de votre expatriation en France, vous bénéficierez à nouveau des jours de congés selon la politique de votre pays et de votre société d'origine.

Compte tenu de votre niveau de responsabilité et de l'autonomie dont vous bénéficierez dans l'organisation de votre emploi du temps dans le respect des obligations vous incombant, et conformément aux dispositions précisées dans l'accord adopté par International Company France en accord avec les articles L. 212-15-3 du Code du travail, votre temps de travail sera décompté en jours.

Le nombre de jours travaillés par année complète d'activité s'établit à 215 jours en supposant que vous utilisiez l'intégralité des droits annuels qui vous sont accordés.

À la fin de votre détachement, tous les bénéfices liés à votre temps de travail et à vos congés cesseront immédiatement, sans aucune contrepartie.

Vous suivrez pour vos demandes de RTT (réduction du temps de travail) la procédure en vigueur dans la société française.

12. Voyages annuels

À l'occasion de vos congés, vous bénéficierez du remboursement d'un billet Paris-Shanghai, aller et retour, pour vous-même et votre famille, sur la base du tarif classe économique.

13. Frais médicaux, prévoyance, retraite et chômage

Vous serez affilié au régime de sécurité sociale obligatoire française conformément à la législation en vigueur.

Par ailleurs, vous serez affilié en Chine aux caisses et organismes suivants :
- sécurité sociale : vous serez maintenu sur le système de sécurité sociale de base en Chine ;
- en ce qui concerne la couverture médicale, vous serez couvert, ainsi que votre famille, par le régime médical international du groupe International Company.

14. Ancienneté

Votre ancienneté continuera à être prise en compte depuis le 1er juin 2003, date de votre entrée dans le groupe International Company.

15. Protection de taux de change et d'indemnité de coût de la vie

Vous souhaitez opter pour la politique de protection des fluctuations de taux de change et d'indemnité du coût de la vie : OUI   NON

Si vous avez opté pour l'application de la politique de protection des fluctuations de taux de change et d'indemnité du coût de la vie, nous comparerons, à la fin de chaque année fiscale :
- le taux de change qui vous a été appliqué du 1er juillet N au 30 juin N+1 et le taux de change moyen réel qui aurait dû vous être appliqué durant cette même période ;
- l'indemnité du coût de la vie qui vous a été appliquée du 1er juillet N au 30 juin N+1 et l'indemnité du coût de la vie moyenne qui aurait due vous être appliquée durant cette même période.

La régularisation peut être positive ou négative (...).

16. Fin anticipée de la mission de détachement

La durée de la mission mentionnée à l'article 1 du présent contrat est indicative. Il pourra être mis fin de manière anticipée et à tout moment de la mission, dans les cas décrits ci-dessous. Le cas échéant, la fin de la mission pourra être de nature à entraîner la rupture du contrat de travail.

Partie II — Les ressources humaines en Europe

- À l'initiative de la société, en cas de licenciement :
La législation qui vous sera appliquée (procédure de licenciement et calcul de l'éventuelle indemnité de licenciement notamment) sera celle de votre pays d'origine. Les frais liés à votre rapatriement et celui de votre famille seront pris en charge par la société (transport en classe économique et frais de déménagement), à l'exclusion du cas de faute grave ou de faute lourde.
- À votre initiative, en cas de démission :
Vous acceptez expressément que votre démission aura pour effet de mettre fin à la mission d'expatriation, mais également de rompre votre contrat avec votre entité d'accueil si vous en avez signé un lors de votre arrivée dans le pays d'accueil, et de rompre le présent contrat, mettant fin à toute relation contractuelle entre vous et la société. Un préavis d'une durée de trois mois ou le préavis du pays d'origine s'il est supérieur, devra être respecté. La société décidera si ce préavis sera exercé dans le pays d'accueil ou dans le pays d'origine.

17. Statut

Outre le présent contrat vous a été remis le guide *Salariés en mobilité internationale du groupe International Company*, applicable depuis le 1er janvier 2011. Par la signature du présent contrat, vous attestez avoir pris connaissance de ce document et en acceptez toutes les conditions.

Lorsque vous quitterez la France, vous ne pourrez vous prévaloir du statut et des avantages qui vous sont accordés par le présent contrat en fonction de votre mission, de l'éloignement, et des conditions de vie dans ce pays.

En cas de versement par la société d'accueil et/ou la société locale, d'indemnités de rupture de quelque nature que ce soit, liées à la fin de la mission et calculées sur l'ancienneté que vous aurez acquise au sein de la société d'accueil et/ou de l'ensemble de votre carrière au sein du groupe International Company, ces indemnités seront prises en compte et déduites de toutes indemnités de rupture qui seraient dues conformément à la législation de votre pays d'origine, que ce soit en cas de rupture du contrat de travail, pendant, ou à l'issue de la mission, et ceci sans limite dans le temps.

18. Autres aspects de votre statut

Vous nous consacrerez la totalité de votre activité professionnelle. En conséquence, vous ne devrez exercer aucune autre activité lucrative, quelle qu'en soit la nature, sauf accord écrit de notre part.

Pendant la durée de la mission telle que prévue à l'article 1 du présent contrat, il est convenu que vous serez sous la subordination de notre société, qui vous donnera toutes les instructions nécessaires à l'exercice de vos fonctions et contrôlera votre activité.

En cas de litige, votre contrat de travail sera soumis à la juridiction chinoise et relèvera des lois et tribunaux chinois.

Pour la bonne règle, nous vous demandons de nous retourner un exemplaire de la présente dûment paraphé, signé et revêtu de la mention manuscrite « bon pour accord ».

Nous vous prions d'agréer, Monsieur, l'expression de nos salutations distinguées.

Signataire pour l'entreprise : le DRH de la société International Company China.

))) Document 3 : contrat de travail d'une salariée argentine expatriée en France

Le contrat qui suit a été conclu avec une salariée argentine employée précédemment dans la filiale argentine du groupe. La salariée est cadre, et elle est soumise au régime de l'expatriation. Les noms du groupe et des filiales, ainsi que celui de la salariée, sont fictifs. Le salaire et ses annexes sont exprimés en euros.

Le contrat est imprimé en deux exemplaires sur papier à en-tête de la filiale française du groupe. Il est rédigé en français uniquement.

Madame Luiza Marina
Adresse URSSAF : …
N° URSAFF : …
Nationalité : Argentine
Neuilly-sur-Seine, le 2 janvier 2013
Madame,
Nous vous confirmons qu'à la demande de notre filiale International Company Argentina, nous vous accueillons au sein de la société International Company France à compter du 1er janvier 2013 en qualité de « responsable marketing ».
Le présent document a pour but de préciser votre statut et les conditions de votre emploi pendant la période de votre activité dans notre société qui est prévue pour une durée de 3 ans.

1. Ancienneté

Vous conserverez votre ancienneté au sein du groupe International Company soit à compter du 12 novembre 2004.

2. Convention collective

Le présent contrat est régi par les dispositions de la convention collective … ainsi que des accords d'entreprise International Company France.

3. Classification

Vous bénéficierez du statut de cadre, niveau N, selon la classification des emplois International Company.

4. Durée du travail

Votre rémunération ne comporte aucune référence à un horaire défini. Vous vous engagez à consacrer le temps requis pour assumer les responsabilités qui vous sont confiées. Votre temps d'occupation dans votre emploi s'inscrit dans le cadre des accords d'entreprise International Company France.

Compte tenu de vos responsabilités et de votre autonomie, vous n'êtes astreinte à aucun décompte du temps de travail. Les dispositions des accords d'entreprise International Company France, relatives au bénéfice des jours ouvrables de repos supplémentaires pris par journée entière, vous sont acquises dans les conditions définies par ces accords.

5. Rémunération

Votre rémunération annuelle forfaitaire brute sera de NN.NNN EUR payables sur 13,5 mois, dont un mois et demi sera soumis aux conditions d'obtention prévues par les accords d'entreprise International Company France. Les modalités de calcul et de versement sont fixées chaque année.

Par ailleurs, vous percevrez mensuellement une prime d'impatriation d'un montant brut maximum de N.NNN EUR, destinée à couvrir vos frais de logement (sur présentation du bail).

6. Lieu de travail

Vous exercerez vos fonctions à Neuilly-sur-Seine (adresse complète du lieu de travail).

Étant entendu que l'évolution des carrières au sein d'International Company repose sur une implication totale et permanente à l'égard de l'ensemble de nos implantations, et compte tenu de vos fonctions, vous pourrez être amenée à changer de lieu de travail sans que cela ne constitue une modification de votre contrat de travail.

Par la signature du présent contrat, vous reconnaissez donc être mobile géographiquement sur l'ensemble de l'Île-de-France (constituée des départements suivants : 75, 77, 78, 91, 92, 93, 94, 95).

7. Déménagement

Dans le cadre de cette mutation, vous percevrez également avec votre premier salaire en France une prime d'impatriation exceptionnelle d'un montant brut de N.NNN EUR, destinée à couvrir vos frais d'installation.

8. Clause de déplacement

En fonction des nécessités, vous vous engagez à effectuer les déplacements temporaires nécessaires à l'accomplissement de vos missions.

9. Préavis

Le préavis réciproque de rupture sera, sauf faute grave emportant dispense de préavis, de 3 mois.

10. Protection sociale

Vous bénéficierez du régime de retraite complémentaire par affiliation aux caisses de retraite :
– Caisse 1 : adresse
– Caisse 2 : adresse

Votre entrée dans notre société implique votre adhésion au régime complémentaire « maladie-chirurgie-maternité ». Vous bénéficierez en outre du régime de prévoyance « incapacité-invalidité-décès ». Ces deux contrats sont souscrits au profit du personnel d'International Company auprès de (nom et adresse de l'organisme).

11. Clause de confidentialité

Vous avez à l'égard de tout tiers une obligation générale de confidentialité sur les projets du groupe, ses réalisations, ses méthodes, et sur les informations commerciales, techniques, financières, sociales ou d'ordre privé dont vous avez connaissance dans l'exercice de vos fonctions.

Cette obligation demeurera même à l'issue de votre contrat de travail.

Vous reconnaissez en outre que tout manquement à cette stricte obligation de confidentialité vous exposerait à des poursuites judiciaires indépendamment de la réparation du préjudice causé.

12. Clause d'exclusivité

(...)

13. Clause de non-concurrence

(...)

Pour la bonne règle, vous ferez parvenir au service de la DRH un exemplaire du présent contrat, dûment daté et signé.

Signataires : le salarié et le DRH.

Les notions essentielles du droit du travail en Europe

5))) Les métiers dans les institutions européennes

Administrateur dans les institutions européennes, fonctionnaire européen, linguiste, lobbyiste, chargé de mission auprès des institutions européennes dans une entreprise, en collectivité territoriale ou dans une administration nationale, consultant, assistant d'un responsable politique européen, journaliste spécialisé, instructeur de fonds européens, conseiller pour les questions transfrontalières, sont quelques-uns des métiers qui ont émergé à la suite de la création des différentes institutions européennes.

Ce développement examine les métiers directement liés aux institutions européennes, ainsi que les professions ayant un lien direct avec les institutions.

On considère que les institutions européennes génèrent plus de 100 000 emplois directs ou indirects.

A))) Dans le cadre des institutions de l'Union européenne

Les institutions de l'Union européenne emploient des fonctionnaires et agents assimilés.

1. Les métiers de la fonction publique européenne

Ils concernent les postes accessibles dans les institutions européennes, les agences de l'UE, les agences exécutives, les délégations de la Commission européenne, les centres communs de recherche et les représentations des institutions européennes dans les pays membres de l'UE.

a. La fonction publique européenne

Plus de 30 000 fonctionnaires internationaux travaillent dans les institutions de l'Union, recrutés par la voie classique de concours. Même si les créations de postes se sont réduites, le seul renouvellement des équipes représente un gisement d'emploi : plus de 1 000 par an. Mais les concours sont exigeants et les ressortissants des pays fondateurs n'ont aucune priorité.

b. La linguistique

L'Union travaille en 24 langues officielles depuis le 1er juillet 2013 avec l'entrée de la Croatie dans l'UE. Plusieurs milliers d'agents assurent les traductions (à l'écrit) ou l'interprétation simultanée (en réunion). La Commission est l'un des grands centres linguistiques du monde.

2. Le déroulement de carrière et le recrutement (lignes générales)

a. Déroulement de carrière

La fonction publique européenne était initialement divisée en catégories hiérarchiques : A, B, C et D, la catégorie A correspondant aux postes les plus élevés. Il s'y ajoutait un cadre A(L) pour les linguistes. La réforme de 2004 a substitué une division en 16 grades avec deux groupes de fonctions : les fonctions d'administrateur (AD), entre les grades 5 et 16, et les fonctions d'assistant (AST), entre les grades 1 et 11. Chaque grade est divisé en cinq échelons, sauf le grade 16, avec deux échelons seulement.

Le changement de grade (« *promotion* ») est fait uniquement au choix compte tenu notamment des évaluations périodiques (« *notations* ») dont le fonctionnaire fait l'objet, en principe chaque année. Un fonctionnaire ne sera promu que s'il maîtrise trois langues officielles de l'Union européenne.

Le passage du groupe AST au groupe AD (*certification*) est subordonné à une sélection préalable, au suivi d'une formation spécifique et à deux épreuves.

b. Recrutement

Le recrutement se fait principalement par concours administratif. Un concours peut être organisé soit pour pourvoir immédiatement une ou plusieurs vacances, soit pour constituer une liste de réserve. Dans ce cas, les lauréats du concours sont inscrits sur la liste mais ne sont recrutés qu'au fur et à mesure des besoins, dans l'ordre du classement au concours. Depuis 2003, l'organisation des concours généraux est confiée à l'Office européen de sélection du personnel (en anglais l'*European Personnel Selection Office*, EPSO). EPSO est chargé de sélectionner du personnel pour les institutions et agences de l'Union européenne : le Parlement européen, le Conseil de l'Union, la Commission européenne, la Cour de justice, la Cour des comptes, le Service européen pour l'action extérieure, le Comité économique et social, le Comité des régions, le Contrôleur européen de la protection des données, le Médiateur européen, etc.

Les conditions d'accès à la fonction publique de l'UE sont, outre la réussite aux épreuves :
– la nationalité d'un des États membres ;
– la jouissance des droits civiques ;
– la situation régulière au regard de la conscription dans les pays où elle existe ;
– des garanties de moralité ;
– l'aptitude physique ;
– la connaissance d'au moins deux langues de l'Union européenne et souvent d'une troisième.

Après la première nomination, le fonctionnaire reste stagiaire pendant neuf mois, durée pouvant être prolongée à 15 mois, avant d'être titularisé, sauf au cas où il ne donne pas satisfaction, auquel cas il est licencié (art. 34).

3. Les autres emplois dans les institutions européennes

Les institutions européennes proposent aussi différents emplois sans leur attribuer le statut de la fonction publique européenne.

a. Agents contractuels

Ce sont des experts individuels ayant un contrat limité dans le temps. Il peut y avoir un concours de spécialistes dans un domaine bien spécifique. Ces agents contractuels peuvent être engagés par les institutions pour une durée maximale de trois ans. Il s'agit d'agents contractuels auxiliaires chargés, par exemple, d'exécuter, à temps partiel ou à plein temps, des tâches dans un emploi non prévu dans les effectifs, de travailler dans les agences européennes ou dans les représentations et les délégations des institutions de l'UE.

b. Fonctionnaires nationaux des pays membres ou END

Les fonctionnaires des administrations des États membres peuvent également être détachés auprès des institutions européennes tout en restant rémunérés par leur employeur d'origine (experts nationaux détachés, END) ou en étant fonctionnaires internationaux.

c. Agents temporaires

Il s'agit soit d'agents engagés en vue d'occuper, à titre temporaire, des fonctions auprès d'une personne remplissant un mandat prévu par les traités (juge, commissaire, parlementaire, président) ou un emploi rémunéré sur les crédits de recherche et d'investissement.

d. Agents locaux

Un agent local est un agent engagé dans des lieux situés en dehors de l'Union européenne conformément aux usages locaux, en vue d'exécuter des tâches manuelles ou de service.

Les notions essentielles du droit du travail en Europe

e. Stagiaires

Les institutions européennes proposent chaque année de nombreux stages de trois à six mois en fonction de l'institution ou de l'agence. Le stage permet de se faire une idée du travail au sein des institutions européennes. La nature des tâches dépend du service concerné, les domaines couverts étant très variés : concurrence, ressources humaines, environnement, communication, etc. Les stagiaires effectuent le même type de tâches que les diplômés nouvellement recrutés. Il peut s'agir d'organiser des groupes de travail et des réunions, de rassembler des informations et de la documentation, de préparer des rapports, de répondre aux demandes d'informations et de participer à des réunions d'unité et à d'autres événements. Les tâches peuvent également être plus spécifiques selon l'institution européenne ou le service.

Recrutement : les titulaires d'un diplôme d'études supérieures, quel que soit le domaine, peuvent poser leur candidature. Comme il ne s'agit pas de postes permanents, la citoyenneté européenne n'est pas exigée (un petit nombre de places est réservé à des citoyens non européens), mais la connaissance de deux langues officielles de l'UE est généralement demandée. Une expérience professionnelle et une formation post-universitaire constituent des atouts, mais ne sont pas obligatoires. Les procédures de sélection sont gérées par chaque institution ou agence concernée. Les candidatures s'effectuent généralement en ligne, mais des formulaires sur papier sont parfois demandés. Elles doivent être transmises dans les délais impartis et sont en principe acceptées entre 4 à 9 mois avant le début du stage.

4. La procédure de recrutement : concours dans les institutions de l'Union européenne

La fonction publique européenne est principalement recrutée par concours généraux, qui ne sont pas destinés à pourvoir des postes spécifiques, mais à constituer une réserve de recrutement dans un domaine d'action plus général. Près de 1 300 postes sont ouverts chaque année.

Depuis 2010, l'Office européen de sélection du personnel (EPSO) a lancé une nouvelle procédure de recrutement pour devenir fonctionnaire européen. Les concours sont organisés soit en commun par plusieurs institutions, soit par une seule institution. Les concours de recrutement sont organisés en trois cycles, en fonction d'un programme triennal et du statut des fonctionnaires européens :
– AD pour administrateurs ;
– AST pour assistants ;
– et des linguistes et profils spécialisés.

Les concours sont organisés par catégories en fonction du niveau d'étude des candidats.

Les administrateurs peuvent être recrutés pour des fonctions dans les domaines touchant l'administration publique européenne, le droit, l'économie, l'audit, les technologies de l'information et de la communication. Les linguistes recherchés peuvent être des traducteurs ou des interprètes dans les différentes langues officielles de l'Union européenne.

Les profils spécialisés correspondent à des postes de personnel infirmier, de sécurité ou de chercheurs.

La procédure de sélection est davantage axée sur les compétences que sur les connaissances. Elle se déroule en deux étapes (extrait du site EPSO) :
– une épreuve de présélection sur ordinateur dans les États membres ;
– une évaluation à Bruxelles.

Le nouveau cycle se déroule sur cinq à neuf mois, alors qu'il pouvait prendre auparavant jusqu'à deux ans.

Partie II

Les ressources humaines en Europe

1/ L'épreuve de présélection comprend toujours des épreuves d'évaluation des capacités cognitives et de jugement en situation, ainsi que des compétences professionnelles et linguistiques en fonction du profil de poste.

Elle est généralement composée de tests de raisonnement verbal, numérique et abstrait et de tests de jugement situationnel directement sur ordinateur.

2/ L'épreuve d'évaluation

Elle permet de tester correctement les compétences clés, en mettant l'accent sur les capacités liées au poste plutôt que sur les connaissances factuelles. En fonction des catégories de concours, elle peut être une étude de cas dans le domaine concerné, un exercice de groupe, une présentation orale et un entretien structuré.

L'épreuve portant sur la connaissance de l'UE (QCM sur l'UE) intervient à la seconde étape, en même temps que les exercices liés au poste visé.

Cette étape se déroule sur une journée complète ou une demi-journée d'épreuves selon le type de concours. Elle se déroule dans la deuxième langue du candidat (anglais, français ou allemand), sauf pour les profils qui requièrent des compétences linguistiques particulières.

Comment s'inscrire aux concours

Une candidature à un concours comporte deux phases :
– l'inscription par voie électronique ;
– la transmission d'un dossier de candidature complet.

Sauf indication contraire dans l'avis de concours, ce dossier ne doit être soumis qu'à un stade ultérieur et uniquement si vous y êtes invité via votre compte EPSO.

Comment être informé sur les prochains concours communautaires ?

Les avis de concours de toutes les institutions et des agences de l'Union européenne paraissent dans le *Journal officiel de l'Union européenne* (*JOUE*) série « C/A spécial concours ».

Un calendrier prévisionnel des concours par catégorie et des concours parus est disponible sur le site web EPSO.

De manière générale, les inscriptions aux concours débutent chaque année à la même période : administrateurs au printemps, linguistes en été, assistants en hiver.

Formation recommandée

Pour un poste d'administrateur, si les formations requises sont variées avec une prééminence pour les études de droit et de sciences politiques, les autres formations peuvent être des atouts, sachant qu'il vaut mieux posséder à minima un master, maîtriser l'anglais, et si possible d'autres langues.

Se préparer aux concours
Sites spécialisés

• Le site web Epso propose des exemples de tests gratuits (*cf.* la section du portail de l'UE consacrée à EPSO).

• Le site web de l'éditeur et formateur ORSEU propose en ligne des tests payants et gratuits pour se préparer aux concours de la fonction publique européenne.

Les notions essentielles du droit du travail en Europe

Bibliographie

Préparer les concours européens – Les tests de présélection sur ordinateur, vol. 1, Nicolas DROSS, Laure GAILLOCHET, Martin POULIOT, Paris, La Documentation Française, 2011

Préparer les concours européens – Épreuves de sélection et démarches de recrutement, vol. 2, Nicolas DROSS, Martin POULIOT, Paris, La Documentation Française, 2012

QCM de raisonnement verbal, Jean-Luc BIZEUR, Emmanuel HETRU, Bruxelles, Éd. ORSEU, 2012

QCM de raisonnement numérique, Jean-Luc BIZEUR, Emmanuel HETRU, Bruxelles, Éd. ORSEU, 2012

S'entraîner au test EUBAT, Ouvrage collectif coordonné par Parthenia AVGERI, Éd. Foucher, 2012

En savoir plus sur la nouvelle procédure de recrutement EPSO
- Le site web de l'Office européen de sélection du personnel – (EPSO), qui publie les concours et postes disponibles et organise la sélection du personnel pour les institutions européennes (http://europa.eu/epso).
- Fiche Info du site web Toute l'Europe : *Emploi renseignements pratiques*.

5. Autres métiers liés à l'UE

Dans le prolongement des institutions européennes, différentes professions liées au suivi de l'actualité européenne offrent des opportunités d'emploi.

• Au niveau national avec les métiers de la fonction publique nationale, qui peuvent être exercés dans les ministères, le Parlement, les collectivités territoriales, etc.

• Pour assister les responsables politiques : les élus du Parlement européen sont entourés de collaborateurs ou assistants, recrutés par des voies souvent très personnalisées, sans manifester forcément un engagement politique. Il en sera de même de certains responsables politiques nationaux, qui souhaiteront avoir auprès d'eux des collaborateurs ayant une bonne connaissance des institutions européennes ou de certaines politiques mises en place par l'Union européenne.

• Les métiers de la presse : près de 1 000 journalistes sont accrédités à Bruxelles. Si être « journaliste européen » n'est pas un métier en soi, la pratique et l'accréditation auprès des institutions sont devenues des spécialités dans les professions de la communication. Aujourd'hui, Bruxelles représente la deuxième concentration de journalistes au monde, après Washington. La présence de l'OTAN justifie aussi ce nombre important. Les écoles de journalisme sont, bien sûr, la voie normale d'accès.

• Les lobbyistes : environ 20 000 personnes sont concernées par cette activité, qui fait de Bruxelles la seconde capitale du lobbying après Washington. Quels que soient les noms qu'on lui donne – *lobbying*, *public affairs*, *public policy consultance*, *communication institutionnelle* – les groupes d'intérêt développent une stratégie d'approche des institutions. Compte tenu des nombreuses décisions prises dans le cadre de l'Union européenne, chacun veut être au courant de l'actualité européenne. Le lobbyiste souhaite, par un travail de veille, d'analyse et d'influence, intervenir dans le processus décisionnel européen, qui pourrait affecter l'entité qu'il représente. Depuis bientôt 40 ans, le lobbying connaît un développement considérable. Il s'explique par la prise de conscience des acteurs économiques, financiers, associatifs et culturels qu'un acte législatif européen (directive et règlement, notamment) peut avoir des conséquences importantes pour les activités qu'ils représentent.

Partie II — Les ressources humaines en Europe

> **Faire son service volontaire européen**
>
> Il existe une autre possibilité de vivre une expérience européenne, le service volontaire européen (SVE), qui permet à des jeunes de séjourner dans un autres pays durant 6 à 12 mois en exerçant une activité bénévole d'intérêt général.
>
> Le service volontaire européen (SVE) fait partie du programme « jeunesse en action » élaboré par la Commission européenne, le Parlement européen et les États membres de l'Union européenne.
>
> Les activités menées dans le cadre du SVE peuvent concerner les domaines suivants : l'art et la culture, le social, l'environnement et protection du patrimoine, les médias et l'information des jeunes contre les exclusions, le racisme et la xénophobie, la santé, l'économie solidaire,
> le sport, la diversité culturelle, l'avenir de l'Europe, etc. Le volontaire participe individuellement ou collectivement à une activité bénévole, non rémunérée.
>
> Le SVE n'est ni un stage, ni une formation, ni un emploi-jeune, ni un séjour linguistique ou touristique. Il ne permet pas de suivre en même temps des études universitaires ou d'occuper un emploi rémunéré.
>
> L'âge requis est de 18 à 30 ans (extension possible aux 16-17 ans). Aucune formation ni expérience n'est exigée. À l'issue du SVE, il est remis au volontaire un certificat appelé *Youthpass*, qui permet la reconnaissance des compétences acquises dans le cadre d'un apprentissage non formel comme le SVE.

B))) Dans le cadre du Conseil de l'Europe

Le Conseil de l'Europe a également sa propre fonction publique et recrute, suivant des conditions bien spécifiques des agents permanents, mais aussi des agents temporaires.

1. La fonction publique

Le secrétariat du Conseil de l'Europe est composé d'environ 2 200 agents permanents originaires des 47 États membres, travaillant dans des domaines tels que les droits de l'homme, la démocratie, l'état de droit, les médias, la coopération juridique, les questions sociales et économiques, la santé, l'éducation, la culture et le patrimoine, le sport, la jeunesse, les autorités locales et régionales, l'environnement, l'administration, les finances, l'informatique, la documentation, l'information du public, la traduction et l'interprétation, etc. Ces fonctionnaires travaillent pour les différents organismes dépendant du Conseil de l'Europe regroupant ministres, parlementaires nationaux, autres élus territoriaux nationaux, ou encore représentants d'ONG.

Le personnel du Conseil de l'Europe se divise en quatre catégories : A, B, C et L. Les agents de grade A occupent des emplois d'administrateur, les agents de catégorie B exercent des fonctions d'application et d'encadrement ou d'assistant, ceux de la catégorie C accomplissent des tâches techniques, et les agents de la catégorie L assurent la traduction et l'interprétation.

2. Le recrutement

Tous les agents permanents sont recrutés sur concours exclusivement, ouverts aux ressortissants de tous les États membres. La procédure de sélection comprend en général trois étapes : une présélection, une épreuve ou test professionnel, et un entretien. Seuls les candidats qui remplissent les critères exigés à chaque stade de la procédure sont invités à participer.

L'ensemble des trois étapes de la procédure exige un temps relativement long, équivalent à six mois en moyenne.

Le candidat doit connaître l'une des deux langues officielles, français ou anglais. L'allemand, l'italien et le russe sont considérés comme langues de travail.

Pour postuler aux concours actuellement ouverts, il faut utiliser le système de candidature en ligne du Conseil de l'Europe.

3. Les agents temporaires

Le Conseil de l'Europe emploie des agents temporaires pour des contrats de courte durée qui peuvent durer de quelques jours à six mois au maximum par an. Ces besoins temporaires se produisent généralement en raison d'un congé de longue durée ou d'un accroissement exceptionnel de la charge de travail.

Peuvent postuler :
– les ressortissants d'un État membre du Conseil de l'Europe ;
– les personnes possédant les qualifications et l'expérience détaillées pour le profil recherché ;
– les personnes ayant une excellente connaissance de l'une des langues officielles du Conseil de l'Europe (anglais et français) et une bonne connaissance de l'autre langue.

4. Les stages

Il est possible d'effectuer un stage au Conseil de l'Europe. La durée du stage officiel est de minimum huit semaines et de maximum cinq mois. Deux sessions de stage officiel sont organisées chaque année.

• Qui peut postuler ?

Les ressortissants de l'un des États membres du Conseil de l'Europe, qui souhaitent acquérir une expérience et une connaissance pratiques du fonctionnement et des activités du Conseil de l'Europe.

• Niveau des études minimum requis

Un diplôme de premier cycle de l'enseignement supérieur au sens de la déclaration de Bologne (licence ou équivalent).

• Les stagiaires doivent posséder une très bonne connaissance de l'une des deux langues officielles du Conseil (anglais ou français). Une bonne connaissance de l'autre langue est souhaitable.

• Une bonne capacité de rédaction est demandée.

Les tâches que les stagiaires sont appelés à accomplir comprennent :
– les travaux de recherche ;
– la préparation de projets de rapports et des études pour les réunions d'experts ;
– la rédaction de comptes-rendus.

Attention : il n'y a pas de stages en traduction et en interprétation.

• Conditions

Les stagiaires ne sont pas rémunérés. Les frais de voyage et de logement, ainsi que leurs dépenses quotidiennes sont à la charge du stagiaire ou des institutions qui les sponsorisent.

• Comment postuler ?

Pour postuler à un stage, il faut utiliser le système de candidature en ligne et le soumettre avant la date limite.

Toutes les candidatures doivent être soumises par le biais de ce système en ligne. Les candidatures doivent être complétées en français ou en anglais. Les candidatures rédigées dans une autre langue ne seront pas prises en considération.

Les sessions de stage ont lieu de mars à fin juillet et de septembre à fin janvier.

5. Les autres professionnels

Comme pour les institutions de l'Union européenne, différents professionnels interviennent auprès du Conseil de l'Europe, que ce soit pour suivre l'actualité du Conseil de l'Europe ou assister les élus nationaux nommés au sein des institutions dépendantes du Conseil de l'Europe. Mais il y a également des lobbyistes, représentants d'associations et ONG, juristes spécialisés…

Chapitre 11

Formalités d'immigration dans les pays de l'Union européenne (UE)

La crise économique, la situation de l'emploi, les réactions des opinions publiques ont conduit les pays de l'UE à durcir les procédures d'immigration. Si les accords de Schengen facilitent la circulation des citoyens de l'UE, les citoyens hors UE sont soumis à une législation longue et complexe. Chaque pays de l'UE a sa propre politique d'immigration. Avant d'aborder les procédures en vigueur dans quelques pays de l'UE, il est nécessaire de savoir distinguer les différents espaces européens : l'Espace économique européen (EEE), l'UE et l'espace Schengen.

Il est conseillé, avant toute procédure d'immigration, de s'informer auprès des autorités du pays en raison du caractère fluctuant de la législation de l'immigration. Ce chapitre décrit les différents espaces européens et les formalités d'immigration de certains pays (Allemagne, Belgique, France, Royaume-Uni et Suède). Les formalités décrites sont formulées dans leurs principes généraux. En matière d'immigration, chaque cas est particulier.

1))) Les espaces européens

A))) L'Espace économique européen (EEE)

L'**Espace économique européen (EEE)** est une union économique comprenant 31 États européens : les 28 États membres de l'Union européenne (UE) et trois des quatre États membres de l'Association européenne de libre-échange (AELE) : Islande, Liechtenstein et Norvège. Les principes sont : libre-circulation des marchandises, des services, des capitaux et des personnes.

L'objectif de l'EEE est d'étendre le marché intérieur de la Communauté européenne à des pays de l'Association européenne de libre-échange (AELE) qui ne veulent pas ou ne sont pas prêts pour entrer dans l'Union européenne (UE). L'EEE vise ainsi à lever les obstacles pour créer un espace de liberté de circulation analogue à un marché national. À ce titre, il inclut :
– *les quatre grandes libertés de circulation du marché intérieur* : des personnes, des marchandises, des services et des capitaux ;
– *des politiques communautaires* dites politiques « horizontales » (car elles ont un impact sur les économies et les sociétés des États membres), principalement la politique de concurrence.

En revanche, cet accord présente certaines limites :
- le libre-échange est limité : il ne couvre pas certains secteurs, comme l'agriculture et la pêche ;
- l'extension du marché intérieur n'est pas complète : la libre circulation des personnes ne vaut que pour les travailleurs salariés (alors qu'elle est totale pour tous dans l'Union européenne) ; les contrôles aux frontières entre l'UE et les trois pays AELE subsistent ; il n'y a pas de rapprochement des fiscalités ;
- l'EEE n'est pas une union douanière (pas de tarif extérieur commun) ; il n'a pas non plus de politique commerciale commune vis-à-vis du reste du monde.

L'EEE exclut les autres éléments de l'intégration européenne qui sont : l'Union économique et monétaire, la politique extérieure et de sécurité commune, la coopération en matière de justice et d'affaires intérieures.

Les trois pays EEE-AELE doivent adopter l'acquis communautaire concernant les domaines couverts par l'accord (les règles qui gouvernent les quatre libertés de circulation), comme la concurrence et les aides d'État ou la protection des consommateurs et de l'environnement. Ils doivent aussi adopter une partie des lois de l'UE.

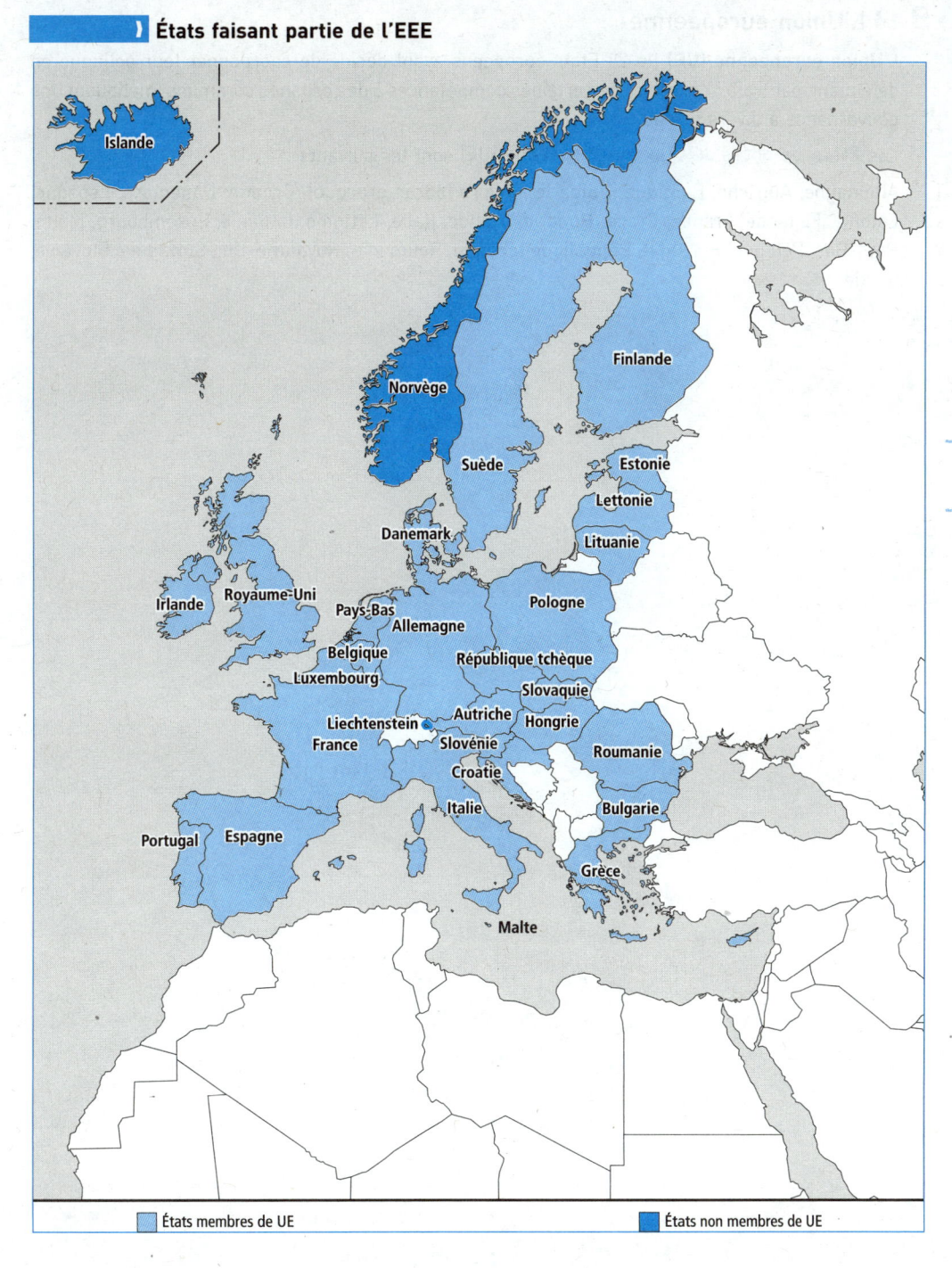

Formalités d'immigration dans les pays de l'Union européenne (UE)

> États faisant partie de l'EEE

Carte de l'Europe

Pays étiquetés : Islande, Norvège, Suède, Finlande, Danemark, Estonie, Lettonie, Lituanie, Irlande, Royaume-Uni, Pays-Bas, Allemagne, Belgique, Luxembourg, Pologne, République tchèque, Slovaquie, Liechtenstein, Autriche, Hongrie, France, Slovénie, Croatie, Roumanie, Italie, Bulgarie, Portugal, Espagne, Grèce, Malte.

États membres de UE | États non membres de UE

Partie II — Les ressources humaines en Europe

B))) L'Union européenne

L'**Union européenne (UE)** lie 28 États européens ayant décidé de coordonner leur politique en déléguant, par traité, l'exercice de certaines compétences à des organes communs impliquant une gouvernance à divers niveaux.

Les États membres de l'Union européenne (UE) sont les suivants :

Allemagne, Autriche, Belgique, Bulgarie, Chypre (partie grecque), Croatie, Danemark, Espagne, Estonie, Finlande, France, Grèce, Hongrie, Irlande, Italie, Lettonie, Lituanie, Luxembourg, Malte, Pays-Bas, Pologne, Portugal, République tchèque, Roumanie, Royaume-Uni, Slovaquie, Slovénie, Suède.

Formalités d'immigration dans les pays de l'Union européenne (UE)

Les pays de l'Union européenne

États membres de l'UE | États sur la voie de l'adhésion à l'UE

Statistiques de l'immigration dans l'Union européenne

Le nombre total de non-nationaux (personnes qui ne sont pas citoyennes de leur pays de résidence) vivant sur le territoire des États membres de l'UE s'élevait, au 1er janvier 2010, à 32,5 millions, soit 6,5 % de la population de l'UE-27. Plus d'un tiers (12,3 millions de personnes au total) des non-nationaux qui vivaient dans l'UE au 1er janvier 2010 étaient citoyens d'un autre État membre de l'UE.

Partie II — Les ressources humaines en Europe

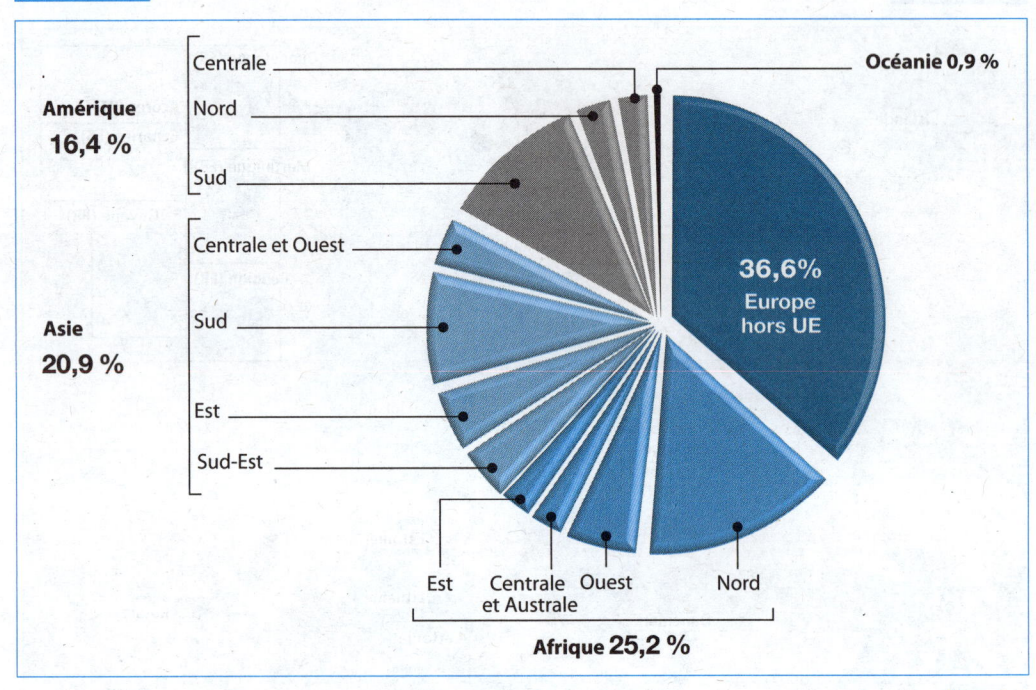

Distribution des immigrants hors UE

- Amérique 16,4 %
  - Centrale
  - Nord
  - Sud
- Océanie 0,9 %
- Europe hors UE 36,6 %
- Asie 20,9 %
  - Centrale et Ouest
  - Sud
  - Est
  - Sud-Est
- Afrique 25,2 %
  - Est
  - Centrale et Australe
  - Ouest
  - Nord

Eurostat

En 2009 (dernières données officielles), trois millions de personnes ont immigré dans l'un des États membres de l'UE. Le Royaume-Uni a enregistré le plus grand nombre d'émigrants en 2009 (368 000), suivi par l'Espagne (324 000 émigrants) et l'Allemagne (287 000 émigrants). La plupart des États membres de l'UE ont connu en 2009 une immigration supérieure à l'émigration, à l'exception de l'Irlande, Malte et des trois États baltes. Le pays qui a accueilli le plus grand nombre d'immigrants en 2009 est également le Royaume-Uni (566 500), suivi par l'Espagne (499 000) et l'Italie (442 900). Ces trois pays ont accueilli un peu plus de la moitié (50,3 %) de toutes les personnes ayant immigré dans les États membres de l'UE.

L'immigration dans l'UE

	Population totale (en milliers)	Total (en milliers)	Total (en %)	Non-nationaux — Citoyens d'autres États membres de l'UE (en milliers)	(en %)	Citoyens de pays tiers (en milliers)	(en %)
Belgique	10,839.9	1,052.8	9.7	715.1	6.6	337.7	3.1
Bulgarie	:	:	:	:	:	:	:
République tchèque	10,506.8	424.4	4.0	137.0	1.3	287.4	2.7
Danemark	5,534.7	329.8	6.0	115.5	2.1	214.3	3.9
Allemagne	81,802.3	7,130.9	8.7	2,546.3	3.1	4,584.7	5.6

Formalités d'immigration dans les pays de l'Union européenne (UE)

	Population totale (en milliers)	Total (en milliers)	(en %)	Non-nationaux Citoyens d'autres États membres de l'UE (en milliers)	(en %)	Citoyens de pays tiers (en milliers)	(en %)
Estonie	1,340.1	212.7	15.9	11.0	0.8	201.7	15.1
Irlande	4,467.9	384.4	8.6	309.4	6.9	75.0	1.7
Grèce	11,305.1	954.8	8.4	163.1	1.4	791.7	7.0
Espagne	45,989.0	5,663.5	12.3	2,327.8	5.1	3,335.7	7.3
France	64,716.3	3,769.0	5.8	1,317.6	2.0	2,451.4	3.8
Italie	60,340.3	4,235.1	7.0	1,241.3	2.1	2,993.7	5.0
Chypre	803.1	127.3	15.9	83.5	10.4	43.8	5.5
Lettonie	2,248.4	392.2	17.4	9.7	0.4	382.4	17.0
Lituanie	3,329.0	37.0	1.1	2.4	0.1	34.6	1.0
Luxembourg	502.1	215.7	43.0	186.2	37.1	29.5	5.9
Hongrie	10,014.3	200.0	2.0	118.9	1.2	81.1	0.8
Malte	414.4	18.1	4.4	7.3	1.8	10.8	2.6
Pays-Bas	16,575.0	652.2	3.9	310.9	1.9	341.3	2.1
Autriche	8,367.7	876.4	10.5	328.3	3.9	548.0	6.5
Pologne	38,167.3	45.5	0.1	14.8	0.0	30.7	0.1
Portugal	10,637.7	457.3	4.3	94.2	0.9	363.1	3.4
Roumanie	:	:	:	:	:	:	:
Slovénie	2,047.0	82.2	4.0	4.6	0.2	77.6	3.8
Slovaquie	5,424.9	62.9	1.2	38.7	0.7	24.2	0.4
Finlande	5,351.4	154.6	2.9	56.1	1.0	98.5	1.8
Suède	9,340.7	590.5	6.3	265.8	2.8	324.7	3.5
Royaume-Uni	62,027.0	4,362.0	7.0	1,919.9	3.1	2,442.1	3.9
Islande	317.6	21.7	6.8	17.2	5.4	4.5	1.4
Liechtenstein	35.9	:	:	:	:	:	:
Norvège	4,854.5	331.6	6.8	185.6	3.8	146.0	3.0
Suisse	7,785.8	1,714.0	22.0	1,073.7	13.8	640.3	8.2

Eurostat

C L'espace Schengen

1. Historique et contexte

La libre circulation des personnes au sein du marché commun ne concernait au départ que les travailleurs et leur famille. Seule la personne active était bénéficiaire de la libre circulation et de la liberté d'établissement dans un autre pays membre. En juin 1984, lors du Conseil européen de Fontainebleau, les chefs d'État et de gouvernement ont décidé de progresser dans le domaine de la libre circulation des personnes afin de rapprocher l'Europe de ses citoyens.

Les **accords dits de Schengen** sont l'expression de cette volonté. Ayant été conclus hors du cadre communautaire, c'est par le biais d'un accord de type intergouvernemental classique qu'ils sont exprimés. Le 14 juin 1985, la France, la RFA, la Belgique, le Luxembourg et les Pays-Bas signent ces accords, sans les cinq autres membres de la Communauté d'alors (Grande-Bretagne, Irlande, Grèce, Italie et Danemark).

Partie II — Les ressources humaines en Europe

Ces accords prévoient la réalisation progressive de la libre circulation des personnes au sein d'un espace dit « **espace Schengen** », c'est-à-dire sans contrôle aux frontières intérieures de cet espace. La Convention d'application est signée en 1990, et entre en vigueur en 1995. Dix ans se sont donc écoulés entre la signature de l'accord et sa mise en œuvre.

En 1999, l'acquis de Schengen est intégré dans le cadre de l'UE via un protocole annexé au **traité d'Amsterdam**, et devient ainsi partie intégrante du droit communautaire.

Aujourd'hui, l'ensemble de ce dispositif participe à l'objectif de faire de l'UE un **espace de liberté, de sécurité et de justice**.

2. Définition

L'espace Schengen s'est progressivement étendu au territoire des États européens adhérant aux Accords : l'**Italie** en 1990, l'**Espagne** et le **Portugal** en 1991, la **Grèce** en 1992, l'**Autriche** en 1995, et en 1996 le **Danemark**, la **Finlande** et la **Suède**.

9 des 10 États membres qui ont adhéré à l'UE en 2004 font partie de l'espace Schengen depuis le 21 décembre 2007 (**Estonie**, **Lituanie**, **Lettonie**, **Hongrie**, **Malte**, **Pologne**, **République tchèque**, **Slovaquie** et **Slovénie**). Pour y adhérer, il leur a fallu être pleinement en mesure d'assurer un contrôle efficace à leurs frontières extérieures. De même, le **système d'information Schengen (SIS)** a dû être modernisé. En décembre 2006, les ministres européens ont voté l'intégration de ces pays à l'espace Schengen, en décembre 2007 en ce qui concerne les frontières maritimes et terrestres, et à partir du 29 mars 2008 pour les aéroports.

> Le **système d'information Schengen de deuxième génération (SIS II)**, qui vise à renforcer la sécurité et à faciliter la libre circulation au sein de l'espace Schengen, a été activé en avril 2013. Le SIS II facilite l'échange d'informations entre les autorités nationales chargées des contrôles aux frontières, les autorités douanières et la police, concernant des personnes susceptibles d'avoir participé à des actes criminels graves. Il contient également des signalements se rapportant à des personnes portées disparues, notamment des enfants, ainsi que des informations sur certains biens, tels que les billets de banque, les voitures, les camionnettes, les armes à feu et les documents d'identité qui peuvent avoir été volés, détournés ou égarés.
>
> Communiqué de presse, Union européenne, 9 avril 2013

La **Bulgarie** et la **Roumanie**, qui ont adhéré à l'Union européenne le 1er janvier 2007, ne font pas encore partie de l'espace Schengen. La participation de ces deux pays est repoussée, après avoir été approuvée par le Parlement européen en 2011. En effet, les gouvernements finlandais et néerlandais ont exprimé leurs craintes en raison de lacunes dans les mesures anti-corruption et dans la lutte contre le crime organisé. En outre, la crainte de voir entrer dans l'espace Schengen des immigrants illégaux via la Roumanie et la Bulgarie retarde l'entrée de ces deux pays dans le dispositif. L'entrée de **Chypre** dépend de la résolution de la partition de l'île. La **Croatie** pourrait faire partie du dispositif à partir de 2015.

Enfin, il faut noter que les territoires extra-européens des États-membres ne sont pas concernés par le dispositif : les DOM français font partie de l'UE, mais pas de l'espace Schengen. D'autres territoires d'outre-mer français ne font pas partie de l'UE, par exemple la Nouvelle-Calédonie ou la Polynésie française. Les territoires extra-européens des Pays-Bas ne font pas partie de l'espace

Schengen. Il convient par conséquent d'être attentif au statut spécifique de tout territoire extra-européen des membres de l'UE, au cas par cas.

Au total, font donc partie de l'espace Schengen 22 des États membres de l'Union européenne (le Royaume-Uni et l'Irlande n'y participent pas) et quatre États associés : l'Islande, la Norvège, la Suisse et le Liechtenstein.

3. Contenu de l'accord

La convention repose sur un principe simple : la disparition des frontières intérieures et le renforcement des frontières extérieures pour assurer la sécurité des citoyens au sein d'un espace de libre circulation. Les frontières extérieures sont terrestres, portuaires et aéroportuaires.

Pour garantir la sécurité au sein de cet espace de libre circulation, il existe des mesures compensatoires. Il s'agit de règles communes de franchissement et de contrôle des personnes aux frontières externes : mêmes documents demandés, liste commune des pays pour lesquels un visa est exigé.

Des contrôles temporaires peuvent cependant être remis en place pour des motifs de sécurité ou d'ordre public.

L'espace Schengen est donc l'espace constitué par le territoire des États ayant mis en œuvre en totalité l'acquis Schengen. Ces États :
– délivrent des visas valables pour l'espace Schengen ;
– acceptent la validité des visas délivrés par les autres États Schengen pour entrer sur leur territoire ;
– ont supprimé les contrôles aux frontières intérieures ;
– appliquent le Code des frontières à leurs frontières extérieures.

Pour les visiteurs hors EEE, le droit d'entrée est de trois mois à la première entrée dans l'espace Schengen, quel que soit le nombre de pays visités. À l'expiration du délai, la présence sur le territoire d'un pays de l'espace Schengen n'est plus autorisée, et le ressortissant doit refaire une nouvelle procédure d'entrée et prouver qu'il a résidé hors de l'espace Schengen ou de l'EEE durant les trois derniers mois, pour être autorisé à y revenir.

L'entrée immédiate dans l'espace Schengen ne signifie pas acceptation de cette entrée, puisque la décision d'en interdire l'entrée peut être prise et notifiée à l'intéressé dans les trois mois suivant son entrée provisoire dans l'espace Schengen. Seul le pays d'entrée peut prendre la décision d'accepter ou refuser un individu, et il conserve toutes les données et signalements relatifs à cette personne selon sa législation nationale. Toutefois, les autres pays signataires peuvent notifier leur appréciation au pays d'entrée qui déterminera si le signalement doit être inscrit et communiqué dans le système Schengen aux autres pays de l'Espace.

Par conséquent, tout citoyen d'un pays membre de l'espace Schengen peut circuler librement dans celui-ci, tout ressortissant hors espace Schengen doit en revanche effectuer des formalités de visa pour entrer dans un pays de l'espace Schengen, et pourra ensuite circuler pendant trois mois à l'intérieur de cet espace. La procédure pour l'obtention d'une carte de séjour dans un pays de l'espace Schengen est donc différente pour les ressortissants de l'UE et les ressortissants de pays tiers.

La mise en œuvre des accords de Schengen a eu des conséquences visibles : la fermeture, voire la destruction, des postes frontières entre les États participants en est la plus évidente. Le Code frontières Schengen prévoit que les États participants suppriment tout obstacle à la libre circulation des biens et personnes dans les frontières internes de l'espace Schengen. L'identité des passagers voyageant par la route, le train ou l'avion n'est plus contrôlée par les garde-frontières. Les contrôles d'identité dans les aéroports sont maintenus, pour des raisons de sécurité, mais ne sont pas effectués par les garde-frontières.

Des circonstances particulières peuvent conduire un État Schengen à rétablir les contrôles frontaliers avec un autre État de l'Espace pour une durée courte, en raison de risque sérieux à la politique publique ou à la sécurité intérieure de l'État. En 2011, après les événements en Tunisie et en Libye, la France a envisagé une suspension provisoire des accords de Schengen pour faire face à l'immigration massive issue d'Afrique du Nord.

À titre plus anecdotique, Malte a suspendu les accords de Schengen lors de la visite du pape Benoît XVI, craignant de ne pouvoir assurer la sécurité nationale dans de bonnes conditions.

La remise en cause des accords de Schengen en 2011

Le printemps arabe a bousculé l'Union européenne (UE), malmenant ses fondements et mettant ses limites en évidence. Le débarquement de quelque 20 000 Tunisiens et 8 000 Libyens sur les côtes italiennes depuis janvier 2011 a ravivé les peurs et les tensions dans une Europe en crise de croissance et d'identité. L'Italie, s'estimant submergée par une immigration clandestine massive, a proclamé l'état d'urgence humanitaire le 12 février 2011. Elle s'est tournée vers l'Union et ses partenaires européens, sollicitant leur solidarité et demandant un partage effectif du « fardeau » de l'accueil des migrants, ce que les États méridionaux (au premier chef Malte et la Grèce) appellent de leurs vœux depuis des années. En vain. Les partenaires de l'Italie estiment en effet l'afflux de migrants trop modeste pour que l'octroi d'une aide puisse être envisagé. Et de rappeler au passage que l'Allemagne avait su gérer seule les centaines de milliers de migrants de l'ex-Yougoslavie qui ont rejoint son territoire durant les années 1990.

Dans ce contexte, le président du Conseil Silvio Berlusconi a adopté le 5 avril 2011 un décret, pris sur la base de l'article 20 du décret législatif n° 29 du 25 juillet 1998 : des titres de séjour ont vocation à être délivrés « pour d'évidentes raisons humanitaires » aux migrants nord-africains (essentiellement tunisiens) arrivés sur le territoire italien entre le 1er janvier et le 5 avril 2011, qui permettront à leurs détenteurs de circuler librement dans l'espace Schengen. Dans la mesure où la grande majorité des migrants concernés se dirige alors vers la France, celle-ci annonce le 8 avril 2011 par la voix de son ministre de l'Intérieur, Claude Guéant, la réintroduction de contrôles à ses frontières avec l'Italie. Lors du Conseil Justice et affaires intérieures du 11 avril 2011, le ministre de l'Intérieur italien, Roberto Maroni, a vertement critiqué l'attitude de ses partenaires, qui lui ont opposé l'incapacité de son pays à contrôler ses frontières extérieures et ont qualifié son comportement de chantage.

Pour calmer les tensions entre la France et l'Italie, un sommet s'est tenu à Milan le 26 avril 2011 entre Nicolas Sarkozy et Silvio Berlusconi, qui sont parvenus à un accord et ont adressé une lettre commune au président de la Commission européenne. Paris et Rome demandent une amélioration de la collaboration des États européens, un renforcement des mécanismes de solidarité financière avec les États accueillant des migrants, un affermissement de l'Agence européenne pour la gestion de la coopération opérationnelle aux frontières extérieures, Frontex. Mais surtout José Manuel Barroso est invité à « examiner la possibilité de rétablir temporairement le contrôle aux frontières intérieures » des États membres, « en cas de difficultés exceptionnelles dans la gestion des frontières extérieures communes ». L'idée d'une remise en cause des accords de Schengen se développe, le Danemark en profitant pour annoncer, le 11 mai 2011, son intention de rétablir les contrôles à ses frontières intérieures. [...]

Pourquoi les accords de Schengen sont-ils malmenés ? Parce qu'ils prévoient le renforcement de la coopération douanière, judiciaire et policière, afin de lutter contre les trafics d'armes, de stupéfiants, et de personnes ? Non. Ils sont mis en cause parce qu'ils posent le principe de la suppression des contrôles aux frontières intérieures, en vue de la pleine réalisation de la libre circulation des personnes dans l'espace Schengen. Il s'agit là d'un objectif assigné dès 1957 à la construction européenne. Pour garantir la sécurité au sein de cet espace de libre circulation, des mesures compensatoires ont été définies qui énoncent des règles communes de contrôle des personnes aux frontières extérieures. Reste que le dispositif repose sur la confiance mutuelle des États partenaires dans leur capacité respective à mettre pleinement en œuvre les mesures permettant la levée des contrôles aux frontières intérieures. Or, tant le principe de la libre circulation des personnes que celui de la confiance mutuelle entre États membres se révèlent bien fragiles à la lumière de la crise actuelle.

Marie-Laure Basilien-Gainche, « La remise en cause des accords de Schengen », CERISCOPE Frontières, 2011, site web de Ceriscope/Sciences Po

4. Statut particulier

Le Royaume-Uni et l'Irlande bénéficient d'un statut particulier dans la mesure où ils ont obtenu de ne participer qu'à une partie des dispositions Schengen (**clause d'*opting-in***). Cette spécificité a requis au préalable l'accord unanime des 13 États membres de l'UE participant à l'espace Schengen.

Le Royaume-Uni participe notamment à la coopération policière et judiciaire en matière pénale, la lutte contre les stupéfiants et le système d'information Schengen (SIS). L'Irlande, quant à elle, participe essentiellement au SIS.

Les deux États conservent ainsi le droit de contrôler les personnes à leurs frontières et de ne pas intégrer dès leur adoption les mesures concernant les visas, l'asile et l'immigration.

5. Effets

La convention de Schengen a conçu des règles uniformes d'entrée dans tous les États membres.

))) Citoyens de l'EEE

Pour entrer dans l'espace Schengen, les ressortissants de l'Espace économique européen (EEE) doivent être munis d'une carte d'identité en cours de validité ou bien d'un passeport valide ou périmé depuis moins de cinq ans.

))) Citoyens de l'UE

Mêmes conditions que les citoyens de l'EEE.

))) Citoyens non-EEE

Les voyageurs, non ressortissants d'un pays de l'EEE, doivent présenter, le cas échéant, les documents qui justifient du motif et des conditions de leur séjour. En outre, ces personnes doivent disposer de moyens de subsistance suffisants tant pour la durée de leur séjour que pour leur retour. Par ailleurs, elles ne doivent pas être signalées aux fins de non-admission.

Partie II — Les ressources humaines en Europe

Dans le cas où ils sont dispensés de visa, les ressortissants des pays non-EEE peuvent circuler librement dans l'espace Schengen pendant une période de trois mois (90 jours) maximum par semestre à partir de la date de première entrée. Pour les ressortissants des pays non-EEE qui sont soumis à l'obligation de visa en fonction de leur nationalité, le visa précise la durée du séjour autorisé, qui ne peut excéder 90 jours par semestre. Sauf mention contraire, le visa est valable pour l'ensemble des États Schengen. Attention, séjour ne signifie pas résidence, le séjour étant limité à 90 jours.

Dans tous les cas, l'entrée ou le transit d'un ressortissant non-EEE dans l'espace Schengen est matérialisé par l'apposition sur son document de voyage d'un cachet qui détermine le point de départ du délai de séjour autorisé. Un cachet est également apposé lors de la sortie de l'espace Schengen. Si le document de voyage n'est pas revêtu du cachet d'entrée, les autorités peuvent présumer que son titulaire ne remplit pas ou plus les conditions relatives à la durée de son séjour. Cette présomption peut être renversée si le ressortissant en question prouve, par tout moyen crédible, sa présence en dehors de l'espace Schengen.

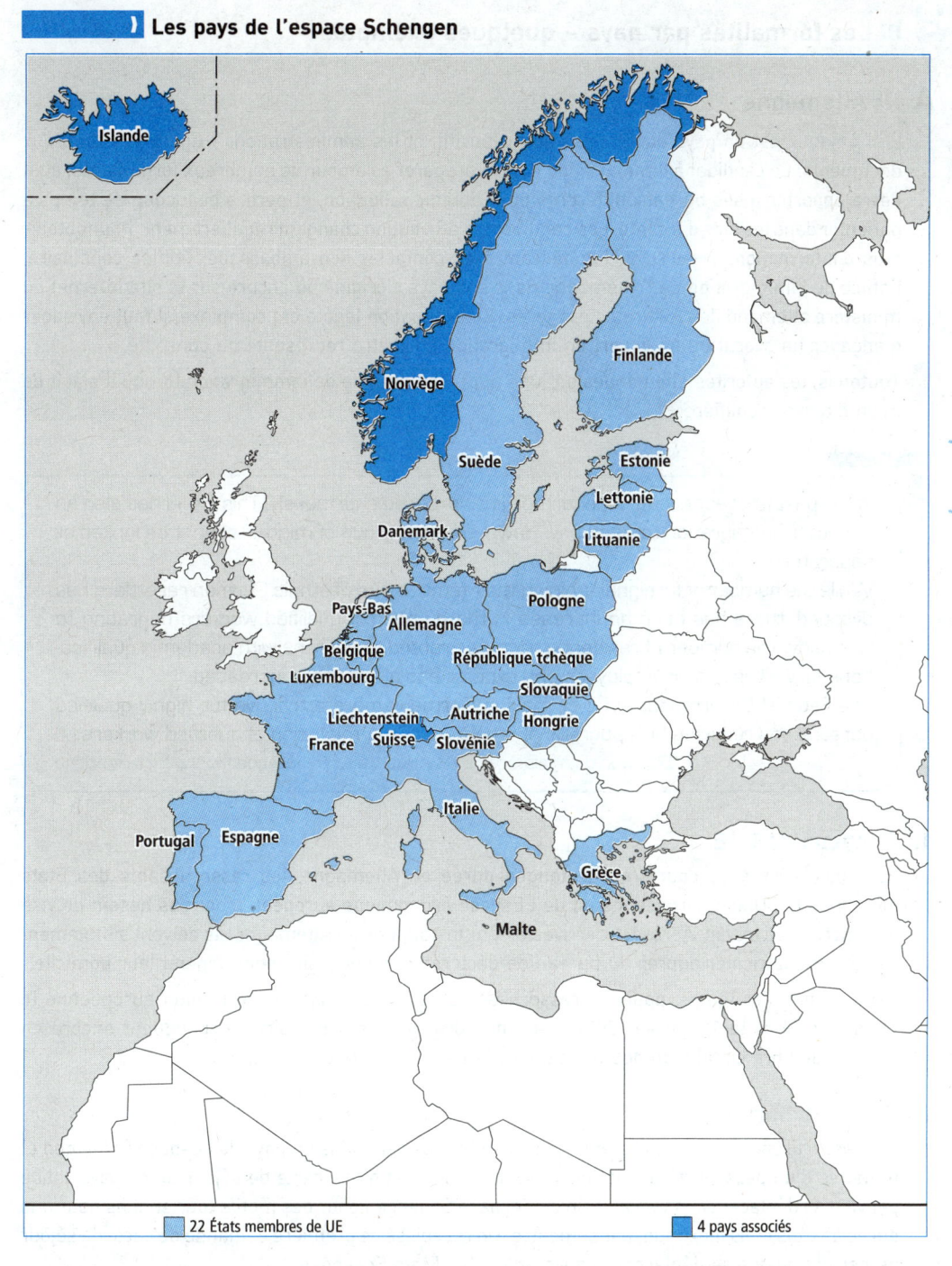

Formalités d'immigration dans les pays de l'Union européenne (UE)

Les pays de l'espace Schengen

- Islande
- Norvège
- Suède
- Finlande
- Estonie
- Lettonie
- Lituanie
- Danemark
- Pays-Bas
- Allemagne
- Pologne
- Belgique
- République tchèque
- Luxembourg
- Slovaquie
- Liechtenstein
- Autriche
- Hongrie
- France
- Suisse
- Slovénie
- Italie
- Portugal
- Espagne
- Grèce
- Malte

22 États membres de UE | 4 pays associés

Chapitre 11

Partie II — Les ressources humaines en Europe

2))) Les formalités par pays – quelques exemples

A))) Allemagne

L'Allemagne est un pays encore très administratif, et les administrations exigent de nombreux documents. Le candidat à l'immigration doit se préparer à remplir de nombreux formulaires, qu'il devra apporter à des bureaux différents pour obtenir validation, et perdre beaucoup de temps à patienter dans les files d'attente. Les conditions d'attribution changent régulièrement. Pour obtenir plus d'informations à ce sujet, l'immigrant peut contacter son ambassade, l'office consulaire, l'office de l'immigration de l'Allemagne dans son pays d'origine ou encore sur le site Internet du ministère allemand des Affaires étrangères. Si sa situation légale est complexe, il faut envisager d'engager un avocat ou un expert en immigration pour être représenté ou conseillé.

Toutefois, les autorités allemandes ont une approche positive de l'immigration lorsqu'il s'agit de main d'œuvre qualifiée.

> In the past few years, international mobility increased enormously. This trend has also an impact on immigration to Germany. However, each group of migrants must be looked at separately.
> While the number of foreigners joining their families and of ethnic German resettlers has dropped, there has been an increase in the number of qualified workers migrating to Germany. The number of residence permits granted to persons with academic qualifications as well as senior employees and experts has also further increased.
> The Federal Government aims at making Germany more attractive for highly qualified persons ans reducing bureaucratic obstacles to the immigration of qualified workers.
>
> *Site web du ministère de l'Intérieur de la République fédérale d'Allemagne*

1. Citoyens de l'UE

Pour des séjours de courte ou de longue durée en Allemagne, les ressortissants des États membres de l'Union européenne ou de l'Espace économique européen n'ont pas besoin de visa ni de permis de travail. Après leur arrivée et leur installation en Allemagne, ils doivent simplement se faire immatriculer auprès du bureau de déclaration domiciliaire dont dépend leur domicile.

Dans un premier temps, pour les ressortissants des pays ayant rejoint l'Union européenne le 1er mai 2004 et le 1er janvier 2007, certaines dispositions transitoires s'appliquent encore en matière de libre circulation des travailleurs (à l'exception de Chypre et Malte).

2. Citoyens hors UE

Les ressortissants d'États hors Union européenne résidant dans un pays de l'espace Schengen et titulaires d'un passeport national en cours de validité et d'une carte de séjour de ce pays valide peuvent se déplacer sans visa au sein de l'espace Schengen pour des motifs touristiques pour une durée de trois mois maximum par semestre. Un récépissé de première demande de carte de séjour ne permet pas de se déplacer sans visa dans les États Schengen.

Pour tout autre séjour de plus de trois mois et/ou destiné à occuper un emploi, un visa doit être demandé auprès de l'ambassade d'Allemagne du pays d'origine, en principe avant l'entrée dans le pays. Pour obtenir un permis de résidence en Allemagne, un citoyen hors espace Schengen doit présenter son dossier, soit à l'ambassade d'Allemagne de son pays, soit au bureau d'immigration (*Ausländerbehörde*) en Allemagne.

Le visa « Van der Elst » est un visa délivré aux ressortissants étrangers à l'Union européenne employés par une entreprise française et envoyés pour une mission à durée déterminée en Allemagne tout en restant sous contrat de travail français.

B))) Belgique

1. Citoyens de l'UE

Les citoyens des États de l'Union européenne sont autorisés à séjourner sans limite de temps en Belgique, à condition de disposer à leur arrivée de revenus suffisants.

Les formalités sont réduites : il suffit de déclarer l'établissement dans les 8 jours de l'arrivée, à l'administration communale (mairie) du lieu de résidence.

Il est nécessaire de présenter une carte nationale d'identité ou passeport valables et un justificatif de revenus tel que contrat d'emploi, fiches de salaire, ou à défaut un certificat d'hébergement.

Les étudiants qui vivent seuls en Belgique devront fournir la preuve que leurs frais de séjour sont pris en charge, par exemple par leurs parents ou via une bourse d'études.

De une à trois photos d'identité, ainsi que des frais variables selon les communes, sont demandés pour la confection de la carte de séjour.

Les citoyens de l'UE obtiennent donc de droit une carte de séjour, s'ils réunissent les conditions exigées. Néanmoins, ils doivent demander cette carte. Aucun permis de travail n'est en revanche nécessité.

2. Citoyens non UE

Pour pouvoir travailler en Belgique, les travailleurs étrangers doivent disposer d'un permis de travail valide. Les employeurs belges doivent demander une autorisation d'occupation et un permis de travail B s'ils veulent employer un travailleur étranger (sauf si ce dernier possède déjà un permis de travail A ou C). Sur la base de cette autorisation d'occupation, le travailleur étranger peut demander un visa.

))) Visa

Les ressortissants de tous pays (hormis les États de l'Union européenne, l'Islande, Monaco, la Norvège, le Liechtenstein et la Suisse) qui veulent séjourner plus de trois mois en Belgique sont soumis à l'obligation de visa. Ils doivent demander expressément au préalable un type de visa particulier (l'autorisation de séjour provisoire) : le visa Schengen de type D. La demande doit se faire auprès des postes diplomatiques ou consulaires belges du pays dans lequel le demandeur de visa est domicilié.

L'étranger souhaitant venir en Belgique pour y travailler doit être en possession d'un passeport valable au moins un an, d'un certificat récent de bonne vie et mœurs couvrant les cinq dernières années, d'un certificat médical obtenu auprès d'un médecin agréé par l'ambassade et d'une autorisation d'occupation. Cette autorisation d'occupation doit être demandée par un employeur belge et délivrée en même temps que le permis de travail B. En outre, la demande doit être introduite à temps afin de permettre une enquête éventuelle de l'Office des étrangers.

Lorsque le visa est accordé et que l'étranger arrive en Belgique, il doit se présenter à l'administration communale de son lieu de séjour pour régulariser son séjour en Belgique.

Partie II

Les ressources humaines en Europe

))) Permis de travail

Il existe trois types de permis de travail.

- *Le permis de travail A* est valable pour toutes les professions salariées et a une durée illimitée. Il est accordé au ressortissant étranger qui justifie, sur une période maximale de dix ans de séjour légal et ininterrompu précédant immédiatement la demande, de quatre années de travail couvertes par un permis de travail B. À certaines conditions, ce délai de quatre années peut être réduit à deux ou trois années. Par ailleurs, certaines périodes (période de maladie par exemple) sont assimilées à du travail. Toutefois, certaines périodes ne sont pas prises en compte, même si elles sont couvertes par un permis B (période de stage, période de travail comme travailleurs détachés, etc.).

- *Le permis de travail B* est limité à l'occupation chez un seul employeur et il est valable 12 mois maximum. L'octroi à l'employeur d'une autorisation d'occupation entraîne automatiquement l'octroi au travailleur concerné du permis de travail B. Il appartient dès lors à l'employeur d'introduire la demande.

- *Le permis de travail C* est valable pour toutes les professions salariées et a une durée limitée. Il est accordé à certaines catégories de ressortissants étrangers qui ne disposent, en Belgique, que d'un droit de séjour limité ou précaire (étudiants, candidats-réfugiés, etc.).

C))) France

Les formalités d'immigration en France sont complexes et varient dans le temps. Il est conseillé de se référer au site de l'Office français de l'immigration et de l'intégration. La procédure est longue pour les citoyens hors UE. Il est nécessaire de commencer la procédure avant l'arrivée en France.

1. Le cas des citoyens de l'UE

Les citoyens de l'UE désireux d'exercer une activité en France ne doivent être titulaires d'aucun titre de séjour ou de travail, sauf exception. Cette exception concerne les Roumains et Bulgares durant la période transitoire (jusqu'en 2014). Les citoyens de l'Union européenne peuvent séjourner en France avec une carte d'identité ou un passeport en cours de validité. Il n'y a pas d'autres formalités. Ils peuvent rester sans titre de séjour.

2. Les visas de long séjour pour les citoyens non UE

Pour les citoyens d'un État hors UE, pour un séjour supérieur à trois mois, un visa de long séjour temporaire de six mois, d'une durée comprise entre trois et six mois, qui vaut autorisation temporaire de séjour en France, est nécessaire. Son titulaire est ainsi dispensé de solliciter une carte de séjour en préfecture durant sa validité. À son expiration, il doit regagner son pays d'origine. Ce visa est délivré lorsque la durée du séjour est supérieure à trois mois. Les principaux motifs de délivrance de ce visa concernent le plus souvent les études, le travail et la réunification familiale. La délivrance de visa exige, à l'arrivée en France, un enregistrement auprès de l'Office français d'immigration et d'intégration ou, selon les cas, à la préfecture compétente pour la délivrance d'un titre de séjour.

Le citoyen hors UE doit arriver en France avec un passeport en cours de validité, un visa long séjour visiteur et obtenir un titre de séjour visiteur. Pour obtenir ce titre de séjour, des documents justificatifs du séjour sont nécessaires, et notamment une attestation d'accueil, des justificatifs de moyens d'existence, des garanties de rapatriement et les justificatifs d'une couverture maladie et

Formalités d'immigration dans les pays de l'Union européenne (UE)

d'aide sociale. Il est à noter que l'obtention d'un visa de long séjour sera, pour la délivrance d'une carte de séjour temporaire, indispensable, sauf exception.

Dans certains cas, le visiteur entrant est dispensé de documents justifiant de la nature du séjour, ses moyens d'existence, et des garanties de rapatriement.

Certains visas de long séjour dispensent de demander une première carte de séjour en France. Depuis le 1er septembre 2009, les titulaires de visas de long séjour, à l'exception des ressortissants algériens et des bénéficiaires de cartes pluriannuelles, ne sont plus astreints à demander une carte de séjour en préfecture. Leur visa vaut titre de séjour.

Leurs titulaires n'ont donc pas de démarches à effectuer en préfecture, pendant la durée de validité de leur visa. Ces visas remplacent la carte de séjour.

Ils sont délivrés pour un séjour en France de plus de trois mois et jusqu'à un an, aux catégories suivantes :
- les conjoints de Français ;
- les étudiants ;
- les salariés (en possession d'un contrat de travail d'un an ou plus) ;
- les travailleurs temporaires (en possession d'un contrat de travail de moins d'un an) et les salariés détachés en France ;
- les visiteurs (personnes pouvant vivre de leurs seules ressources en France et qui s'engagent à ne pas y travailler).

Le demandeur doit, dans les trois mois de son entrée en France, accomplir un certain nombre de démarches auprès de l'Office français de l'immigration et de l'intégration (OFII).

Si le dossier du demandeur est complet, qu'il a produit les pièces qui lui étaient demandées, qu'il a passé les visites médicales et d'accueil et s'il a réglé la taxe, dans ce cas une vignette et un cachet dateur sont apposés par l'OFII sur son passeport.

L'OFII valide le visa qui prouve que le demandeur est en séjour régulier en France.

Cas pratique

Jens est citoyen danois, il vit et travaille à Singapour. Son épouse est coréenne. Ils ont deux enfants, de nationalité danoise. Jens a obtenu un poste en France et demande conseil pour leur immigration.
- Les époux et leurs enfants rentrent en France sans visa, munis de leurs actes de naissance et de mariage (apostillés, si le mariage a eu lieu en Corée). Madame devra s'assurer que son passeport est tamponné à leur arrivée dans l'espace Schengen.
- Madame sollicite une carte de séjour dans les trois mois de son arrivée en France (des justificatifs concernant la situation professionnelle de son époux en France seront réclamés à cette occasion : contrat de travail avec une société française ou détachement par une société étrangère).
- Si les enfants avaient été de nationalité sud-coréenne, des documents de circulation auraient été préconisés.

D))) Royaume-Uni

1. Citoyens EEE et Suisse

Les citoyens de l'EEE et de la Suisse ont le droit de vivre et de travailler au Royaume-Uni. Il s'agit du droit de résidence. Ce droit est soumis à conditions :

– avoir les ressources suffisantes pour vivre au Royaume-Uni, pour le cas où le candidat n'exerce pas une activité professionnelle au Royaume-Uni. Le candidat ne doit pas faire de demande auprès des fonds publics (*Income Support*, *Housing Benefit* and *Council Tax Benefit*) pour assurer ses ressources au Royaume-Uni ;

– il est nécessaire, pour entrer au Royaume-Uni, de présenter un passeport ou une carte d'identité. À l'arrivée dans les principales zones d'accès (gares ou aéroports), il est nécessaire d'aller dans la file EEE/EU. Des officiers d'immigration vérifient la pièce d'identité ;

– pour travailler au Royaume-Uni, il faut soit accepter une offre d'emploi, travailler (en tant qu'employé, auto-entrepreneur ou dans les affaires), créer une entreprise, diriger une entreprise, ou créer la filiale locale d'une entreprise. Un permis de travail n'est pas nécessaire. De 2004 à 2011, il fallait s'enregistrer comme travailleur dans le *Worker Registration Scheme*. Celui-ci n'existe plus depuis avril 2011. Lorsqu'il était valable, les employeurs britanniques étaient dans l'obligation de conserver copie du certificat d'enregistrement émis par le *UK Border Agency* (ces dispositions ne s'appliquaient qu'aux citoyens de la République tchèque, l'Estonie, la Hongrie, la Lettonie, la Lituanie, la Pologne, la Slovaquie et la Slovénie) ;

– il est possible de vivre au Royaume-Uni en tant qu'étudiant, retraité ou sans emploi, du moment que le candidat a les ressources suffisantes.

> Le permis de résidence confirme simplement que l'immigré a le droit de vivre au Royaume-Uni, sous la législation de l'UE. Il est également nécessaire de demander un permis de résidence si les membres de la famille demandent eux-mêmes un permis de résidence. Celui-ci est valable cinq ans. Toutefois, il peut être délivré pour une durée inférieure, si l'immigré travaille ou étudie pour une période inférieure à 12 mois.
> Il est probable que le permis de résidence sera refusé si l'immigré recherche du travail, vient travailler pour moins de trois mois, ne travaille pas et ne peut subvenir à ses besoins sans faire appel aux fonds publics.

L'immigration au Royaume-Uni devient plus difficile, même pour les citoyens de l'UE, et notamment les pays en situation transitoire comme la Roumanie.

2. Citoyens hors EEE en Suisse

Les citoyens non EEE doivent passer par le système « Five Tier Immigration System », selon le degré de qualification du candidat.

))) Cas des travailleurs qualifiés

Les travailleurs qualifiés étaient placés sous les dispositions du « Highly Skilled Migrant Programme (HSMP) », remplacé en 2011 par le « Tier 1 (General) ».

Ce système permet aux employés hautement qualifiés de résider légalement au Royaume-Uni et de recevoir un visa leur permettant de demeurer au Royaume-Uni sans parrainage d'un employeur. Cette catégorie inclut les médecins, scientifiques, ingénieurs, titulaires de MBA et autres travailleurs qualifiés. Il est nécessaire de parler anglais, d'avoir un niveau de diplôme minimal (*bachelor's degree*), et de prouver que l'on a précédemment reçu un salaire correct. Il s'agit d'un système à points, dans lequel il faut obtenir un nombre de points suffisant pour être admis.

E))) Suède

1. Citoyens EEE et UE

Depuis le 30 avril 2006, les ressortissants de l'UE et de l'EEE ainsi que leur famille n'ont plus besoin de permis de séjour pour rester en Suède au-delà de trois mois. En revanche, ils doivent s'inscrire à l'Office des migrations (Migration Board) pour obtenir leur carte de séjour. La carte de séjour doit être obtenue avant l'arrivée en Suède. Les Suédois, les étrangers déjà établis en Suède et les ressortissants de l'UE sont prioritaires pour l'obtention d'un emploi.

Pour appuyer la demande, il faut :
– une offre écrite d'engagement en Suède (présentée sur un formulaire spécial que l'employeur suédois peut demander à l'agence de l'emploi) ;
– un passeport en cours de validité.

La demande peut être déposée auprès d'une ambassade de Suède qui dispose des formulaires nécessaires.

2. Citoyens non EU

Pour obtenir un permis de travail, il est nécessaire de posséder un passeport valide, de justifier d'une offre d'emploi en Suède, et de prouver qu'il est possible de vivre de ce travail (salaire mensuel d'au moins 13 000 couronnes).

En outre, l'employeur doit avoir publié le poste en Suède et dans l'UE depuis au moins 10 jours (pour les nouveaux recrutements), proposer des conditions d'emploi équivalentes à celles des conventions collectives suédoises ou selon les coutumes de la profession, et donner l'opportunité aux organisations syndicales d'exprimer leur avis sur les conditions d'emploi du poste proposé.

L'Office des migrations est l'organisme compétent pour la délivrance des permis de travail.

> **L'analyse de l'université de Brême concernant le *Immigration Act* en Allemagne**
>
> *"What does the new Immigration Act mean?*
> *The new Immigration Act comes into force on **1 January 2005**. This act and numerous statutory ordinances then govern questions relating to residence and work permit legislation. The Immigration Act amends the administrative procedures as well as the actual legislative possibilities open to students and visiting academics and researchers. The following briefly describes the most important amendments.*
>
> ***Residence legislation***
> *The new act will presumably only have little impact on the **issue of visas** and the conditions under which these are issued. This means that all the presented types of visas will probably retain their validity, even after the Immigration Act has come into force. There is a change, however, for family members of student scholarship holders: according to a draft version of the statutory ordinance which governs the specific details on issuing visas, visas for family members accompanying student scholarship holders will shortly be exempted from the obligation to gain approval from the foreigners authorities (Ausländerbehörde).*

This act will have an impact on the residence right of foreigners, because, according to the new law, there will then only be, besides the visa, two types of residence titles: the (unlimited) settlement permit (**Niederlassungserlaubnis**) and the (limited) residence permit (**Aufenthaltserlaubnis**). While the residence permit allows a stay for a limited period of time for a specific purpose of residence, the settlement permit allows an unlimited stay in Germany that is not bound to any specific purpose of residence. Since the previous legislation provided for five different residence titles, the new provisions result in a simplification.

The Residence Permit for Nationals of a Member State of the EU (**Aufenthaltserlaubnis-EG**) will be abolished. In the future, such nationals will only be required to register with the authorities, in the same way German nationals are required to do.

Students and applicant students from non-EU countries will be allowed to stay with a residence permit. In the future, this will be awarded for a specific purpose of residence, so in this case for the purpose of **applying to study** or of **studying** at a state-recognised higher education institution or a comparable educational institution, or for **pre-study preparatory measures** (like a language course). In the case of study preparation measures and studies, the permit can/should be issued for a period of two years, while the permit term for applying to study is a maximum of nine months.

The fact that **university graduates** can, after completing their studies, remain in the country for a further year to **look for a job** represents an improvement in this legislation. A residence permit issued for the purpose of studying can, after a job has been found, be converted into a residence permit for taking up gainful employment. Such a conversion is not possible under the present law, because a change of purpose of residence is currently still ruled out by the legislation.

Visiting academics and researchers will also normally receive a limited residence permit. This is issued for the purpose of gainful employment. Highly-qualified persons (which expressly includes, in particular, academics and researchers with particular subject experience and expertise, as well as academic and research staff in outstanding positions) can, in particular cases, immediately receive an unlimited settlement permit.

Work permit legislation

The previously-practised dual approval procedure (work/residence) will be replaced by an internal approval process of the authorities when the Immigration Act comes into force. A possible work permit will then be issued by the foreigners authority concurrently with the residence permit, provided the employment authorities have agreed to this (one-stop-government).

The previously-valid **"90-day ruling"** for **students** will be made **more flexible**; in the future, students can also work for **180 half-days** without a work permit. Although this is already possible today, it will now have been governed by law. **Student secondary/assistant jobs** at the university or at scientific or research institutions will be possible in the future **without time limits**. Any activities that extend beyond this will continue to be dependent on the approval of the employment authorities.

A residence permit bound to a specific purpose can be issued to **university graduates for up to one year after the successful completion of studies for the purpose of looking for a job**. This job must be

1. appropriate to the degree or qualification, and
2. must be a job that the provisions of the Immigration Act allow to be taken by foreigners, i.e. the Employment Agency must approve the employment and a priority check (Vorrangprüfung) must possibly be carried out.

The extent to which gainful employment may be taken up during this search phase, what conditions possibly attach to this and what requirements need to be met to prove that the applicant is able to cover his or her living expenses/livelihood is currently in the process of review and clarification. Only when the statutory ordinances on the Immigration Act have been adopted can any more details be given here.

Visiting academics and researchers *will generally receive a residence permit which allows them to engage in gainful employment. Nevertheless, the recruitment stop remains in force, in principle, for qualified persons. However, when, in justified individual exceptions, a public interest exists in the employment of a qualified person, a residence permit may be issued for the purpose of employment (§ 18, IV AufenthG / Article 18, IV Residence Act). In all other cases, a residence permit which allows the holder to engage in gainful employment may only be issued if the Federal Ministry of Economics and Labour has approved the employment of foreigners in this professional group by means of a statutory ordinance or if the statutory ordinance states that no mandatory approval requirement exists for this professional group.* **In the case of visiting academics and researchers, the mandatory approval requirement will presumably not be necessary.** *Further details on this will be governed by the statutory ordinance that is still to be issued. In general, the following applies: restricted approvals must be entered into the residence title (§ 18, II AufenthG / Article 18, II Residence Act) and a concrete job offer is a prerequisite for the issue of a residence title (§ 18, V AufenthG / Article 18, V Residence Act).*

Foreign university staff *who aspire permanent residence in Germany may apply for a settlement permit (Niederlassungserlaubnis). The settlement permit is – in contrast to the residence permit – an unlimited residence permit. Highly-qualified persons (this may include, for example, high-ranking academics, researchers and teaching staff) may apply for a settlement permit immediately; in all other cases, the normal track requires, among other factors, that the holder has been in possession of a residence permit for at least five years.* **The settlement permit automatically entitles the holder to take up gainful employment and cannot be made subject to any additional conditions."**

Universität Bremen

Chapitre 12

Les systèmes de protection sociale en Europe

Les systèmes de **protection sociale en Europe** ont longtemps constitué des modèles enviés. « L'État providence » a été construit au lendemain de la Seconde Guerre mondiale, dans une période de croissance économique, mais il trouve son origine, théorique et pratique, dès le XVIIIe siècle. Les systèmes contemporains se révèlent toutefois aujourd'hui inadaptés, dans leur conception actuelle, aux nouvelles données économiques, et sont donc sujets à des réformes dans chacun des pays en Europe.

1 ››› Historique de la création de la protection sociale en Europe

La protection sociale a des objectifs matériels (permettre aux individus de se soigner, de subsister quand ils sont malades, âgés, ou sans emploi, aider les familles nombreuses, etc.) et des objectifs sociaux (par la réduction des inégalités devant les risques de la vie, par l'intégration des individus en leur assurant un revenu). Il s'agit d'une solidarité organisée, dont l'évolution est brièvement retracée ici.

A ››› L'émergence de la protection sociale à la fin du XIXe siècle

La protection sociale trouve sa source dans les textes issus de la **philosophie des Lumières** au XVIIIe siècle, et notamment dans l'article 2 de la Déclaration française des droits de l'homme et du citoyen de 1789 et dans celle de 1793 : la première affirme des droits et la seconde la responsabilité « publique » en matière de secours, c'est-à-dire la responsabilité de l'État.

> **Art. 2 de la Déclaration française des droits de l'homme et du citoyen de 1789**
>
> Le but de toute association politique est la conservation des droits naturels et imprescriptibles de l'homme. Ces droits sont la liberté, la propriété, **la sûreté**, et la résistance à l'oppression.

> **Art. 21 de Déclaration française des droits de l'homme et du citoyen de 1793**
>
> Les secours publics sont une dette sacrée. La société doit la subsistance aux citoyens malheureux, soit en leur procurant du travail, **soit en assurant les moyens d'exister à ceux qui sont hors d'état de travailler**.

Partie II — Les ressources humaines en Europe

Ces déclarations consacrent l'émergence, non seulement en France, mais aussi dans toute l'Europe, d'un contrat entre l'État et les citoyens assorti d'une promesse de l'État de garantir un certain nombre de droits et libertés à la population. C'est ainsi que le secours en cas de besoin n'est plus le « fait du prince », ni ne relève de l'engagement d'une corporation ou d'une autre comme au Moyen Âge, mais deviendra, sous la pression des évolutions, l'expression d'une nouvelle forme de responsabilité.

En effet, à la fin du XIXe siècle, avec le développement de l'ère industrielle accompagnée de l'exode rural vers les villes, les anciens modèles d'entraide éclatent. L'attrait des salaires réguliers payés par les usines avait poussé des familles pauvres à quitter la terre qui, jusque-là, leur avait apporté tout juste de quoi survivre, pour venir s'installer près des usines où même les enfants trouvaient du travail. Mais le coût de la vie était bien plus élevé en ville qu'à la campagne, et très vite ces familles ont connu la misère. Des conditions sanitaires en général très précaires ont entraîné les maladies et menacé la survie de la famille. Des mouvements de révolte sont apparus, notamment en Angleterre.

C'est aussi vers la fin du XIXe siècle que se produisirent les premiers grands accidents dans les mines. La perte de la vie au travail n'était jamais apparue avec une telle ampleur. Certes, il y avait aussi des accidents à la ferme, mais cela ne concernait en général qu'une ou deux personnes à la fois, qu'une ou deux familles qu'il fallait aider. Il y avait aussi les guerres, mais le risque était connu, le tirage au sort de la conscription accepté et le métier de soldat valorisé. Ce sont les accidents tragiques dans les mines et dans certaines industries qui ont fait émerger la notion de responsabilité de l'employeur. Or l'employeur ne pouvait pas seul faire face à cette responsabilité. Un mécanisme collectif était nécessaire, qui garantisse le partage de cette responsabilité entre les employeurs et les ouvriers, mais aussi entre les employeurs et l'État : un système assurantiel offrant des garanties dans l'éventualité d'un besoin.

Bismarck en a été l'organisateur et son système a, par la suite conquis une grande partie des pays d'Europe.

Le Prince Otto von Bismarck (1815-1898), est un homme politique prussien. Devenu chancelier en 1871, il a cherché à rallier les ouvriers à l'Empire par des mesures sociales après avoir mené une politique de répression contre les socialistes. Il fait voter les lois d'assurance sociale couvrant les risques maladie (1883) et accidents du travail (1884), et crée des caisses de retraite pour les vieillards et les infirmes (1889).

Ce système s'appuie sur des caisses d'assurance maladie financées majoritairement par des cotisations sociales salariales et patronales, et gérées par les représentants des entreprises et des travailleurs. L'assurance maladie est ainsi liée au travail. Pour sa part, l'État a pour tâche d'assurer le bien-être des citoyens. Il doit fixer le cadre de l'action des caisses, et redresser la situation en cas de déséquilibre financier.

Au même moment, l'empereur Guillaume II d'Allemagne demande au pape Léon XIII son soutien, dans le but de convoquer une conférence internationale sur le travail à Berlin en 1890. Le souci de réorganiser la société en fonction des mutations profondes liées au développement de l'industrie dans toute l'Europe était partagé par de nombreux penseurs et chefs d'État. Tous étaient conscients que le développement spectaculaire de l'industrie, les nouvelles possibilités de transport, de construction, de maniement des métaux, ne pouvaient fonctionner que si la main-d'œuvre nécessaire était présente en nombre et en bonne santé. En ce sens, la Première Guerre mondiale a constitué une rupture dans ce rêve d'industrialisation et pour le rendement du capital investi.

Les systèmes de protection sociale en Europe

Au cours de cette guerre, avec la conscription obligatoire dans l'armée, les gouvernements furent amenés à prendre la responsabilité des risques encourus par les citoyens faisant leur devoir de soldat. La nécessité de disposer d'un système d'assurance sociale concernait aussi les nombreux blessés de guerre.

B))) L'organisation de la protection sociale : le rôle de l'Organisation internationale du travail

En 1919, les États signataires du traité de Versailles ont créé la Société des Nations dans le souci de garantir une paix durable. Ils ont créé dans le même temps l'Organisation internationale du travail (OIT) pour assurer la paix sociale, nécessaire à un nouveau départ de l'industrie. Si la Société des Nations a échoué dans son œuvre de paix, l'OIT – devenue en 1946 une des institutions spécialisées de l'ONU – poursuit sa mission d'harmonisation et de promotion de la législation du travail. Elle a notamment été à l'origine du développement des systèmes de sécurité sociale après la Seconde Guerre mondiale.

Dans la Déclaration de Philadelphie (10 mai 1944), l'article 3 prévoit l'extension des mesures de sécurité sociale en vue d'arriver à des « soins médicaux complets ».

Le traité international le plus marquant en matière de protection sociale est la convention 102 de l'OIT (juin 1952).

Cette Convention porte sur les normes générales concernant la sécurité sociale et précise le niveau minimum de prestations par branche.

Voici les neuf branches retenues dans cette Convention :
- Soins médicaux
- Indemnités maladie
- Prestations de chômage
- Prestations vieillesse
- Prestations accident du travail et maladie professionnelle
- Prestations familiales
- Prestations maternité
- Prestations invalidité
- Prestations survivants

La Convention prévoit que ces neuf branches seront organisées par chaque État selon son propre système administratif et selon son rythme, avec la création ou non d'organismes spécifiques pour la gestion de l'une ou l'autre branche. La ratification de la Convention devait s'accompagner d'un engagement minimum sur deux des neuf branches, le système devant être complété ensuite en fonction du développement économique de chaque État.

Comme pour toute convention, il est prévu un mécanisme de suivi fondé sur les rapports que font les États tous les deux ans.

2))) Le Conseil de l'Europe : la Charte sociale européenne (1961) – le Code européen de sécurité sociale (1964)

À la fin de la Seconde Guerre mondiale, il fallait reconstruire l'ensemble des systèmes de protection sociale. Rapidement adoptée par la plupart des États, la convention 102 de l'OIT a servi de trame à l'évolution de la protection sociale en Europe.

Partie II — Les ressources humaines en Europe

Deux systèmes d'organisation et de financement de la protection sociale existaient alors en Europe : le système de Bismarck et le système de Beveridge.

Le système de Bismarck est basé sur le travail et financé par des cotisations payées pour partie par le salarié et pour partie par l'employeur avec une gestion paritaire des fonds. Dans certains pays, ces fonds étaient gérés par des caisses différentes selon les branches d'activité : il y avait un régime pour l'industrie automobile, un régime pour les mines, un régime agricole, un régime pour les marins, etc. L'équilibre de ce système est fragile car il dépend de l'emploi.

Le Royaume-Uni avait adopté un système piloté et financé par l'État, mais soumis à examen des ressources (*means tested*) : le système de Beveridge. Pendant la Seconde Guerre mondiale, l'économiste britannique Beveridge fut chargé de rédiger un rapport afin d'unifier les mesures de protection sociale, qui s'étaient développées sans cohérence. Daté de 1942, son « Rapport au Parlement sur la sécurité sociale et les prestations connexes » (*Report to the Parliament on Social Insurance and Allied Services*) préconise que chaque citoyen en âge de travailler paye des charges sociales hebdomadaires, afin de profiter en retour de prestations en cas de maladie, retraite et chômage. Ce système permettra d'assurer un niveau de vie minimum afin de lutter contre ce que Beveridge appelle les « cinq grands maux » : pauvreté, insalubrité, maladie, ignorance, chômage. Pour Beveridge, la prise en charge de la maladie et du problème des retraites permettra à l'industrie de bénéficier d'une productivité accrue.

Dans le système beveridgien, la tutelle des services de santé et le financement y sont assurés par le même organisme, qui dépend de l'État. Il est caractérisé par le financement par l'impôt sur le revenu et l'uniformité des prestations.

C'est un système moins généreux, caractérisé par des difficultés d'accès aux soins (longues listes d'attente), mais dont l'équilibre est plus facile à assurer.

Il est important de noter que, quel que soit le système, il s'agit d'une mutualisation des moyens récoltés sur la base d'un financement direct (cotisations) ou indirect (impôt). Les prestations sont fournies sous certaines conditions de résidence ou de durée de cotisation (variables selon les pays), mais ne dépendent jamais des sommes versées. C'est là une différence importante par rapport aux assurances privées, qui sont des systèmes par capitalisation.

Il est à noter aussi qu'en matière de sécurité sociale, il s'agit de prestations pour la population active, liées au travail. Le bon fonctionnement des régimes de sécurité sociale est inséparable du plein emploi.

Le Conseil de l'Europe s'est donné pour tâche de faire en sorte que, quel que soit le mode de financement et de gestion du système, les prestations sociales, telles que préconisées par la convention 102 de l'OIT, soient garanties à tous les travailleurs dans tous les États membres du Conseil de l'Europe.

Le premier instrument en ce sens a été la Convention européenne d'assistance sociale et médicale, adoptée par le Conseil de l'Europe en 1953, ratifiée par 18 États, dont la Turquie, et entrée en vigueur en 1954. Des accords intérimaires s'y sont ajoutés régulièrement. Les droits sociaux ont été par la suite affirmés dans la Charte sociale européenne (1961) et l'organisation des régimes de sécurité sociale a été réglementée dans le Code européen de sécurité sociale (1964). Au cours de cette décennie, un travail considérable pour construire les bases d'un droit social a été accompli, tandis que, parallèlement, se construisait la Communauté économique européenne, qui deviendra, un demi-siècle plus tard, l'Union européenne.

Les systèmes de protection sociale en Europe

A))) La Charte sociale européenne

Adoptée en 1961, la **Charte sociale européenne** est un traité portant sur les droits économiques et sociaux. Elle comporte plusieurs articles qui affirment les droits des travailleurs et de leur famille à la protection sociale.

- Article 3 : droit à la sécurité et à l'hygiène au travail.
- Article 8 : droit des travailleuses à la protection de la maternité.
- Article 11 : droit à la protection de la santé.
- Article 12 : droit à la sécurité sociale.
- Article 13 : droit à l'assistance sociale et médicale.

L'article 11 consacre le droit à la santé comme un droit social fondamental ; il constitue la base juridique permettant au Conseil de l'Europe de protéger le droit à la santé sous tous ses aspects, en fixant des normes minimales au niveau européen. Ces normes sont explicitement établies dans le Code européen de sécurité sociale.

L'article 12 précise ce que recouvre le droit à la sécurité sociale :

« En vue d'assurer l'exercice effectif du droit à la sécurité sociale, les Parties s'engagent :

1. à établir ou à maintenir un régime de sécurité sociale ;
2. à maintenir le régime de sécurité sociale à un niveau satisfaisant, au moins égal à celui nécessaire pour la ratification du Code européen de sécurité sociale ;
3. à s'efforcer de porter progressivement le régime de sécurité sociale à un niveau plus haut ;
4. à prendre des mesures, par la conclusion d'accords bilatéraux ou multilatéraux appropriés ou par d'autres moyens, et sous réserve des conditions arrêtées dans ces accords pour assurer :
a. l'égalité de traitement entre nationaux de chacune des Parties et les ressortissants des autres Parties en ce qui concerne les droits à la sécurité sociale y compris la conservation des avantages accordés par les législations de sécurité sociale, quels que puissent être les déplacements que les personnes protégées pourraient effectuer entre les territoires des Parties ;
b. l'octroi, le maintien ou le rétablissement des droits à la sécurité sociale par des moyens tels que la totalisation des périodes d'assurance ou d'emploi accomplies conformément à la législation de chacune des Parties. »

Cet article mentionne les instruments qui vont caractériser l'organisation de la sécurité sociale en Europe : le Code européen de sécurité sociale et les accords bilatéraux ou multilatéraux, dont la mise en œuvre facilitera la mobilité en Europe et au-delà. Nous verrons plus loin comment l'Union européenne a développé des normes techniques facilitant les accords bilatéraux et multilatéraux.

L'article 13 porte sur le droit à l'assistance sociale et médicale des personnes qui ne font pas partie de la population active.

Partie II

Les ressources humaines en Europe

Il est stipulé dans le paragraphe 1 de cet article, qu'il appartient à l'État de :

> « [...] veiller à ce que toute personne qui ne dispose pas de ressources suffisantes et qui n'est pas en mesure de se procurer celles-ci par ses propres moyens ou de les recevoir d'une autre source, notamment par des prestations résultant d'un régime de sécurité sociale, puisse obtenir une assistance appropriée, et en cas de maladie, les soins nécessités par son état. »

Avec cet article, la Charte sociale instaure une protection sociale indépendante des régimes de sécurité sociale des travailleurs. Les obligations de protection sociale des États en Europe sont doubles. Elles concernent :
– l'établissement ou le maintien d'un régime de sécurité sociale (lié au travail) ;
– la mise en œuvre d'un système d'assistance médicale et sociale (non lié au travail).

Il ne sera pas question ici de l'assistance médicale et sociale, qui n'est pas codifiée au niveau international et reste du domaine exclusif de chaque État.

> En matière de sécurité sociale, il convient de distinguer les branches, qui qualifient les domaines ou risques couverts : maladie, accidents du travail et maladies professionnelles, famille, vieillesse, et les régimes, qui qualifient les catégories de population couvertes : salariés, salariés agricoles, étudiants, indépendants, régimes spéciaux, comme en France, entre autres, les marins et certaines entreprises.

B))) Le Code européen de sécurité sociale

Le Code européen de sécurité sociale (16 avril 1964) est essentiellement l'application, au niveau de l'Europe, des dispositions contenues dans la convention 102 de l'OIT. L'objectif poursuivi par ce code est décrit dans son préambule.

Préambule

> Les États membres du Conseil de l'Europe, signataires du présent Code,
> Considérant que le but du Conseil de l'Europe est de réaliser une union plus étroite entre ses membres, afin, notamment, de favoriser leur progrès social ;
> Considérant qu'un des objectifs du programme social du Conseil de l'Europe consiste à encourager tous les membres à développer davantage leur système de sécurité sociale ;
> Reconnaissant l'opportunité d'harmoniser les charges sociales des pays membres ;
> Convaincus qu'il est souhaitable d'établir un Code européen de sécurité sociale à un niveau plus élevé que la norme minimum définie dans la Convention internationale du travail n° 102 concernant la norme minimum de sécurité sociale,
> Sont convenus des dispositions suivantes qui ont été élaborées avec la collaboration du Bureau international du travail : [...]

Nous citons ici quelques articles essentiels de ce code qui, outre une partie I portant sur les généralités, comporte autant de parties que de branches de prestations, telles que définies dans la convention 102 de l'OIT. Comme dans toute convention internationale, il y est fait amplement allusion à la législation nationale en vigueur ou à élaborer dans les États signataires.

Partie II – Soins médicaux

Article 10

1. Les prestations doivent comprendre au moins :
a. en cas d'état morbide :
i. les soins de praticiens de médecine générale, y compris les visites à domicile ;
ii. les soins de spécialistes donnés dans des hôpitaux à des personnes hospitalisées ou non hospitalisées et les soins de spécialistes qui peuvent être donnés hors des hôpitaux ;
iii. la fourniture des produits pharmaceutiques essentiels sur ordonnance d'un médecin ou d'un autre praticien qualifié ;
iv. l'hospitalisation lorsqu'elle est nécessaire ;
b. en cas de grossesse, d'accouchement et de leurs suites :
i. les soins prénatals, les soins pendant l'accouchement et les soins postnatals, donnés soit par un médecin, soit par une sage-femme diplômée ;
ii. l'hospitalisation lorsqu'elle est nécessaire.
2. Le bénéficiaire ou son soutien de famille peut être tenu de participer aux frais des soins médicaux reçus en cas d'état morbide ; les règles relatives à cette participation doivent être établies de telle sorte qu'elles n'entraînent pas une charge trop lourde.
3. Les prestations fournies conformément au présent article doivent tendre à préserver, à rétablir ou à améliorer la santé de la personne protégée, ainsi que son aptitude à travailler et à faire face à ses besoins personnels.
4. Les départements gouvernementaux ou institutions attribuant les prestations doivent encourager les personnes protégées, par tous les moyens qui peuvent être considérés comme appropriés, à recourir aux services généraux de santé mis à leur disposition par les autorités publiques ou par d'autres organismes reconnus par les autorités publiques.

Cet article est important car il comporte à la fois des améliorations significatives, notamment en matière d'hospitalisation, des restrictions par rapport aux services privés, et une grande souplesse d'appréciation permettant à chaque État d'adapter ses pratiques selon ses possibilités et ses politiques. On y trouve la mention des produits pharmaceutiques « essentiels » et, au paragraphe 2, la mention de la participation des bénéficiaires dont les États feront amplement usage ultérieurement.

- Partie III – Les indemnités maladie

L'article 14 prévoit la possibilité de trois jours de carence et cible une population « dont les ressources n'excèdent pas une limite prescrite ».

Il stipule que « l'éventualité couverte doit comprendre l'incapacité de travail résultant d'un état morbide et entraînant la suspension du gain telle que définie par la législation nationale ».

Partie II — Les ressources humaines en Europe

- **Partie IV – Prestation chômage**

L'article 20 précise que « l'éventualité couverte doit comprendre la suspension du gain – telle que définie par la législation nationale – due à l'impossibilité d'obtenir un emploi convenable dans le cas d'une personne capable de travailler et disponible pour le travail ».

- **Partie V – Prestation vieillesse**

Cette partie stipule les conditions d'accès à cette prestation : soit trente années de cotisation ou d'emploi, soit 20 années de résidence.

- **Partie VI – Accidents du travail et maladies professionnelles**

L'article 24 distingue l'incapacité temporaire, qui a pour conséquence une perte de gain, et l'incapacité totale, qui entraîne la perte des moyens d'existence. En cas de décès du bénéficiaire, cette prestation peut être versée à la veuve, dès lors que ce décès entraîne pour elle la perte de ses moyens d'existence.

- **Partie VII – Prestations aux familles**

Cette partie couvre l'éventualité de la charge d'enfants.

- **Partie VIII – Prestations de maternité**

L'article 47 stipule que « l'éventualité couverte sera la grossesse, l'accouchement et leurs suites et la suspension de gain qui en résulte, telle qu'elle est définie par la législation nationale. »

- **Partie IX – Invalidité**

L'article 54 définit l'invalidité comme « l'inaptitude à exercer une activité professionnelle lorsqu'il est probable que cette inaptitude sera permanente ou lorsqu'elle subsiste après la cessation de l'indemnité maladie. »

- **Partie X – Prestation de survivant**

Cette prestation sera accordée à la veuve en cas d'incapacité de subvenir à ses propres besoins.

La partie XII prévoit les dispositions communes, dont le financement et l'administration des régimes de sécurité sociale. L'article 70 donne les précisions suivantes : « Le coût des prestations et les dépenses administratives doivent être financés collectivement par les cotisations des assurés, l'impôt, ou par les deux à la fois, de manière à éviter que les personnes de faibles ressources n'aient à supporter une charge trop lourde. »

L'article 71 prévoit que lorsque l'administration de la sécurité sociale n'est pas assurée par un organe du gouvernement responsable devant le Parlement, les représentants des personnes protégées doivent participer à l'administration ou y être associés avec pouvoir consultatif.

Le suivi de ce Code de sécurité sociale est actuellement assuré conjointement par l'OIT et par le Comité des droits sociaux de la Charte sociale européenne, sur la base des rapports que les États doivent établir tous les deux ans.

3))) Les conventions bilatérales et multilatérales de sécurité sociale

Prévues dans le Code de sécurité sociale du Conseil de l'Europe (1964), ces conventions ont été conclues entre de nombreux États en Europe, mais aussi avec des pays situés en dehors du continent européen.

A))) Définition et objectifs

Les **conventions bilatérales ou internationales de sécurité sociale** ont pour objectif de coordonner les législations de sécurité sociale de deux (ou plusieurs) États au bénéfice des ressortissants de ces États, qui se déplacent sur le territoire d'un autre État. En pratique, il s'agit de traiter les questions soulevées par la protection sociale des travailleurs effectuant une mobilité internationale et de neutraliser, au regard de la couverture sociale (en particulier des prestations de long terme, comme la pension de retraite), les effets de la mobilité internationale au cours de la carrière professionnelle.

Les conventions prévoient les territoires visés, les personnes concernées, la législation applicable et les possibilités d'exceptions, la ou les branches de la protection sociale faisant l'objet de la coordination, ainsi que les branches exclues (ex. : famille, maladie, vieillesse).

Les objectifs poursuivis sont les suivants :
– faciliter la circulation de la main-d'œuvre ;
– faciliter le recours à la main-d'œuvre étrangère ;
– faciliter le maintien au pays des familles de travailleurs et/ou le retour des travailleurs.

Les conventions bilatérales permettent de mettre en place :
– des dispositions relatives à la détermination de la législation applicable, pour éviter la double contribution ; elles rappellent l'application du principe selon lequel c'est la législation du territoire du lieu de l'activité professionnelle qui s'applique ;
– des dispositions dérogatoires (exemptions d'affiliation, détachements) permettant d'exercer sur le territoire d'un État tout en restant affilié aux régimes de l'État d'origine ;
– des dispositions de totalisation des périodes (prise en compte pour la durée d'assurance pension des périodes accomplies sous une autre législation ; totalisation des périodes pour l'ouverture du droit à l'assurance maladie, etc.) ;
– des dispositions relatives à l'exportation de certains avantages (allocations familiales recalculées en fonction des écarts de niveaux de revenus dans certains cas, pensions de vieillesse).

B))) Exemple de convention bilatérale de sécurité sociale : la convention bilatérale signée entre la Belgique et le Chili

Vous quittez la Belgique pour le Chili ou vous quittez le Chili pour la Belgique.
Avant de partir vous devez-vous renseigner auprès des organismes compétents sur les formalités à remplir pour maintenir vos prestations de sécurité sociale ou pour recevoir les prestations de sécurité sociale.
La Belgique a conclu une convention bilatérale de sécurité sociale avec le Chili.
Cette convention organise l'application des législations de sécurité sociale belge et chilienne.
La convention belgo-chilienne de sécurité sociale vise les travailleurs salariés, les indépendants et certaines catégories de fonctionnaires.
Si vous allez travailler au Chili, c'est la législation de sécurité sociale chilienne qui vous sera appliquée, sauf certaines exceptions prévues par la convention, par exemple en cas de détachement.
Si vous venez travailler en Belgique, c'est la législation de sécurité sociale belge qui vous sera appliquée, sauf certaines exceptions prévues par la convention, par exemple en cas de détachement.

Partie II — Les ressources humaines en Europe

> Mais la convention s'applique sous certaines conditions :
> 1. Vous devez, en principe, vous trouver soit en Belgique, soit au Chili.
> 2. Vous devez avoir la nationalité chilienne ou belge, ou être reconnu réfugié ou apatride.
>
> La convention garantit que :
> - vous aurez dans le pays de travail les mêmes droits et les mêmes obligations en matière de sécurité sociale qu'un travailleur de ce pays ;
> - on prendra en considération les périodes d'activité dans les deux pays pour ouvrir droit aux prestations de sécurité sociale ;
> - vous pourrez, sous certaines conditions, recevoir des prestations de votre pays d'origine de sécurité sociale lorsque vous résiderez dans l'autre pays ;
> - vos périodes d'activité en Belgique et vos périodes d'activité au Chili seront additionnées pour ouvrir droit aux prestations de sécurité sociale et pour en calculer le montant, par exemple pour les pensions de retraite belge et chilienne.
>
> La convention prévoit des modalités d'application pour l'octroi des prestations de sécurité sociale.
>
> Les prestations visées sont :
> - les prestations d'invalidité ;
> - les pensions de retraite ;
> - les pensions de survie.
>
> Site web de la Sécurité sociale de Belgique
> www.socialsecurity.be

Ces conventions sont du plus haut intérêt pour un citoyen non européen désireux de séjourner dans un pays d'Europe. Ainsi, l'inscription à la sécurité sociale française d'un salarié chinois détaché dans une entreprise française sera longue et complexe. Il n'existe pas de convention bilatérale entre la Chine et la France. Par conséquent, le nombre de documents à fournir sera assez impressionnant. Les documents chinois devront être traduits par un traducteur assermenté. Des apostilles seront demandées. Il est donc recommandé à tout candidat à l'inscription à un système de sécurité sociale en Europe de vérifier si son pays-hôte a signé une convention bilatérale, afin d'éviter des déconvenues.

Les États-Unis sont liés par 24 conventions, le Canada par 27.

Le site web du Centre des liaisons européennes et internationales de sécurité sociale (www.cleiss.fr) liste les conventions de sécurité sociale dans le monde.

4 ››› L'Union européenne

Les États membres de l'Union européenne sont également membres du Conseil de l'Europe et la majorité d'entre eux sont signataires du Code de sécurité sociale. Les autres États, dont les systèmes de protection sociale sont encore en cours de réélaboration, envisagent une signature prochaine.

De nombreux États sont liés entre eux par des accords bilatéraux ou multilatéraux, comme le prévoit le Code européen de sécurité sociale. Ces accords portent non seulement sur l'accès aux soins, sur les prestations maladie, mais aussi sur l'harmonisation des seuils d'accès fixés par les législations nationales, ainsi que sur la question complexe du transfert d'un pays à l'autre des droits à une pension d'invalidité ou de vieillesse.

A))) Un peu d'histoire

Aux débuts de la Communauté européenne, le traité de Rome (1958, entré en vigueur en 1960) ne comportait que peu de mesures concernant la politique sociale. C'est l'Acte unique européen (1986) qui fait référence, pour la première fois dans un texte communautaire, aux droits mentionnés dans la Charte sociale européenne (Conseil de l'Europe, 1961) et confère explicitement un rôle en matière de politique sociale à la Communauté européenne (pour rappel, depuis sa création en 1960 par le traité de Rome, la Communauté économique européenne s'est appelée « Communauté européenne »). Ceci lui permettait de prendre à la majorité qualifiée des mesures imposant des normes minimales en matière de santé et de sécurité au travail.

Le traité de Maastricht (1992) a ensuite tenté de faire un pas de plus dans le sens de l'adoption d'une politique sociale. C'est ainsi qu'un protocole de politique sociale y a été annexé et signé par 11 des 12 États alors membres de la Communauté européenne (le Royaume-Uni ne l'a pas signé).

Il a fallu attendre le traité d'Amsterdam pour que ce protocole soit intégré dans le texte du Traité. L'article 136 CE stipule que la responsabilité en matière de politique sociale est partagée entre la Communauté européenne et les États membres. Les mesures concernant l'emploi peuvent à partir de cette date être prises à la majorité qualifiée, mais les mesures concernant la sécurité sociale et la protection sociale nécessitent toujours un accord unanime, ce qui a restreint la capacité d'action de la Communauté européenne et a fait que les dispositions en matière de protection sociale n'ont pas été incluses dans le Traité.

Le récent traité de Lisbonne, entré en vigueur le 1er décembre 2009, porte essentiellement sur l'organisation de l'Union européenne et n'a pas apporté de changement dans le domaine de la protection sociale, si ce n'est qu'il a donné une base légale à la Charte des droits fondamentaux de l'Union européenne, dont l'article 34, cité ci-dessous, rappelle le droit de l'Union, avec référence aux traités et directives antérieurs, et notamment la référence à la Charte sociale européenne adoptée en 1961 par les États membres du Conseil de l'Europe.

La Charte des droits fondamentaux, adoptée dans le cadre du traité de Lisbonne par tous les États membres de l'UE (sauf le Royaume-Uni et la Pologne), reprend les deux traités européens concernant les droits des personnes, à savoir la Convention européenne des droits de l'homme et la Charte sociale européenne. En matière de protection sociale, elle reprend les articles 12 et 13 de la Charte sociale européenne et les inclut dans son chapitre IV qui, sous le titre de « solidarité », traite des questions relatives à l'emploi. Nous citons ici l'article qui porte sur la sécurité sociale et l'aide sociale.

Chapitre IV – Solidarité

))) **Article 34 – Sécurité sociale et aide sociale**

1. L'Union reconnaît et respecte le droit d'accès aux prestations de sécurité sociale et aux services sociaux assurant une protection dans des cas tels que la maternité, la maladie, les accidents du travail, la dépendance ou la vieillesse, ainsi qu'en cas de perte d'emploi, selon les règles établies par le droit de l'Union et les législations et pratiques nationales.
2. Toute personne qui réside et se déplace légalement à l'intérieur de l'Union a droit aux prestations de sécurité sociale et aux avantages sociaux, conformément au droit de l'Union et aux législations et pratiques nationales.

Partie II

Les ressources humaines en Europe

> 3. Afin de lutter contre l'exclusion sociale et la pauvreté, l'Union reconnaît et respecte le droit à une aide sociale et à une aide au logement destinées à assurer une existence digne à tous ceux qui ne disposent pas de ressources suffisantes, selon les règles établies par le droit de l'Union et les législations et pratiques nationales.

B))) Les efforts d'harmonisation

Malgré la lenteur de sa construction juridique et malgré les nombreux obstacles qui demeurent, l'Union européenne, en raison de son principe de libre circulation des travailleurs, a toujours eu le souci de l'harmonisation des mesures de sécurité sociale entre les États. En raison du principe de subsidiarité qui prévaut dans l'organisation de l'Union européenne, la législation de l'UE relative à la coordination des systèmes de sécurité sociale ne remplace pas les régimes nationaux par un régime unique. Les pays décident en vertu de leur propre législation des bénéficiaires, du montant des prestations et des conditions d'octroi. Ces décisions ne doivent toutefois pas amener la protection en-dessous des seuils fixés par le Code de sécurité sociale.

L'UE a eu le souci de prévoir des règles techniques communes pour protéger les droits des travailleurs en matière de sécurité sociale en cas de déplacement au sein de l'UE. Les systèmes de sécurité sociale des pays de l'UE sont coordonnés entre eux. Le premier texte de référence est le règlement (CEE) n° 1408/71. Il a été abrogé mais repris dans ses principes par les règlements et directives postérieures (règlement (CE) n° 883/2004 notamment). Le règlement (CEE) n° 1408/71 reste en vigueur et ses effets juridiques restent valables dans certaines mesures.

Enfin, le règlement (CE) n° 883/2004 rend obligatoire l'échange électronique des données entre les administrations des États membres à partir de la date d'entrée en vigueur de son règlement d'application. Actuellement, depuis le 1er mai 2010, la coordination modernisée s'applique dans les pays de l'UE. Depuis le 1er janvier 2011, ces règles de modernisation sont étendues aux ressortissants des pays non membres de l'UE (« les ressortissants des pays tiers ») résidant légalement dans l'UE et se trouvant dans une situation transfrontalière. Ceci s'applique aussi à la famille et aux survivants.

))) Règles générales

- Le travailleur occupé sur le territoire d'un État membre est soumis à la législation de cet État.

- Le travailleur occupé à bord d'un navire battant pavillon d'un État membre est soumis à la législation de cet État.

- Les fonctionnaires sont soumis à la législation de l'État membre dont relève l'administration qui les occupe.

- Le travailleur appelé ou rappelé sous les drapeaux ou au service civil d'un État membre garde la qualité de travailleur et est soumis à la législation de cet État.

- Les personnes dites *post-actives* sont soumises à la législation de l'État sur le territoire duquel elles résident.

Ce système permet une égalité de traitement entre les citoyens des divers États membres.

- En matière de prestations d'invalidité, de vieillesse et de décès (pensions), les intéressés bénéficient, en principe, de l'ensemble des prestations acquises dans les différents États membres. Ainsi, un salarié ayant travaillé et cotisé par exemple en Allemagne, en Italie et en France pourra reconstituer ses droits à la retraite.

- Dans certaines limites, et sous des conditions strictes, un travailleur en chômage complet qui satisfait aux conditions requises par la législation d'un État membre pour avoir droit aux prestations et qui se rend dans un autre État membre pour y chercher un emploi conserve le droit à ces prestations.
- Un travailleur salarié soumis à la législation d'un État membre a droit aux prestations familiales pour les membres de sa famille résidant sur le territoire d'un autre État membre, prévues par la législation du premier État, comme s'ils résidaient sur le territoire de celui-ci.
- En matière de prestations de maladie et de maternité, le règlement ouvre des possibilités pour que les citoyens européens puissent obtenir les soins de santé quand ils résident dans un État membre autre que celui auprès duquel ils sont affiliés. Ces possibilités s'ouvrent cependant uniquement sous certaines conditions et selon des modalités précises. Les citoyens européens peuvent en bénéficier lorsqu'ils séjournent à l'étranger ou s'ils désirent se faire soigner dans un autre État membre.

La carte européenne d'assurance maladie existe depuis le 1er juin 2004. Elle est utilisée en cas de séjour temporaire sur le territoire d'un État autre que l'État compétent, quelle que soit la nature du séjour (professionnel ou non professionnel) ou la qualité du titulaire de la carte (travailleur, pensionné, chômeur, la personne assurée auprès d'un régime de sécurité sociale visé dans le champ d'application du règlement et les membres de leur famille).

5))) Les tendances actuelles en matière de sécurité sociale en Europe

A))) Les nouveaux défis

Le système de sécurité sociale, tel qu'il s'est développé depuis la fin de la Seconde Guerre mondiale, ne peut fonctionner en équilibre qu'en période de plein-emploi. Qu'il soit financé par des cotisations (système bismarckien) ou par l'impôt (système beveridgien), c'est toujours un système contributif dont le montant des rentrées financières dépend de la masse salariale du pays, donc de l'emploi. Depuis les chocs pétroliers successifs, et tout dernièrement, en raison de l'impact de la crise financière et de sa résultante économique, l'Europe n'atteint plus cet objectif de plein-emploi et on peut craindre qu'il en soit ainsi encore pendant un certain temps, en raison des profondes mutations en cours.

Or les États ont pris des engagements qu'ils doivent respecter, pour des raisons qui relèvent à la fois de l'éthique, du droit et de la politique. En effet, les valeurs d'égalité affichées par tous les États impliquent une égalité d'accès aux droits, notamment aux droits sociaux. Ces derniers, même si les traités internationaux ne portent que sur des obligations générales et sur un niveau minimum de prestations, entraînent des dépenses qui dépassent, et parfois de beaucoup, les recettes encaissées. Et pourtant, sur le plan politique, tout État doit chercher à assurer le bien-être des citoyens, notamment en matière de santé.

Il faut ajouter à ces défis le fait qu'en Europe, les États ont presque tous ratifié l'article 13 de la Charte sociale européenne concernant « le droit à l'assistance sociale et médicale » pour les personnes qui ne peuvent pas travailler pour diverses raisons. Il s'agit alors de prestations non contributives, de ce qu'on appelle « l'aide sociale » financée par l'État au travers de ses divers services au niveau national, régional ou local, selon la manière dont les pays se sont organisés. Dans certains pays, ce système prévoit la couverture maladie universelle, c'est-à-dire un accès à l'assurance maladie (sécurité sociale), sans versement de cotisations, puisque la personne ne

Partie II — Les ressources humaines en Europe

travaille pas. Cette décision de couverture universelle a été prise par certains États, afin de préserver le niveau général de santé de la population et de prévenir les risques d'épidémies.

On sait aussi que les régimes contributifs, quels qu'ils soient, ont de grandes difficultés à faire face à des charges croissantes liées au vieillissement de la population, alors que leurs recettes baissent en raison de la précarité de l'emploi. Il n'est pas possible, dans le cadre de cet ouvrage, d'analyser dans le détail les causes et conséquences de ces difficultés dans chaque pays et dans chaque branche. Il est toutefois indispensable d'être conscient des déséquilibres rencontrés, des enjeux, des réformes en cours ou prévues, et des débats suscités par ces dernières dans la société.

B))) Les variables d'ajustement

Quelles sont alors les variables d'ajustement dont les gestionnaires des régimes de sécurité sociale et/ou les États disposent pour tenter d'équilibrer leurs comptes sans déroger à leurs engagements ? Certains États ont déjà opéré des réformes importantes, d'autres sont sur le point de le faire, d'autres encore procèdent par restrictions successives, dont le poids sur les citoyens est en augmentation constante.

1. L'amélioration de la gestion

Parmi ces variables d'ajustement, il y a d'abord la modernisation de la gestion des différents régimes et la recherche de réduction des frais généraux en opérant, par exemple, des regroupements entre les caisses spécifiques à certaines branches d'activité, comme l'a fait l'Allemagne il y a quelques années. Chaque État a cherché à améliorer la gestion des 9 branches de sécurité sociale, en essayant de concilier les soucis d'efficacité pour les bénéficiaires, le respect de la complexité des cas particuliers et la nécessaire rigueur, le tout avec des rentrées financières en baisse constante.

2. Restriction des conditions d'accès aux prestations

a. L'accès aux prestations de la branche vieillesse

Les conditions d'accès aux prestations – ce que l'OIT appelle les « stages » – sont devenues plus drastiques dans de nombreux États. Cela concerne essentiellement les prestations de vieillesse, dont l'accès au taux plein dépend d'un nombre croissant d'années de cotisation. L'âge légal de départ à la retraite varie entre 60 et 67 ans en Europe, avec des exceptions prenant en compte la pénibilité du travail. L'allongement de la durée du travail introduit dans presque tous les États constitue à la fois un gain de cotisations et une économie de prestations, bien que celle-ci soit relative à moyen terme, en raison de l'allongement général de la durée de la vie. Pour les personnes qui ne totalisent pas le nombre suffisant de cotisations, une prestation de base est prévue dans tous les États. Le versement éventuel de cette prestation dépend de l'ensemble des revenus du bénéficiaire.

Il existe en outre, dans de nombreux États, un système de retraites complémentaires pour les salariés et pour les cadres, qui fonctionne par branches d'activité et qui attribue des pensions de retraite calculées en fonction des années de travail du bénéficiaire.

Notons bien qu'il s'agit des prestations vieillesse dans le cadre du système mutualisé de la sécurité sociale et des caisses complémentaires, c'est-à-dire d'un financement par cotisations salariales et patronales (système Bismarck), ou par l'impôt (système de Beveridge), les prestations étant assurées par répartition. Le montant des prestations versées varie en fonction du nombre d'années de travail.

Les systèmes de protection sociale en Europe

Il ne faut pas confondre ces prestations avec les retraites par capitalisation que les personnes ont pu décider de se constituer par ailleurs au moyen de versements, qui leur donnent ultérieurement un droit de tirage sur le capital ainsi constitué.

b. L'accès aux prestations de la branche chômage
Les restrictions à l'accès aux prestations concernent aussi les prestations de chômage, qui ne sont versées que si la personne a travaillé un nombre de mois suffisant avant de faire valoir ses droits à cette prestation. Ceci a pour résultat qu'en cas d'emploi précaire, les personnes ne totalisent pas toujours suffisamment de mensualités pour accéder à leur droit à une prestation de chômage.

c. L'accès aux soins médicaux
L'accès aux soins médicaux n'est pas modifié pour les nationaux des États membres.

Par contre, on assiste à une volonté de restriction de l'accès aux soins (sauf urgences) pour les migrants résidant légalement dans le pays d'accueil avec un allongement de la durée de résidence nécessaire pour avoir droit aux soins. Des restrictions portent aussi sur les migrants qui ne résident pas légalement sur le territoire d'un État. Le Royaume-Uni annonce, en 2013, un important paquet de restrictions dans l'accès aux soins.

Il faut noter que pour des raisons liées à leur politique démographique, les États veillent à ce que les conditions d'accès aux soins concernant la maternité ne soient pas modifiées. Il est vrai qu'il s'agit là d'une éventualité faible et de prestations de courte durée.

3. La durée des prestations

Les États peuvent raccourcir la durée des prestations, ou soumettre cette durée à des conditions comme pour les prestations de chômage ou encore la durée de l'invalidité temporaire. De même, les États peuvent instaurer des délais de carence plus longs, comme, par exemple, les jours de carence avant le versement d'une prestation pour maladie destinée à remplacer partiellement le salaire de la personne, qui ne peut momentanément pas travailler en raison d'une maladie. Ces dispositions varient selon les États, mais on constate une tendance générale à la restriction de l'accès à cette prestation.

4. La réduction des dépenses concernant les soins médicaux

C'est essentiellement en matière de soins médicaux que les gestionnaires redoublent de vigilance. Dans de très nombreux États, il est fait usage de l'article 10 du Code de sécurité sociale, qui prévoit que « dans certains cas, le bénéficiaire peut être tenu de participer aux frais des soins médicaux ». Cette participation, d'abord minime, tend à devenir de plus en plus importante selon les États et selon les soins. Depuis de longues années, un forfait journalier est à payer par toute personne hospitalisée ; cela ne concerne pas directement les soins, mais la nourriture et l'hébergement. De même, les consultations chez un médecin généraliste hors hôpital ne sont plus gratuites pour le malade qui, dans tous les pays d'Europe, paye à présent une partie plus ou moins importante du coût de la consultation. Cette mesure, à l'origine destinée à lutter contre les abus en responsabilisant le malade, a été renforcée en vue de réaliser des économies car, dans toute l'Europe, c'est la branche des soins médicaux qui accuse le plus important déficit.

Les soins dentaires, les prothèses dentaires, les lunettes, les appareils auditifs sont autant de dépenses qui incombent pour presque 90 % au malade.

Dans toute l'Europe, on observe aussi des changements dans la gestion des produits pharmaceutiques. La liste des médicaments dits « de confort », non financés par la sécurité sociale, s'allonge constamment. Ceci est observable à des degrés divers dans tous les pays. Même pour les médicaments figurant sur la liste agréée par la sécurité sociale, il est instauré, dans de nombreux pays, une participation forfaitaire du malade, soit sous forme d'un paiement fixe par ordonnance, soit sous forme, plus subtile, de paiement d'un pourcentage du prix variable selon le médicament.

Nous insistons sur ces différentes formes de restriction, qui sont à l'œuvre partout en Europe dans l'espoir de rétablir l'équilibre des comptes de la sécurité sociale. La crise économique qui touche durement l'Europe depuis 2008 a brutalement accéléré la sortie de la période dite de « l'État providence », et de ce fait produit un recul de la gratuité des soins pour l'ensemble de la population. Ces quelques exemples de variables d'ajustement montrent les efforts des États pour conserver, malgré les difficultés financières, un niveau suffisant de protection sociale pour leurs ressortissants. Mais ces mesures deviennent de plus en plus impopulaires et ne sont pas sans risques pour la cohésion sociale.

Parallèlement, on assiste actuellement au développement accru d'assurances privées pour couvrir le risque des besoins de soins qui ne sont plus ou plus totalement garantis par les régimes de sécurité sociale. Ces assurances sont chères et peu accessibles à l'ensemble de la population, ce qui fait que les États devront faire face à un nouveau défi, à savoir celui du maintien de l'égalité devant les risques de maladie, de chômage et de la dépendance.

Les procédures de gestion de l'ensemble des branches de la sécurité sociale sont différentes selon les pays, et ces différences pourraient s'accroître selon les options d'ajustement et de recherche d'équilibre des comptes prises par chacun des États.

En guise de conclusion, on peut affirmer que, malgré cette crise qui touche d'une manière ou d'une autre chaque personne vivant en Europe, le système de protection sociale européen, tel qu'il a été mis en place après la Seconde Guerre mondiale pour les travailleurs et leur famille et étendu par des mesures d'aide sociale aux non-travailleurs, demeure un exemple de la volonté des États de protéger leurs ressortissants contre les risques énumérés dans chacune des 9 branches mentionnées dans la Convention de l'OIT.

Chapitre 13

La responsabilité sociale des entreprises

Des trois piliers sur lesquels s'appuie le **développement durable** : économique, environnemental et social, celui qui suscite questionnement et débat est indiscutablement le volet social. Ses contours semblent flous, ses ambitions sont suspectées d'être limitées, l'ingénierie de ses indicateurs souffre de la comparaison avec le pilier environnemental, et l'innovation qu'il peut susciter semble bien faible face au miracle attendu de la croissance verte.

En effet, historiquement, dans la structuration du triptyque du développement durable, le pilier social est le dernier à s'être stabilisé. Depuis les années 1970, du rapport *Halte à la croissance* commandé par le Club de Rome à la conférence des Nations Unies sur l'environnement de Stockholm en 1972, deux concepts priment : le développement (économique) et l'environnement. Le rapport Brundtland de 1987, dont est issue la définition usuelle du développement durable, intègre très nettement le volet sociétal, mais le pilier social reste absent. Il faudra attendre les années 1990 pour que ce dernier trouve sa place au travers du Pacte mondial de l'ONU en 1999 et du rapport du sommet de Johannesburg en 2002, lesquels intègrent les droits de l'homme et la dimension humaine du travail. Publiées en 2000, les lignes directrices de la « Global reporting initiative » intègrent une version intégrée du troisième pilier. Celui-ci figurera dans la norme ISO 26000 publiée en 2010.

Après une présentation synthétique du concept de **responsabilité sociale des entreprises**, dans laquelle les salariés figurent au nombre des parties prenantes, nous aborderons les questions centrales que se propose d'explorer la responsabilité sociale en nous appuyant principalement sur celles relevant du domaine social : les droits de l'homme, les relations et conditions de travail.

1))) LA RSE, un concept à définir

A))) Des origines au concept

1. Une entreprise responsable, est-ce possible ?

Le premier questionnement concerne la place respective des entreprises et de l'État vis-à-vis à la société. Est-ce par exemple aux entreprises de s'occuper de logement, d'éducation, de santé, du changement climatique ? En d'autres termes, du bien-être des individus, de leurs salariés et de la société ? Ou bien cela ne concerne-t-il que la puissance publique ?

Dans les années 1960, en pleine période de polémique sur la responsabilisation de l'entreprise, l'économiste Milton Friedman (aujourd'hui très contesté par les altermondialistes tels que Naomi Klein) publie *Capitalism and Freedom*. Selon lui, la seule responsabilité de l'entreprise est d'engendrer des profits pour satisfaire ses actionnaires et ses propriétaires.

On lui rétorque alors que, dans leurs activités, les entreprises engendrent des coûts externes supportés par la collectivité (pollution, accidents, chômage, etc.). Ceux-ci sont repris sous la dénomination d'« externalités négatives » par les économistes (on parle d'externalité négative dans une situation où un acteur est défavorisé par l'action d'un tiers sans qu'il soit compensé). Il s'agit de définir à qui incombe la prise en charge de ces coûts et donc de définir la responsabilité éthique, juridique et financière des entreprises.

Nous verrons comment le champ même de cette responsabilité et les missions assignées à l'entreprise ont bougé au fil de ces dernières décennies.

2. L'émergence et le développement du concept

Trois phases successives ont forgé l'émergence de la notion de responsabilité sociale des entreprises (RSE), selon Michel Capron. D'abord fondée sur l'éthique, elle devient utilitariste avant de s'orienter vers la soutenabilité.

))) La phase éthique

Elle est indissociable du paternalisme d'entreprise du XIXe siècle. L'entreprise assimilée à un être moral doit faire le bien dans un modèle basé sur la responsabilité individuelle, où le système doit se réguler de lui-même, sans faire appel au régulateur et à ses règles contraignantes. C'est l'époque des *company towns*, les villes se bâtissent autour d'une activité industrielle (mine, construction de voies ferrées), l'entreprise met en place et gère toutes les infrastructures nécessaires à la vie des ouvriers (logements, hôpitaux, banques, écoles, boutiques d'approvisionnement vendant à crédit aux ouvriers). Progressivement, au cours du XIXe siècle, l'État établit des droits individuels pour les travailleurs qui, de fait, s'émancipent de l'emprise de l'entreprise. Le modèle éthique subsiste au travers des actions de philanthropie financées par des fondations d'entreprises ou de quelques utopies patronales, telle Bataville en Moselle fondée par un grand nom de la chaussure, Tomas Bata.

))) La phase utilitariste

La conception utilitariste se développe à partir des années 1970 pour atteindre son apogée dans les années 1980 et 1990. Elle repose sur le postulat suivant : il existe un lien entre performance économique et comportement social. L'entreprise doit donc se soucier de sa réputation, entretenir son image de marque, et veiller à la confiance des « parties prenantes » (clients, salariés, ONG, institutions).

Cette conception s'est largement développée en Europe. Elle correspond à la fin du « modèle rhénan » (concertation sociale entre patronat et syndicat), mis à mal par un modèle anglo-saxon néo-libéral. La RSE serait une réponse aux excès et aux crises du néo-libéralisme : marée noire, vache folle, dioxine, délocalisations poussant la société civile à interpeller les entreprises.

))) La recherche de la soutenabilité

Cette forme émerge dans les années 1990. Elle est encore en gestation et correspond plutôt à un modèle impulsé par les pays occidentaux européens. L'idée sous-jacente est que l'entreprise n'est pas seulement une organisation présente sur le marché mais aussi au sein d'une société, sur laquelle elle a des impacts directs ou indirects. Elle est donc en prise avec les défis sociétaux et environnementaux de son temps.

Ainsi, en Europe, Jacques Delors lance, en 1993, un appel aux entreprises européennes pour lutter contre l'exclusion sociale. Dans cette vision, on attend de l'entreprise qu'elle assume les conséquences de ces activités et qu'elle les anticipe (et pas seulement qu'elle les répare en payant les dommages, l'un n'excluant d'ailleurs pas l'autre), qu'elle intègre ces préoccupations dans son métier et qu'elle réinternalise les coûts supportés jusque-là par la collectivité. Cependant, cette responsabilisation des entreprises repose sur le volontarisme, c'est-à-dire le bon vouloir de ces dernières.

Or ce volontarisme est justement problématique au regard des ONG : on ne peut laisser l'entreprise seule face à la société et décider des règles qu'elle érige, il faut encadrer son action par des régulations souples ou contraignantes (normes, législation). Sous cette impulsion, les organisations internationales ont progressivement développé une série de recommandations et guides de bonne conduite volontaire : Pacte mondial de l'ONU intégrant le respect des conventions de l'Organisation internationale du travail (OIT) ou encore Global Reporting initiative (GRI) accompagnant les entreprises dans leur rapport de développement durable.

Certains pays ont décidé d'aller plus loin, de passer du volontarisme à l'obligation. C'est le cas de la France. L'article 116 de la loi du 15 mai 2001 sur les nouvelles régulations économiques (loi n° 2001-420 du 15 mai 2001 relative aux nouvelles régulations économiques/décret n° 2002-221 du 20 février 2002) encadre la production des informations non financières des grandes entreprises. Les établissements cotés en bourse ont désormais l'obligation de communiquer dans leur rapport annuel les données et informations relatives à la prise en compte des conséquences sociales et environnementales de leur activité. L'évaluation de ces informations est effectuée par trois associations indépendantes : l'Observatoire sur la responsabilité sociétale des entreprises (ORSE), Entreprises pour l'environnement (EpE) et Orée.

Le décret d'application de la loi NRE n° 2002-221 du 20 février 2002 détaille les informations que les entreprises doivent communiquer. Il s'agit d'informations sociales (effectif total, embauches, temps de travail, rémunérations, formation, hygiène, sécurité, handicapés) et environnementales (consommation de ressources en eau, matières premières et énergie, atteintes à l'équilibre biologique, aux milieux naturels, aux espèces animales et végétales protégées). Ce texte a été modifié par l'article 225 de la loi Grenelle II. Une obligation de *reporting* RSE est fixée pour les entreprises. Les entreprises cotées et celles non cotées de plus de 5 000 salariés permanents (et un milliard d'euros de total de bilan ou de CA annuel) produisent ce rapport pour les exercices ouverts après le 31 décembre 2011, avec obligation pour la société de justifier, le cas échéant, des raisons pour lesquelles elle s'est trouvée dans l'impossibilité de fournir certaines des informations. Les entreprises non cotées de plus de 2 000 salariés (400 M€ de total de bilan ou de CA annuel) commenceront pour les exercices clos après le 31 décembre 2012. Et celles non cotées de plus de 500 salariés (et 100 M€ de total de bilan ou de CA) pour les exercices clos après le 31 décembre 2013.

Conformément au texte initial, les rapports devront désormais être certifiés par un organisme tiers indépendant accrédité notamment par le Comité français d'accréditation (Cofrac). L'organisme sera chargé de vérifier les données exigées de toutes les entreprises concernées pour les informations sociales (emploi, organisation du travail, relations sociales, santé et sécurité, formation, égalité de traitement), environnementales (politique générale en matière environnementale, pollution et gestion des déchets, utilisation durable des ressources, changement climatique, protection de la biodiversité), et enfin pour les informations relatives aux engagements sociétaux en faveur du développement durable (impact territorial, économique et social de l'activité de la société ; relations entretenues avec les personnes ou les organisations intéressées par l'activité de la société).

B))) Définition de la RSE et introduction de la notion de « parties prenantes »

1. La définition issue du *Livre vert* de la Commission européenne sur la RSE (2001)

La RSE est définie comme « l'intégration volontaire par les entreprises de préoccupations sociales et environnementales à leurs activités commerciales et leurs relations avec les parties prenantes ».

Le caractère « volontaire » implique que l'entreprise doit non seulement satisfaire pleinement aux obligations juridiques applicables, mais aussi aller au-delà et investir « davantage » dans le capital humain, l'environnement et les relations avec les parties prenantes en formalisant éventuellement sa démarche (charte, norme, labels). Le choix du terme « social » a donné lieu à de nombreux débats. Il s'agit de la traduction du terme anglais *corporate social responsibility* (CSR) : « social » aurait-il dû être traduit par « sociétal » ? Quant à la notion de « parties prenantes », elle mérite quelques éclaircissements. La définition donnée par la Commission interdépartementale du développement durable en Belgique est utile à ce titre :

> « L'idée sous-jacente au rôle des parties prenantes est que les entreprises font partie intégrante de la société. Elles ne constituent pas des entités isolées ; elles influencent de nombreux groupes et individus et en subissent à leur tour l'influence. La responsabilité des entreprises ne se limite pas à ses actionnaires (« shareholders ») et à ses administrateurs, elle s'étend à d'autres parties directement ou indirectement associées à l'entreprise, notamment les travailleurs, les fournisseurs, les clients, les consommateurs, la communauté locale d'entrepreneurs, les associations environnementales et d'autres ONG. Suivant cette vision, une entreprise ne pourra être performante sur les plans économique, social et environnemental si elle ne connaît pas les besoins et les attentes de la société qui l'entoure ainsi que ceux de ses parties prenantes. »

2. Une définition plus « engagée », celle de Michel Capron

Selon Michel Capron, « la responsabilité sociale des entreprises traduit la tension entre les entreprises (et plus généralement les activités économiques) et les sociétés civiles. Il s'agit en fait d'amener les entreprises à prendre en considération les conséquences prédatrices de leurs activités sur l'environnement social et naturel, et de déterminer en particulier la part des coûts engendrés qui leur incombe ou qui est externalisée sur les collectivités publiques ».

La RSE constitue ainsi « les modalités de réponse de l'entreprise aux interpellations sociétales en produisant des stratégies, des dispositifs de management, de conduite de changement et des méthodes de pilotage, de contrôle, d'évaluation et de reddition incorporant (du moins en principe) de nouvelles conceptions de performances ».

2))) Le périmètre de la RSE : sept questions centrales

A))) Contours et périmètre de la RSE

Où commence et où s'arrête la responsabilité de l'entreprise ? La proposition qui consisterait à répondre que la responsabilité s'arrête à la grille du bâtiment peut clairement être évacuée. Elle serait la négation même du concept de RSE.

La responsabilité sociale des entreprises

Le concept de « **sphère d'influence** » a fait son apparition, mais sans qu'on puisse expliquer précisément et avec objectivité ce qui en constitue les limites, ce qui conduit à laisser à chaque entreprise le soin de les définir concrètement. Progressivement, on s'accorde à considérer qu'une société mère est responsable non seulement à l'égard de ses filiales, mais aussi de sa chaîne de sous-traitance ou de sa chaîne de valeur. Ainsi, les pays membres de l'OCDE ont adopté, le 25 mai 2011, la révision des principes directeurs (ces normes engagent les entreprises à respecter les principes de la RSE) à l'intention des multinationales. Ceux-ci ne s'appliquent plus seulement aux activités de l'entreprise elle-même, mais également aux activités de ses fournisseurs et autres entreprises avec lesquelles elle fait des affaires. Les tribunaux commencent à suivre. Ainsi, dans l'affaire qui oppose depuis plus de 20 ans l'entreprise minière COMILOG (filiale du groupe français ERAMET) et 800 anciens employés au Gabon, la cour d'appel de Paris a jugé la justice française compétente pour se saisir du dossier le 20 juin 2013. Une prochaine audience aura lieu en juin 2014, mais Sherpa, qui défend le collectif des travailleurs gabonais, estime qu'il s'agit d'une première victoire pour la reconnaissance de la responsabilité des sociétés mères sur les activités de leurs filiales à l'étranger.

Comment déterminer les secteurs qui ont une importance au regard de la RSE, sur lesquels les actions des entreprises témoignent de leur engagement ou non en matière de responsabilité sociale ? Au début des années 2000, en France, après la mise en place de la loi NRE, les agences de notation sociale (Vigeo, par exemple) sont créées. Appelées « agences de notation extra-financières », elles proposent des méthodologies s'appuyant sur les grands textes internationaux et les cadres volontaires onusiens permettant de passer au crible les entreprises, par exemple pour renseigner les investisseurs. Elles fonctionnent généralement à partir de documents publics et comparent la performance des entreprises d'un même secteur d'activité.

Elles vérifient aussi la sincérité de l'engagement en s'assurant que celui-ci repose bien sur une stratégie, des actions conséquentes, des moyens adaptés, et que les résultats obtenus sont évalués, au moyen d'indicateurs quantitatifs mais aussi qualitatifs.

Au même moment, en 2003, l'AFNOR publie un guide pratique, principalement destiné aux entreprises, dit « SD 21000 » (« SD » pour *Sustainable Development* et « 21 » pour « *XXIe siècle* »). Son objectif est de favoriser la prise en compte du développement durable dans la stratégie et le management des entreprises. Ce guide a le statut d'un fascicule de documentation. Son référentiel a été adopté par le GIN (groupe interministériel des normes) afin de représenter la position de la France dans le cadre des travaux engagés début 2005 à l'ISO (*International Standard Organisation*) sur la responsabilité sociétale. Aujourd'hui, ce guide français est considéré comme dépassé avec l'avènement de la norme internationale ISO 26000 en 2010, à l'issue de cinq années de travaux ayant mobilisé plus de 500 experts provenant de 99 pays différents.

B))) Un guide pour agir, la NF ISO 26000

La NF ISO 26000, norme non certifiable, a pour ambition de « fournir des lignes directrices pour tous types d'organisations concernant la responsabilité sociétale, quelle que soit leur taille ou leur localisation. Elle définit les termes, les principes, les pratiques et les questions centrales de la responsabilité sociétale ainsi que la façon d'intégrer la responsabilité sociétale dans l'organisation. Elle a vocation à aider les organisations à contribuer au développement durable en visant à les encourager à aller au-delà du respect de la loi. Elle permet également de promouvoir une compréhension commune dans le domaine de la responsabilité sociétale et de compléter les autres instruments et initiatives de responsabilité sociétale, mais non de les remplacer ».

Partie II — Les ressources humaines en Europe

Elle s'articule autour de sept questions centrales et de 36 domaines d'actions (cf. figure ci-dessous). Pour chaque point, la norme propose une description du domaine d'action et les actions et attentes associées.

ISO 26000, questions centrales et domaines d'action

Questions centrales et domaines d'action
Question centrale : Gouvernance de l'organisation
Question centrale : Droits de l'Homme
Domaine d'action 1 : Devoir de vigilance
Domaine d'action 2 : Situations présentant un risque pour les droits de l'homme
Domaine d'action 3 : Prévention de la complicité
Domaine d'action 4 : Remédier aux atteintes aux droits de l'homme
Domaine d'action 5 : Discrimination et groupes vulnérables
Domaine d'action 6 : Droits civils et politiques
Domaine d'action 7 : Droits économiques, sociaux et culturels
Domaine d'action 8 : Principes fondamentaux et droits au travail
Question centrale : Relations et conditions de travail
Domaine d'action 1 : Emploi et relations employeur/employé
Domaine d'action 2 : Conditions de travail et protection sociale
Domaine d'action 3 : Dialogue social
Domaine d'action 4 : Santé et sécurité au travail
Domaine d'action 5 : Développement du capital humain
Question centrale : L'environnement
Domaine d'action 1 : Prévention de la pollution
Domaine d'action 2 : Utilisation durable des ressources
Domaine d'action 3 : Atténuation des changements climatiques et adaptation
Domaine d'action 4 : Protection de l'environnement, biodiversité et réhabilitation des habitats naturels
Question centrale : Loyauté des pratiques
Domaine d'action 1 : Lutte contre la corruption
Domaine d'action 2 : Engagement politique responsable
Domaine d'action 3 : Concurrence loyale
Domaine d'action 4 : Promotion de la responsabilité sociétale dans la chaîne de valeur
Domaine d'action 5 : Respect des droits de propriété
Question centrale : Questions relatives aux consommateurs
Domaine d'action 1 : Pratiques loyales en matière de commercialisation, d'informations et de contrats
Domaine d'action 2 : Protection de la santé et de la sécurité des consommateurs
Domaine d'action 3 : Consommation durable
Domaine d'action 4 : Service après-vente, assistance et résolution des réclamations et litiges pour les consommateurs
Domaine d'action 5 : Protection des données et de la vie privée des consommateurs
Domaine d'action 6 : Accès aux services essentiels
Domaine d'action 7 : Éducation et sensibilisation
Question centrale : Communautés et développement local
Domaine d'action 1 : Implication auprès des communautés
Domaine d'action 2 : Éducation et culture

Questions centrales et domaines d'action
Domaine d'action 3 : Création d'emplois et développement des compétences
Domaine d'action 4 : Développement des technologies et accès à la technologie
Domaine d'action 5 : Création de richesses et de revenus
Domaine d'action 6 : La santé
Domaine d'action 7 : Investissement dans la société

NF ISO 26000

C))) RSE et action des institutions européennes

La crise économique et ses conséquences sociales ont quelque peu mis à mal la confiance des consommateurs et le degré de confiance dans les entreprises. Elles ont cristallisé l'attention du public sur la performance sociale et éthique des entreprises. En renouvelant ses efforts pour encourager, maintenant, la RSE, la Commission vise à faire émerger des conditions favorables à une croissance durable, à un comportement responsable des entreprises et à la création d'emplois durables à moyen et long termes.

La politique européenne a contribué aux progrès enregistrés dans le domaine de la RSE. Les indicateurs suivants, décrits par la Commission européenne dans sa communication « Responsabilité sociale des entreprises : une nouvelle stratégie de l'UE pour la période 2011-2014 » (Bruxelles, 25 octobre 2011), attestent les avancées qui suivent.

• Le nombre d'entreprises de l'Union européenne ayant souscrit aux 10 principes de la RSE définis dans le Pacte mondial des entreprises (Global Compact) des Nations Unies est passé de 600 en 2006 à plus de 1 900 en 2011.

• Le nombre d'organisations dont les sites sont enregistrés dans le système de management environnemental et d'audit (EMAS) a progressé de 3 300 en 2006 à plus de 4 600 en 2011.

• Le nombre d'entreprises de l'UE ayant signé des accords d'entreprise transnationaux avec des organisations mondiales ou européennes de travailleurs, portant sur des questions comme les normes de travail, a grimpé de 79 en 2006 à plus de 140 en 2011.

• La Business Social Compliance Initiative, une initiative européenne, menée sous l'impulsion des entreprises afin d'améliorer les conditions de travail dans leurs chaînes d'approvisionnement, a vu le nombre de ses adhérents passer de 69 en 2007 à plus de 700 en 2011.

• Le nombre d'entreprises européennes publiant des rapports sur la durabilité, conformément aux orientations de la Global Reporting Initiative, a progressé de 270 en 2006 à plus de 850 en 2011.

Grâce à l'alliance européenne pour la RSE, des entreprises de premier plan ont mis au point, concrètement, une série d'outils sur des questions clés. Quelque 180 entreprises ont déclaré soutenir l'alliance. Des associations nationales d'employeurs ont également souscrit aux principes définis par l'alliance et ont entrepris un certain nombre d'actions pour promouvoir la RSE.

Par ailleurs, la Commission européenne insiste sur le fait que la politique européenne visant à promouvoir la RSE devra être pleinement compatible avec l'ensemble de principes et d'orientations reconnus internationalement :

– les principes directeurs de l'OCDE à l'intention des entreprises multinationales ;
– les 10 principes définis dans le Pacte mondial des entreprises des Nations Unies (Global Compact) ;
– la norme d'orientation sur la responsabilité sociale ISO 26000 ;

Partie II — Les ressources humaines en Europe

- la déclaration de principes tripartite de l'OIT sur les principes concernant les entreprises multinationales et la politique sociale ;
- les principes directeurs des Nations Unies relatifs aux entreprises et aux droits de l'homme.

De l'autre côté, la **Banque de développement du Conseil de l'Europe (CEB)** a été créée en 1956 afin d'apporter des solutions aux problèmes des réfugiés. Elle s'est depuis lors adaptée à l'évolution des priorités sociales, pour mieux contribuer au renforcement de la cohésion sociale en Europe.

La CEB représente un instrument majeur de la politique de solidarité européenne, en vue d'aider ses États membres à atteindre une croissance durable et équitable : elle participe ainsi au financement de projets sociaux, répond aux situations d'urgence, et concourt par là même à l'amélioration des conditions de vie des populations les moins favorisées. La Banque intervient essentiellement en consentant des prêts, tout en ayant également la possibilité d'accorder des garanties et de recourir à des comptes fiduciaires.

La Banque contribue à la réalisation de projets d'investissement à caractère social au travers de trois lignes d'action sectorielle, à savoir :
- le renforcement de l'intégration sociale ;
- la gestion de l'environnement ;
- le soutien aux infrastructures publiques à vocation sociale.

L'institution est susceptible d'apporter sa contribution à chacun de ses États membres, les fractures sociales et territoriales traversant tous les pays jusqu'aux plus riches d'entre eux. Dans ce cadre, la Banque intervient en priorité en faveur des pays d'Europe centrale, orientale et du Sud-Est qui forment son « groupe cible ».

Conformément à son mandat, la CEB axe son activité sur le soutien apporté à un développement social et économique inclusif, ainsi qu'à l'amélioration durable des conditions de vie. À cet effet, elle contribue au financement de programmes d'investissement dans les secteurs du logement social, de l'éducation, de la santé et des infrastructures municipales, dans l'ensemble des pays qui forment son actionnariat.

3))) Comment la RSE impacte-t-elle la question sociale au sein de l'entreprise ?

La NF ISO 26000 consacre deux questions centrales intégralement au volet social. Nous nous focaliserons sur celui-ci. Cependant, le sujet déborde largement le cadre fixé. Les différents champs de cette norme interagissent et conditionnent le capital humain, comme la gouvernance, et revisitent les pratiques et les valeurs par l'intégration de chacun des champs de la RSE (environnement, loyauté des pratiques, questions relatives aux consommateurs, communautés et développement local).

A))) La gestion des ressources humaines par l'entreprise : relations et conditions de travail

Le facteur humain dans les organisations est, au terme de quelques décennies, passé du statut de contributeur au bon fonctionnement de la manufacture à celui de partie prenante interne à l'organisation. Or, quelles sont les parties prenantes lorsque l'on parle des ressources humaines d'une entreprise ?

- Le salarié en tant qu'individu engagé dans une relation contractuelle protégé par les droits sociaux et porteuse d'intérêts et d'attentes personnelles.
- Le collectif de travailleurs.
- Les représentants des salariés (syndicats, associations).

De fait, le management ne concerne plus désormais seulement des personnes liées contractuellement avec l'entreprise. Il s'agit d'appréhender aussi les interrelations internes en lien avec les partenaires externes de l'entreprise.

Le champ couvert par les relations et conditions de travail d'une organisation est défini précisément par la NF ISO 26000. Ces questions sont regroupées autour des domaines d'action suivants : emploi et relations employeurs employés, conditions de travail et protection sociale, dialogue social, santé et sécurité au travail.

« La question englobe toutes les politiques et pratiques liées au travail réalisé au sein d'une organisation, par elle ou pour son compte, y compris en cas de sous-traitance. Les relations et conditions de travail vont au-delà de la relation d'une organisation avec ses employés directs ou des responsabilités qu'une organisation assume sur un lieu de travail qu'elle détient ou qu'elle contrôle directement. Les relations et conditions de travail couvrent le recrutement et la promotion de travailleurs, les procédures disciplinaires et celles destinées à mettre fin aux atteintes aux droits, le transfert et les délocalisations de travailleurs, la cessation d'emploi, la formation et le développement des compétences, la santé, la sécurité et l'hygiène au travail ainsi que toute politique ou pratique affectant les conditions de travail, notamment le temps de travail et la rémunération. Les relations et conditions de travail englobent également la reconnaissance des organisations de travailleurs ainsi que la représentation et la participation tant des organisations de travailleurs que de celles des employeurs aux négociations collectives, au dialogue social et aux consultations tripartites en vue de traiter les questions sociales liées à l'emploi. »

1. Les principaux textes internationaux applicables aux RH

- Des conventions et recommandations spécifiques de l'OIT
  - concernant les représentants du personnel (conv. 135)
  - concernant les communications dans l'entreprise (rec. 129)
  - concernant les licenciements (conv. 158)
  - concernant la mise en valeur des ressources humaines (rec. 150)
  - concernant la protection des salaires (conv. 95, rec. 85)
  - concernant la sécurité et santé au travail (rec. 164, etc.)
  - concernant la durée du travail (conv. 1, etc.)
- Des principes directeurs de l'OCDE
- Des recommandations sectorielles (OIT, UE).

2. Focus sur les questions de santé et de sécurité au travail : l'élimination des risques psychosociaux

Ce sujet bénéficie d'un intérêt particulier. Il existe plus de 70 conventions et recommandations de l'OIT liées aux questions de sécurité et de santé.

Dans le contexte de la mondialisation, le nouveau défi est de garantir qu'un nombre croissant de travailleurs bénéficie d'un environnement de travail sûr et salubre. « Santé et sécurité » est approché en termes d'accidents du travail et de maladies professionnelles. Cela concerne la santé physique, mentale et sociale. Ce champ recouvre aussi les notions d'exposition au risque (sécurité) et d'organisation du travail.

Aux dangers et risques connus (ceux liés à certaines substances, aux machines, aux outils, à la manutention manuelle), s'ajoutent les nouveaux problèmes, dont les troubles musculo-squelettiques (les maladies cardiaques et musculo-squelettiques représentent plus de la moitié des coûts attribués aux maladies professionnelles) et les risques psychosociaux (en 2000, 28 % des travailleurs ont déclaré leur stress). Il convient de noter que les risques psychosociaux sont les seuls risques à être visés explicitement par la NF ISO 26000.

En France, cette préconisation trouve un écho législatif avec la loi sur le harcèlement moral entrée en vigueur en 2002. Si les grandes entreprises ont enrichi leur panoplie afin d'identifier les risques et de mieux les gérer, il reste beaucoup à faire. Selon Bénédicte Haubold, spécialiste de la gestion de ces risques, « pratiquement aucune entreprise n'a de vision d'ensemble de ces risques et elles sont peu nombreuses à se demander comment les intégrer en amont dans la détermination de leur stratégie ».

Et pourtant, les Français attendent désormais des entreprises qu'elles traitent bien leurs salariés. Ils affichent ainsi une défiance majeure pour France Telecom, frappée par de nombreux suicides. « À l'inverse, les entreprises dont le discours est tourné vers le consommateur citoyen, comme Google, Leclerc ou Free, font partie des grandes gagnantes du classement », relève Isabelle Rahé-Journet, PDG du cabinet de relations publiques Edelman-France (Baromètre Trust Edelman Strategy One 2010 pour *L'Expansion* et *L'Express* du 26 janvier 2010).

a. Mesurer les risques psychosociaux, une étape primordiale
Le tableau ci-dessous s'inspire des travaux de Bénédicte Haubold sur « La gestion des risques psychosociaux » (*L'Expansion*, n° 734, octobre 2008).

⟫⟫ Mesurer

Outils	Entreprises	Observations
Audits quantitatifs mesurant les risques psychosociaux ou le stress	Thomson, SNCF, Peugeot, Shell	Avantage : bonne base de diagnostic permettant d'engager une discussion « pluridisciplinaire ». Inconvénient : un certain retard méthodologique affecte ces questionnaires souvent conçus pour le secteur social/public et mal adaptés aux entreprises ouvertes à la concurrence internationale.
Audit qualitatifs (à partir d'enquêtes de satisfaction)	Carrefour, Lapeyre	Avantage : permet de repérer les sources éventuelles de malaise. Inconvénient : faiblesse méthodologique qui souvent peut faire rater des zones de risques.
Expertises, enquêtes sur des situations de malaise présumé	Honeywell, Galeries Lafayette	Avantage : entretiens semi-directifs qui permettent de cerner avec précision des zones de risques non repérées auparavant. Inconvénient : souvent déclenchées en CHSCT, elles sont peu opérationnelles en suivi d'action car pas toujours portées par la direction.

La responsabilité sociale des entreprises

》》 Illustrations : France Telecom et Renault

Le cabinet de conseil Technologia, mandaté sur les crises graves (Renault puis France Telecom), a été chargé de réaliser un questionnaire sur le stress au travail à France Telecom, envoyé aux 102 000 salariés du groupe. Pour mieux déceler les facteurs de risques psychosociaux, le cabinet de conseil a aussi mené une centaine d'entretiens en face-à-face avec des salariés. Les suicides survenus depuis février 2008 ont été analysés et la littérature grise déjà produite sur le sujet analysée. Une quinzaine de spécialistes – psychiatres, ergonomes et sociologues – ont été mobilisés.

Les résultats de l'enquête (décembre 2009), avec un taux de réponse de 77,9 % ont été qualifiés d'accablants pour France Telecom : « ressenti général très dégradé », « fragilisation de la santé physique et mentale », « ambiance de travail tendue, voire violente » pour certaines catégories de personnel, « une fierté d'appartenance à France Telecom perdue », une « fragilisation de la santé physique et mentale », avec des conditions de travail difficiles principalement pour les personnels chargés de la vente et des « interventions clients ». En général, c'est-à-dire d'une manière « non spécifique à certains métiers », l'enquête révèle une « mobilité fonctionnelle très mal accompagnée » et une « mobilité géographique des non-cadres sensible ». Par ailleurs, les non-cadres constatent des « relations sociales dégradées », ainsi qu'une « grande défaillance du management ».

Chez Renault (après les suicides sur le site du centre d'ingénierie de Renault à Guyancourt), un rapport tout aussi accablant a été produit début 2008. La proportion de cadres et d'ingénieurs en situation de travail tendu est trois fois plus élevée que la moyenne nationale : « faible reconnaissance », « manque de soutien », « mauvaise répartition de la charge de travail », « temps de récupération insuffisant ». Les réponses apportées par Renault ont été les suivantes : une commission paritaire a vu le jour, une « journée de l'équipe » a été instituée, les horaires d'ouverture ont été réduits, des postes de « responsables des ressources humaines de proximité » ont été créés, et les managers ont reçu l'ordre, cela ne s'invente pas, de faire baisser le stress de 31 à 27 % sans que l'on sache exactement sur quels critères.

b. Prévenir, accompagner et former :
Les exemples ci-dessous peuvent fournir des idées d'actions à mettre en œuvre.

》》 Prévenir

Outils	Entreprises	Avantages/inconvénients
Établir son propre document unique d'évaluation des risques professionnels sur le volet « risques psychosociaux »	Nyse, Euronext, Renault	Ce document est censé être obligatoire mais problème de méthodologie freinant sa mise en œuvre. Inconvénient : réactualisation annuelle trop lourde.
Élaborer une procédure anti-harcèlement moral	Coca-Cola, La Poste	Former les acteurs principaux (DRH, managers, référents) à l'écoute active.
Détecter les situations de violence et les prévenir	ADP	Élaboration d'un guide d'action à l'usage des managers et des salariés.

Outils	Entreprises	Avantages/inconvénients
Travailler sur les fondamentaux : audit des pratiques de management sur la base d'un référentiel managérial pour l'ensemble des entités du groupe	Renault	Permet de progresser sur des points concrets.

Illustration : Deutsche Telekom

Les suicides chez France Telecom ont fait réagir l'opérateur allemand Deutsche Telekom. L'entreprise a mis en place un vaste dispositif de prévention et de suivi médical de ses salariés. Une politique encore très rare en Allemagne. Une des premières mesures prises après l'enquête a été l'interdiction des smartphones. Il n'est désormais plus nécessaire de répondre aux emails ou appels téléphoniques après les heures de travail ou pendant le week-end.

Accompagner/Former

Outils	Entreprises	Avantages/inconvénients
Médiateurs, déontologues, coach internes	Dexia, SFR, Total	Les personnes étant internes à l'entreprise, il y a souvent peu de recours.
Monsieur Bien-être	Siège européen de la division énergie de General Electric	Fonction rattachée directement à la DG, budget de 1 million d'euros, concourt à faire de l'entreprise un endroit où il fait bon travailler mais n'aborde pas directement l'organisation du travail.
Séminaires et formations à la gestion du stress/e-learning	KPMG, L'Oreal	À mener uniquement de front avec une réflexion sur les conditions de travail et son organisation.

c. Innover : s'inspirer des bonnes pratiques développées en France et à l'étranger

Innover

Outils	Entreprises	Avantages/ inconvénients
Travailler sur l'absentéisme et le « présentéisme » (accumuler les heures de travail, au mépris de sa santé et de son efficacité réelle)	Hydro-Québec (cette entreprise se plonge sur les risques psychosociaux depuis 25 ans)	Processus coûteux mais permet d'identifier les zones de risques sur certains sites, par recoupement de plusieurs indices.
Tenter la nouvelle norme entreprise en santé BNQ 9700-800	Desjardins	La norme permet aux entreprises de se situer sur 4 plans : les habitudes de vie du personnel, l'équilibre travail-vie personnelle, l'environnement de travail, les pratiques de gestion.
Nommer un Monsieur ou une Madame Risques psychosociaux	Air France	Un signe fort mais dépend du positionnement stratégique et des moyens alloués.

En fait, ce que l'on observe en se référant aux tableaux ci-dessus, c'est l'absence de méthodologie adéquate, livrable clés en main. Les outils d'évaluation semblent aussi à revoir.

Les préconisations du rapport « Bien-être et efficacité au travail » rendu public en février 2010 se veulent ambitieuses. Élaboré par des « praticiens » – Henri Lachmann (Schneider Electric), Christian Larose (CGT) et Muriel Pénicaud (DRH de Danone) –, il formule 10 propositions pour réduire le stress en entreprises, dont certaines très novatrices. Partant du constat que « social, santé, organisation et management sont indissociables », les auteurs ont abordé le sujet sans se limiter à la seule question du stress, mais en prenant en compte le « bien-être des salariés et leur valorisation comme principale ressource de l'entreprise ». « Le problème de santé n'est pas un problème de la médecine du travail, c'est un problème de management », a souligné l'un des auteurs du rapport, Henri Lachmann. « L'implication de la direction générale et de son conseil d'administration est indispensable. L'évaluation de la performance doit intégrer le facteur humain, et donc la santé des salariés », expliquent les auteurs, qui proposent de prendre en compte ce critère dans la rémunération variable des dirigeants et managers. « La performance économique ne peut être le seul critère d'attribution de la rémunération variable. La performance sociale doit aussi être prise en compte, incluant notamment des indicateurs de santé, de sécurité et de conditions de travail. »

Le gouvernement a également publié un classement de 1 500 entreprises selon leurs engagements pour réduire le stress avec trois catégories : vert pour les bons élèves et rouge pour les très mauvais. France Telecom s'est vue attribuer la couleur orange.

Pour améliorer la gestion de ces risques, certains préconisent d'aller plus loin et de développer des indicateurs de bien-être au travail. À ce titre, le projet européen « Iberiott 2004 » offre des pistes intéressantes. Enfin, des « indicateurs provisoires de facteurs de risques psychosociaux au travail » ont été publiés par la DARES et la DREES, en octobre 2009.

Parallèlement à ces dispositifs volontaires, la jurisprudence évolue, les juges étant régulièrement saisis sur les questions de bien-être au travail.

d. Les risques psychosociaux face aux juges, quelques épisodes

• Arrêt du 10 novembre 2009 : la Cour de cassation en France reconnaît qu'un mode de management peut être à l'origine du harcèlement sans qu'il y ait pour autant une relation interpersonnelle agressive ou perverse entre un manager et un collaborateur.

• Le tribunal des affaires de sécurité sociale de Nanterre (France) a condamné Renault, le 17 décembre 2009, après un suicide à Guyancourt, au motif que l'employeur « aurait dû avoir conscience du danger auquel le salarié était exposé », « vérifier les capacités d'adaptation de ses personnels », le groupe n'ayant pas pris « les mesures nécessaires pour préserver son salarié du risque qu'il encourait du fait de l'exercice de son activité ».

• Le tribunal de grande instance de Lyon (France) a interdit, le 4 septembre 2012, à la Caisse d'épargne Rhône-Alpes Sud de pratiquer le *benchmark*, une méthode d'évaluation critiquée, consistant à évaluer en continu employés et agences, la condamnant en outre à une amende de 10 000 € (www.novethic.fr, 2012).

B))) Le respect des droits de l'homme et la lutte contre les discriminations

Comme le rappelle la NF ISO 26000, les droits de l'homme sont les droits fondamentaux auxquels tous les êtres humains ont droit. Référence est faite à deux grandes catégories de droits de l'homme. La première regroupe les droits civils et politiques et comprend des droits comme le droit à la vie et à la liberté, l'égalité face à la loi et la liberté d'expression. La seconde catégorie regroupe les droits économiques, sociaux et culturels, et inclut des droits comme le droit au travail, le droit à la nourriture, le droit au meilleur niveau de santé possible, le droit à l'éducation et le droit à la sécurité sociale.

Les droits de l'homme transcendent les lois ou les traditions culturelles. Alors que la législation relative aux droits de l'homme se rapporte aux relations existant entre l'État et les individus, il est largement reconnu que les organisations privées peuvent exercer une influence sur les droits de l'homme des individus, et donc, qu'elles sont tenues de les respecter.

1. Les principaux textes de référence « Droits de l'homme »

a. La Charte internationale des droits de l'homme

Elle est la source principale des normes du droit international. Elle comprend, entre autres textes, la Déclaration universelle des droits de l'homme (1948).

b. Les huit conventions de l'OIT

Parmi les nombreuses conventions formulées par l'OIT, huit sont considérées depuis 1998 comme fondamentales pour les droits de l'homme au travail, quel que soit le niveau de développement des différents États membres.

))) Liberté syndicale et négociation collective (conventions 87 et 98)

Chaque travailleur a le droit, sans autorisation préalable, de constituer une organisation de son choix ainsi que celui de s'y affilier. Ce droit établit un ensemble de garanties en vue du libre fonctionnement des organisations (convention n° 87).

Par ailleurs, la convention n° 98 prévoit la protection contre la discrimination antisyndicale, la protection des organisations de travailleurs et d'employeurs contre tous actes d'ingérence des unes à l'égard des autres, et des mesures visant à promouvoir et favoriser la négociation collective.

))) Égalité/non-discrimination (conventions 111 et 100)

La discrimination se rapporte à l'idée de toute distinction, exclusion ou préférence fondée sur la race, la couleur, le sexe, la religion, l'opinion politique, l'ascendance nationale ou l'origine sociale, qui a pour effet de détruire ou d'altérer l'égalité de chances ou de traitement en matière d'emploi ou de profession.

Les principales catégories vulnérables observées sont les femmes, les handicapés, les seniors et les personnes issues de l'immigration.

Les mots « emploi » et « profession » recouvrent l'accès à la formation professionnelle, l'accès à l'emploi et aux différentes professions, ainsi que les conditions d'emploi (convention OIT n° 111).

Par ailleurs, la convention n° 100 spécifie qu'il faut porter une attention particulière sur l'égalité de rémunération entre la main-d'œuvre masculine et la main-d'œuvre féminine pour un travail de valeur égale.

))) Travail des enfants (conventions 138 et 182)

Selon l'OIT, l'âge minimum est fixé à 15 ans (14 ans pour les pays dans lesquels les structures scolaires ne sont pas développées). Malgré cet âge minimum, l'OIT estime qu'il existe des travaux qui, lorsqu'ils sont réalisés par un enfant (y compris au-dessus de 15 ans), entravent son développement intellectuel, physique et psychologique. En 1999, une nouvelle convention a ainsi été publiée (conv. n° 182) concernant l'élimination de ces pires formes du travail des enfants.

La responsabilité sociale des entreprises

Les secteurs d'activités dans lesquels le travail des enfants est répandu sont l'agriculture, la chasse, la sylviculture et la pêche (70 %), le commerce de gros et de détail, les hôtels et restaurants (8 %), la fabrication (8 %), les transports, les télécommunications et les entrepôts (4 %), la construction (2 %), les industries extractives (1 %).

Prenant en compte les différences culturelles dans l'approche du travail des enfants et de problématiques telles que la contribution financière d'un tel travail pour la vie de la famille ou le manque d'infrastructures scolaires, la convention n° 182 prévoit une éradication progressive du travail des enfants. L'objectif visé est de mettre en place des infrastructures et programmes prévoyant le retrait progressif de l'enfant de son travail, tout en garantissant un même revenu à la famille.

))) Abolition du travail forcé (conventions 138 et 105)

Selon l'OIT, le terme « travail forcé ou obligatoire désigne tout travail ou service exigé d'un individu sous la menace d'une peine quelconque et pour lequel ledit individu ne s'est pas offert de plein gré ».

Les catégories d'individus les plus exposés au travail forcé sont les femmes, les enfants, les minorités ethniques et raciales, les migrants et les pauvres.

Les cas de travail forcé rencontrés sont la participation obligatoire à des travaux publics et le travail forcé dans l'agriculture et les zones rurales isolées.

Le travail forcé ne serait pas directement appliqué par les entreprises elles-mêmes mais par les fournisseurs ou sous-traitants. Cependant, de récentes polémiques ont entouré l'action de Total en Birmanie, accusée par l'ONG américaine EarthRights International de contribuer directement au travail forcé (www.novethic.fr, 2010).

2. Recommandations générales et question spécifique de la lutte contre les discriminations

La NF ISO 26000 fixe aux entreprises huit domaines d'action. Il s'agit tout d'abord d'un devoir de vigilance, renforcé dans les situations à risques (zones de conflit, forte corruption), de la prévention des situations de complicité, de remédier aux atteintes des droits de l'homme, de lutter contre les discriminations et situations de groupes vulnérables, de respecter les droits (civils, politiques, économiques, sociaux et culturels), de respecter les principes fondamentaux et les droits du travail.

Prenons le cas des discriminations, qui est en Europe le sujet de lutte le plus concret, et de fait celui qui nous est le plus familier. Les principales questions à se poser pour une entreprise cherchant à s'engager sur ce sujet sont les suivantes.

• La définition des critères de discrimination est-elle précise ? Porte-t-elle bien sur toutes les catégories de salariés vulnérables (femmes, personnes en situation de handicap, populations autochtones, travailleurs migrants, personnes faisant l'objet d'une discrimination sur la base de leur origine, leur race ou personnes appartenant à des groupes vulnérables : par exemple, les personnes âgées, les personnes déplacées, les pauvres, les personnes illettrées, les personnes séropositives ou vivant avec le VIH, les minorités et les groupes religieux) et sur tous les axes managériaux ?

Une entreprise peut être performante sur une catégorie de salariés vulnérables et en même temps suspecte de discrimination envers d'autres.

Partie II — Les ressources humaines en Europe

Abercrombie & Fitch : enquête sur le recrutement au physique, condamnation pour discrimination raciale et meilleure compagnie pour l'égalité des LGBT

La marque de vêtement américaine Abercrombie & Fitch fait depuis le 15 juillet 2013 l'objet d'une enquête du Défenseur des droits qui vient de s'auto-saisir sur ses pratiques de recrutement, notoirement basées sur des critères de beauté. Le concept : une marque de vêtements « cool » promue par des gens beaux pour des gens beaux. Le client est accueilli en magasin par des mannequins qui se déhanchent en musique et des lumières tamisées. « La société semble fonder ses pratiques de recrutement sur des critères discriminatoires et notamment l'apparence physique », écrit Dominique Baudis, dans sa décision d'auto-saisine datée du 15 juillet 2013. La société a déjà accumulé un lourd passif sur sa politique de recrutement. Elle a été lourdement condamnée aux États-Unis pour discrimination raciale en 2005. En 2009, c'est une salariée handicapée qui poursuit la société au Royaume-Uni. Née sans avant-bras gauche, elle porte une prothèse et cache son infirmité grâce à un cardigan. Or, cet « arrangement » ne correspondait pas au code vestimentaire estival de la marque. La salariée ayant refusé d'enlever son gilet ou de se cantonner à la réserve, elle est licenciée. « Sans cause réelle et sérieuse » a estimé par la suite la justice. Depuis, la politique a été revue et la diversité selon A&F semble se focaliser sur l'origine et l'orientation sexuelle (la société est élue « meilleure compagnie pour l'égalité des LGBT » par Human Rights Campaign chaque année depuis 2006).

www.novethic.fr

- Les axes managériaux (accès et maintien dans l'emploi, promotion, formation, rémunération, conditions de travail, les loisirs et autres avantages – protection sociale, heures supplémentaires, loisirs, etc.) sont-ils précis ou flous ?
- Existe-t-il un engagement garantissant le recours en cas de discrimination ?
- Y a-t-il des objectifs chiffrés concernant les taux de recrutement/promotion/encadrement pour les catégories vulnérables ?

Le handicap, l'exemple de la France

La loi du 11 février 2005 pour l'égalité des droits et des chances des **personnes handicapées** a augmenté la contrainte financière sur les entreprises ne respectant pas l'obligation de 6 % de travailleurs handicapés.

Quel bilan tirer de l'application de cette loi ? De 613 millions d'euros en 2007, l'enveloppe des contributions des entreprises n'atteignant pas les 6 % de travailleurs handicapés est en effet passée à 476 millions en 2011, selon les chiffres du secrétariat d'État auprès du ministre de la Solidarité. Cette diminution est le signe que les entreprises ont davantage recruté ou maintenu dans l'emploi des salariés en situation de handicap. Les entreprises sont désormais 49 % à dépasser ou atteindre aujourd'hui l'objectif des 6 %, tandis que 18 % des entreprises n'ayant initié aucune action en faveur du recrutement des personnes en situation de handicap sont toujours dites à « quotas zero ».

Cependant, fin mars 2011, l'Agefiph a relevé une augmentation du nombre de demandeurs d'emplois handicapés de 13,1 % en un an, contre 4,2 % pour le tout public. À côté de l'impact de la crise économique, des difficultés spécifiques d'insertion continuent de gêner le retour à l'emploi : les personnes handicapées en recherche d'emploi sont en moyenne plus âgées : 35 % ont 50 ans et plus. 48 % d'entre elles sont des chômeurs depuis plus d'un an. Et elles sont aussi moins bien formées : 33 % ont un niveau inférieur ou égal au CAP1.

La responsabilité sociale des entreprises

- Existe-t-il des indicateurs pour mesurer la progression de la **diversité** ?

Des indicateurs pour mesurer la diversité

Le 24 février 2011, Equity Lab et l'Association française des managers de la diversité (AFMD) ont publié un référentiel de 85 indicateurs destinés à mesurer la diversité dans les entreprises de plus de 300 salariés et à leur permettre de rédiger un rapport annuel. Le groupe a commencé par recenser les indicateurs existants, afin de choisir parmi eux les plus pertinents. Le référentiel s'appuie directement sur l'expérience de terrain des entreprises et sur des indicateurs déjà utilisés, notamment ceux de la norme Afnor pour le label diversité. Le référentiel distingue 30 indicateurs prioritaires, qui peuvent s'appliquer à toutes les entreprises, et 55 indicateurs optionnels qui dépendent des caractéristiques de chacune. Les critères mesurables retenus concernent les principaux champs de la diversité à savoir les seniors, les personnes reconnues travailleurs handicapés, les femmes et les personnes d'origine étrangère. Les indicateurs s'attachent à déterminer un ratio des salariés cibles au moment du recrutement, mais aussi aux différentes étapes de leur évolution dans l'entreprise à travers la formation, la rémunération, leur présence dans la hiérarchie, et même leurs conditions de départ.

D'autres indicateurs prennent en compte des éléments comme les actions de formation à la diversité, la définition d'objectifs chiffrés ou la prise en compte de la diversité dans l'évaluation des managers. L'entreprise est aussi analysée dans ses interactions avec la clientèle ou les pratiques de ses sous-traitants, qui doivent être cohérentes avec ses engagements.

Enfin, il convient d'observer la création de différentes chartes à l'initiative d'instituts et d'associations destinées à accompagner les entreprises dans leur politique de lutte contre les discriminations.

La charte de la diversité dans l'entreprise de l'institut Montaigne

1. Sensibiliser et former nos dirigeants et collaborateurs impliqués dans le recrutement, la formation et la gestion des carrières aux enjeux de la non-discrimination et de la diversité.

2. Respecter et promouvoir l'application du principe de non-discrimination sous toutes ses formes et dans toutes les étapes de gestion des ressources humaines que sont notamment l'embauche, la formation, l'avancement ou la promotion professionnelle des collaborateurs.

3. Chercher à refléter la diversité de la société française et notamment sa diversité culturelle et ethnique dans notre effectif, aux différents niveaux de qualification.

4. Communiquer auprès de l'ensemble de nos collaborateurs notre engagement en faveur de la non-discrimination et de la diversité, et informer sur les résultats pratiques de cet engagement.

5. Faire de l'élaboration et de la mise en œuvre de la politique de diversité **un objet de dialogue avec les représentants des personnels**.

6. Inclure dans le rapport annuel un chapitre descriptif de notre engagement de non-discrimination et de diversité : actions mises en œuvre, pratiques et résultats.

www.institutmontaigne.org

Partie II — Les ressources humaines en Europe

La Charte visant à améliorer le respect des droits des personnes lesbiennes, homosexuelles, bisexuelles et trans (LGBT) au travail

> **》》》 La Charte de l'Autre Cercle**
>
> La Charte d'engagement LGBT de l'Autre Cercle invite les entreprises à s'engager sur quatre points clés :
>
> 1 – Créer un environnement inclusif pour les collaboratrices et les collaborateurs LGBT
> 2 – Veiller à une égalité de droit et de traitement entre toutes les collaboratrices et collaborateurs quelles que soient leur orientation sexuelle et identité sexuelle ou de genre
> 3 – Soutenir les collaboratrices et collaborateurs victimes de propos ou d'actes discriminatoires
> 4 – Mesurer les avancées et partager les bonnes pratiques pour faire évoluer l'environnement professionnel général

4 》》》 Conclusion

La structuration du concept de responsabilité sociale est une double remise en cause du modèle de management des organisations. Elle place le salarié au cœur de la démarche, partie prenante du processus RSE qui garantit ses droits, revisite les relations et conditions de travail. Elle le conduit aussi inexorablement à adopter de nouvelles compétences (maîtrise des questions centrales de la RSE), de nouvelles pratiques, et à expérimenter de nouveaux modes de gouvernance (interaction avec les autres parties prenantes). Saisir l'opportunité de manager humain en s'appuyant sur les lignes conductrices de l'ISO 26000 est une piste non négligeable pour contribuer à l'innovation sociale, et pour les ambitieux à réenchanter le monde du travail ou a minima à le pacifier.

Bibliographie

Bibliographie sélective

))) Le management interculturel en Europe

> Robert VAN KRIEKEN, Daphne HABIBIS, Philip SMITH, Brett HUTCHINS, Michael HARALAMBOS, Martin HOLBORN, *Sociology: Themes and Perspectives*, Pearson Education, Australia, 2005

> Roland MEIGHAN, Clive HARBER, Len BARTON, Stephen WALKER, Iram SIRAJ-BLATCHFORD, *A Sociology of Educating*, Cassell, London, 1986

> Fons TROMPENAARS, *Did the Pedestrian Die? Insights from the World's Greatest Culture Guru*, Capstone, 2003

> « Social Collaboration in Germany, France, and the UK 2013 », étude réalisée par Pierre Audoin Consultants, 2013

> Nigel J. HOLDEN, *Cross-Cultural Management: A Knowledge Management Perspective*, Pearson Education, 2002

> Isabelle GUINAUDEAU et Astrid KUFER, « De l'Allemand organisé, l'Italien romantique et l'Anglais dandy à l'Européen chrétien, fortuné et démocrate ? », *Politique européenne*, n° 26, 2008

> Peter A. LAWRENCE, *Management in the Netherlands*, Oxford University Press, Oxford, 1991

> Katarzyna JANIK, *Managing cross-cultural mergers – the role of management style – Case Air France–KLM*, Bournemouth University, NHTV Breda, Fachhochschule Heilbronn, 2003-2004

> *Speaking for Europe, Languages in the European Union*, European Commission, Directorate-General for Communication Publications, Brussels, 2008

> Madeleine LEININGER et Marilyn R. MCFARLAND, *Transcultural Nursing: Concepts, Theories, Research, and Practice*, 3e éd., McGraw-Hill, New York, 2002

> S. Aqeel TIRMIZI, C. B. HALVERSON, « The impact of culture in multicultural teams », *Effective Multicultural Teams: Theory and Practice*, Springer Netherlands, 2008

> Edward Twitchell HALL, *The Silent Language*, vol. 3, Doubleday, New York, 1959

> Edward Twitchell HALL, *Beyond Culture*, Anchor, 1976

> Edward Twitchell HALL, *The Hidden Dimension*, Doubleday, New York, 1966

> Fons TROMPENAARS, Charles HAMPDEN-TURNER, *Riding the Waves of Culture: Understanding Diversity in Global Business 2/E*, McGraw-Hill, New York, 1998

> Florence R. KLUCKHOHN et Fred L. STRODTBECK, *Variations in Value Orientations*, 1961

> Max WEBER, Jacques CHAVY, *L'Éthique protestante et l'esprit du capitalisme*, Plon, Paris, 1964

Bibliographie

❯ Richard Henry TAWNEY, *Religion and the Rise of Capitalism: A Historical Study, vol. 23*, Transaction Books, 1960

❯ Adam SMITH, *The Wealth of Nations*, New York, Modern Library 740, 1776, (éd. 1937)

❯ *Europeans and their Languages*, Eurobaromètre, Commission européenne, février 2006

❯ Edward SAPIR, « The status of linguistics as a science », *Language 5*, 1929

❯ Martine CARDEL GERTSEN et Anne-Marie SØDERBERG, « Foreign Acquisitions in Denmark: Cultural and Communicative Dimensions », *Cultural Dimensions of International Mergers and Acquisitions*, ed. Gersten, Søderberg et Torp, Walter de Gruyter GmbH, 1988

❱❱❱ **Les ressources humaines en Europe**

• **Le droit du travail en Europe**

❯ Thomas LEROY, « Bruxelles veut imposer le salaire minimum en Europe », Public Sénat, 19 avril 2012

❯ Directive 2003/88/CE du Parlement européen et du Conseil concernant certains aspects de l'aménagement du temps de travail, Portail du Parlement européen, 4 novembre 2003

❯ « Un revenu minimum au niveau européen », Parlement européen, Politique sociale, Portail du Parlement européen, 29 mars 2010

❯ Directive 96/71/CE « Détachement de travailleurs dans le cadre d'une prestation de services », Portail de l'UE, 29 mars 2012

❯ Texte de la convention bilatérale France-États-Unis, Cleiss (Centre des liaisons européennes et internationales de sécurité sociale), octobre 2001

❯ Convention de Rome du 19 juin 1980 sur la loi applicable aux obligations contractuelles, Portail de l'UE

❯ Corine Moriou, « Expatrié : quel contrat de travail signer ? », *lentreprise.lexpress.fr*, 18 décembre 2007

• **Les formalités d'immigration dans les États membres de l'UE**

❯ Traité d'Amsterdam et son analyse, Section du site *touteleurope.eu* consacrée au traité d'Amsterdam

❯ « Mise en service du système d'information Schengen (SIS II) », Portail de l'UE, Communiqué de presse, 9 avril 2013

❯ « Immigration : que prévoient les accords de Schengen », *Le Monde*, 26 avril 2011

❯ « Afflux de migrants : la France envisage de suspendre les accords de Schengen », *Le Monde*, 22 avril 2011

❯ Steffen ANGENENDT, *La nouvelle politique d'immigration de l'Allemagne*, Comité d'études des relations franco-allemandes (Cerfa), Institut français des relations internationales, avril 2005

› Site web du ministère de l'Intérieur de la République fédérale d'Allemagne
www.zuwanderung.de

› Évolution de l'immigration en Allemagne, « Migration nach Deutschland: Forscher erwarten Millionen Einwanderer », *Spiegel online*, 13 décembre 2012

› « UK Border Agency under fire over immigrant backlog », *The Telegraph online*, vidéo, 24 janvier 2013

- **La responsabilité sociale de l'entreprise en Europe**

› Noami KLEIN, *La stratégie du choc*, Leméac/Actes Sud, 2008

› François CAILLAT, *Bienvenue à Bataville*, Documentaire, 2008

› Michel CAPRON, *La responsabilité sociale des entreprises*, Éd. La découverte, collection Repères, 2007

› « Responsabilité sociale des entreprises : une nouvelle stratégie de l'UE pour la période 2011-2014 », Commission européenne, Communication, Bruxelles, 25 novembre 2011

› *Rapport sur la responsabilité sociale d'entreprise*, Conseil de l'Europe, Banque de développement, avril 2012

› novethic.fr, média en ligne sur le développement durable
www.novethic.fr

Index

A

Accidents du travail et maladies professionnelles, 164
Acculturation, 13
Allemagne, 148
Artefact, 59
Attribution, 59

B

Banque de Développement du Conseil de l'Europe (CEB), 180
Belgique, 149
Beveridge, 160
Bismarck Otto von, 158
Branche, 162

C

Carte européenne d'assurance maladie, 169
Cas Daimler – Chrysler, 40
Charges patronales, 112
Charges sociales, 112
Charte de la Diversité dans l'entreprise (institut Montaigne), 189
Charte des droits fondamentaux de l'Union européenne, 167
Charte internationale des droits de l'homme, 186
Charte sociale européenne, 161
Charte visant à améliorer le respect des droits des personnes lesbiennes, homosexuelles, bisexuelles et trans (LGBT) au travail, 190
Clause d'opting-in, 145
Code européen de sécurité sociale, 162
Code frontières Schengen, 143
Collectivisme, 51
Colonialisme, 83
Complexité des relations humaines, 66
Composante essentielle de la culture, 14
Composition culturelle, 28
Conflits de valeurs, 59
Contrôle externe, 59
Contrôle interne, 59
Convention de Rome, 117
Convention (n° 102) concernant la sécurité sociale, 159
Conventions bilatérales ou internationales de sécurité sociale, 165
Conventions de l'OIT, 186
Corporate language, 43
Cotisations sociales employeurs, 112
Coût du travail, 112
Critères esthétiques, 19
Culture, 9
Culture de communication ouverte, 23
Culture à contexte faible, 49
Culture à contexte fort, 49
Culture affective, 58
Culture à hiérarchie plate, 78
Culture d'apprentissage, 78
Culture avec un fort sens de la hiérarchie, 78
Culture collectiviste, 21, 55
Culture de l'Europe, 10
Culture diffuse, 59
Culture d'entreprise, 46, 59
Culture individualiste, 21
Culture monochronique, 48
Culture neutre, 58
Culture orientée court terme, 56
Culture particulariste, 57
Culture polychronique, 48
Cultures de l'Europe, 10
Cultures orientée long terme, 56
Culture spécifique, 59
Culture universaliste, 57
Curiosité, 73
Curriculum caché, 20

D

Détachement, 113
Développement durable, 173
Dialogue interculturel, 101
Différences culturelles, 37
Dimension pouvoir-distance, 77
Dimensions culturelles, 65
Discrimination, 186
Distance hiérarchique, 54
Diversité, 189
Diversité culturelle, 29
Diversité dans l'entreprise, 29
Diversité linguistique, 42
Diversité linguistique et culturelle, 97
Droits de l'homme, 185
Dumping social, 112
Durée du travail, 110
Durée légale hebdomadaire du travail, 110
Durée maximale hebdomadaire légale, 110

E

École des Annales, 18
Économie primaire, 17
Économie quaternaire, 17

Index

Économie secondaire, 17
Éducation, 20
Empathie, 73
Enseignement de l'histoire, 96
Équipe plurigénérationnelle, 82
Espace de libre circulation, 143
Espace économique européen (EEE), 135
États membres de l'Union européenne (UE), 138
Éthique, 79
Europe politique, 88
Évitement de l'incertitude, 55
Expatriation, 113

F

Féminité, 56
France, 150
Fusion Air France – KLM, 37
Fusions transfrontalières, 41

G

Globish, 99
Groupe dominant, 47
Groupe minoritaire, 47
Gründlichkeit, 63

H

Harmonisation des mesures de sécurité sociale, 168
Hiérarchie des normes, 109
Histoire du colonialisme, 31
Hofstede Geert, 53
Hypothèse, 59

I

Idée d'« excommunication », 47
Identité ethnique, 12
Identité européenne, 84
Image de l'entreprise, 78
Immigration, 139
Individualisme, 51, 55
Intelligence interculturelle, 69

K

Kelsen Hans, 109

L

Langage non verbal, 51
Langue, 14, 91
Langue majeure, 92

Langue officielle, 91
Langue régionale, 100
Langues minoritaires, 42
Liberté syndicale, 186
Libre-échange, 136
Lingua franca, 42, 99
Loi NRE, 175

M

Marché intérieur, 136
Métaphore de l'iceberg, 62
Métiers directement liés aux institutions européennes, 127
Migration, 16
Modélisation du comportement, 78
Multilinguisme, 100
Multiperspectivité, 96

N

Norme internationale ISO 26000, 177
Nouvelles régulations économiques (NRE), 175
Nouvelles technologies, 42

O

Organisation internationale du travail (OIT), 159

P

Pacte mondial des entreprises des Nations Unies (Global Compact), 179
Parole, 14
Parties prenantes, 176
Perception, 71
Perception de l'espace, 52
Perception de la valeur du temps, 39
Personne active, 141
Personnes handicapées, 188
Philosophie des Lumières, 157
Poignée de main, 76
Ponctualité, 76
Prestation chômage, 164
Prestation de survivant, 164
Prestations aux familles, 164
Prestations de maternité, 164
Prestation vieillesse, 164
Principe de stabilité (inertie positive), 64
Processus de collaboration, 106
Protection sociale, 112

Protection sociale en Europe, 157
Proxémique, 52

Q

Quatre piliers historiques du développement de l'Europe, 16

R

Réalisation, 59
Régime, 162
Religion, 15, 86
Responsabilité sociale des entreprises, 173
Risques psychosociaux, 182
Royaume-Uni, 152

S

Salaire minimum légal, 111
Santé et sécurité au travail, 181
Schein Edgar, 59
Schengen (accords), 141
Schengen (espace), 142
Score élevé de masculinité, 56
Secteur tertiaire, 17
Séquentiel, 59
Sources de la diversité, 73
Sources du droit, 110
Sphère d'influence, 177
Stéréotypes, 34
Structure culturelle et sociale, 46
Style de comportement, 77
Style de vie, 19
Styles d'apprentissage, 20
Suède, 153

Synchronique, 59
Système d'information Schengen de deuxième génération (SIS II), 142
Système des Grandes Écoles, 86
Système d'information Schengen (SIS), 142

T

Technologie, 16
Temps de travail, 110
Temps « social », 77
Traité d'Amsterdam, 142, 167
Traité de Lisbonne, 167
Traité de Maastricht, 167
Travail collaboratif, 23
Travail des enfants, 187
Travail forcé, 187
Trompenaars Fons, 57

U

Union douanière, 136
Union européenne, 138

V

Valeur, 59
Valeur du temps, 63
Valeurs fondamentales, 61
Variabilité culturelle du temps, 52
Visa, 143
Vision, 46

Z

Zone de chalandise, 33

Table des matières

Partie I — Le management interculturel en Europe ... 0

Chapitre 1 : La culture et les racines du comportement ... 9

1. La base ethnique de la culture ... 12
2. La base linguistique de la culture ... 14
3. La composante religieuse de la culture ... 15
4. Les fondements économiques de la culture ... 16
5. Le cadre technologique de la culture ... 16
6. La dimension politique de la culture ... 18
7. La base esthétique de la culture (ou style de vie) ... 19
8. Éducation et culture ... 19
9. Un exemple d'impact culturel ... 22

Chapitre 2 : Gérer la diversité culturelle ... 27

1. Le cas Nordlever ... 27
2. La diversité ethnique ... 28
3. La diversité et l'existence de stéréotypes ... 34
4. Le cas Air France – KLM ... 35
5. Royaume-Uni, Allemagne, France : politiques et comportements contrastés ... 41
6. La diversité linguistique ... 42

Chapitre 3 : La richesse et la complexité de la culture ... 45

1. Une multiplicité d'influences ... 45
2. Culture et sous-cultures ... 46
3. Edward T. Hall et les dimensions cachées : le temps et l'espace (la distance) ... 48
   - A. Le rapport avec le temps : monochronique vs polychronique ... 48
   - B. Contexte fort et contexte faible ... 49
   - C. La proxémique – les cultures et la gestion de l'espace ... 52
4. Geert Hofstede ... 53
   - A. Distance hiérarchique : *power distance (high/low)* ... 54
   - B. Individualisme ... 55
   - C. Fuite de l'incertitude : *uncertainty avoidance* ... 55
   - D. Masculin/Féminin ... 56
   - E. Orientation long terme (OLT) ... 56
5. Fons Trompenaars ... 57
   - A. Universalisme vs particularisme ... 57
   - B. Individualisme/collectivisme ... 58
   - C. Culture neutre vs culture affective ... 58
6. Edgar Schein – La culture d'entreprise ... 59

Chapitre 4 : Les composantes de la culture : « valeurs fondamentales » et « dimensions » ... 61

1. Valeurs fondamentales ... 61
2. Dimensions culturelles et communication interculturelle ... 65
3. Un exemple de management tenant compte des valeurs fondamentales de différentes cultures européennes ... 66

Table des matières

Chapitre 5 : Reconnaître la nature de la complexité d'une équipe culturelle 71

    1))) La perception des effets de la diversité culturelle 71
    2))) Reconnaître les sources de diversité dans l'équipe 73
    3))) La distinction entre une pluralité d'influences 75
    4))) Comprendre l'impact des valeurs fondamentales sur le comportement 76
    5))) Comprendre l'importance de la communication non verbale (ou une mauvaise communication) 77
    6))) Concilier la hiérarchie d'équipe avec les interprétations culturelles de la hiérarchie 77
    7))) Culture d'entreprise ou d'organisation 78
    8))) La question complexe de la relation entre éthique et image publique 79
    9))) L'internationalisation des cultures d'entreprise 79

Chapitre 6 : La culture générationnelle 81

    1))) Reconnaître les différences générationnelles 81
    2))) L'effet de levier produit par les contrastes de motivation 82
    3))) Création et gestion d'équipes plurigénérationnelles : la nécessité de distinguer des modes de pensée et de communication différentes 82

Chapitre 7 : La culture européenne 83

    1))) Racines historiques 83
    2))) Reconnaître ce qui est commun à l'ensemble de l'Europe 84
    3))) Les influences majeures qui séparent les cultures en Europe 86
    4))) Identité locale (micro-identités) 87
    5))) L'Europe et ses voisins 88

Chapitre 8 : Langue et culture 91

    1))) Un facteur de division 91
    2))) Le cas Nordlever 93

Chapitre 9 : La résolution de conflits 103

    1))) Les méthodes qui peuvent servir à surmonter des conflits culturels 103
    2))) Un cas particulier de conflit : l'Italien et le Néerlandais 104

Partie II Les ressources humaines en Europe 0

Chapitre 10 : Les notions essentielles du droit du travail en Europe 109

    1))) La hiérarchie des sources du droit 109
    2))) La durée du travail en Europe 110
        A))) Définitions 110
        B))) Le temps de travail en Europe 110
    3))) Les salaires en Europe 111
        A))) D'importantes différences de salaires entre les pays de l'Union européenne .. 111
        B))) Les charges sociales 112

4))) Les situations applicables au salarié en mobilité internationale — 113

A))) Les distinctions de statut — 113
1. Les caractéristiques du détachement — 114
2. Le contrat de travail dans le cadre du détachement — 114
3. Les caractéristiques de l'expatriation — 115
4. Les clauses du contrat de travail dans le cas de l'expatriation — 115
5. Le transfert — 116
6. Le contrat de travail du salarié transféré — 116
7. Les conséquences de ces distinctions — 117

B))) Documents — 117

5))) Les métiers dans les institutions européennes — 127

A))) Dans le cadre des institutions de l'Union européenne — 127
1. Les métiers de la fonction publique européenne — 127
2. Le déroulement de carrière et le recrutement (lignes générales) — 127
3. Les autres emplois dans les institutions européennes — 128
4. La procédure de recrutement : concours dans les institutions de l'Union européenne — 129
5. Autres métiers liés à l'UE — 131

B))) Dans le cadre du Conseil de l'Europe — 132
1. La fonction publique — 132
2. Le recrutement — 132
3. Les agents temporaires — 133
4. Les stages — 133
5. Les autres professionnels — 134

Chapitre 11 : Formalités d'immigration dans les pays de l'Union européenne (UE) — 135

1))) Les espaces européens — 135

A))) L'Espace économique européen (EEE) — 135
B))) L'Union européenne — 138
C))) L'espace Schengen — 141
1. Historique et contexte — 141
2. Définition — 142
3. Contenu de l'accord — 143
4. Statut particulier — 145
5. Effets — 145

2))) Les formalités par pays – quelques exemples — 148

A))) Allemagne — 148
1. Citoyens de l'UE — 148
2. Citoyens hors UE — 148

B))) Belgique — 149
1. Citoyens de l'UE — 149
2. Citoyens non UE — 149

C))) France — 150
1. Le cas des citoyens de l'UE — 150
2. Les visas de long séjour pour les citoyens non UE — 150

D))) Royaume-Uni — 152
1. Citoyens EEE et Suisse — 152
2. Citoyens hors EEE en Suisse — 152

E))) Suède — 153
1. Citoyens EEE et UE — 153
2. Citoyens non EU — 153

207

Table des matières

Chapitre 12 : Les systèmes de protection sociale en Europe 157

1))) Historique de la création de la protection sociale en Europe 157

    A))) L'émergence de la protection sociale à la fin du XIXe siècle 157
    B))) L'organisation de la protection sociale : le rôle de l'Organisation internationale du travail 159

2))) Le Conseil de l'Europe : la Charte sociale européenne (1961) – le Code européen de sécurité sociale (1964) 159

    A))) La Charte sociale européenne 161
    B))) Le Code européen de sécurité sociale 162

3))) Les conventions bilatérales et multilatérales de sécurité sociale 164

    A))) Définition et objectifs 165
    B))) Exemple de convention bilatérale de sécurité sociale : la convention bilatérale signée entre la Belgique et le Chili 165

4))) L'Union européenne 166

    A))) Un peu d'histoire 167
    B))) Les efforts d'harmonisation 168

5))) Les tendances actuelles en matière de sécurité sociale en Europe 169

    A))) Les nouveaux défis 169
    B))) Les variables d'ajustement 170
        1. L'amélioration de la gestion 170
        2. Restriction des conditions d'accès aux prestations 170
        3. La durée des prestations 171
        4. La réduction des dépenses concernant les soins médicaux 171

Chapitre 13 : La responsabilité sociale des entreprises 173

1))) LA RSE, un concept à définir 173

    A))) Des origines au concept 173
        1. Une entreprise responsable, est-ce possible ? 173
        2. L'émergence et le développement du concept 174
    B))) Définition de la RSE et introduction de la notion de « parties prenantes » 176
        1. La définition issue du *Livre vert* de la Commission européenne sur la RSE (2001) 176
        2. Une définition plus « engagée », celle de Michel Capron 176

2))) Le périmètre de la RSE : sept questions centrales 176

    A))) Contours et périmètre de la RSE 176
    B))) Un guide pour agir, la NF ISO 26000 177
    C))) RSE et action des institutions européennes 179

3))) Comment la RSE impacte-t-elle la question sociale au sein de l'entreprise ? 180

    A))) La gestion des ressources humaines par l'entreprise : relations et conditions de travail 180
        1. Les principaux textes internationaux applicables aux RH 181
        2. Focus sur les questions de santé et de sécurité au travail : l'élimination des risques psychosociaux 181
    B))) Le respect des droits de l'homme et la lutte contre les discriminations 185
        1. Les principaux textes de référence « Droits de l'homme » 186
        2. Recommandations générales et question spécifique de la lutte contre les discriminations 187

4))) Conclusion 190

NOTES

NOTES

NOTES

NOTES

NOTES

NOTES

NOTES

NOTES

NOTES

NOTES

NOTES

NOTES

NOTES

NOTES

NOTES

FOUCHER
s'engage pour l'environnement
en réduisant l'empreinte carbone
de ses livres.
Celle de cet exemplaire est de :
405 g éq. CO_2
Rendez-vous sur
www.editions-foucher-durable.fr

PAPIER À BASE DE
FIBRES RECYCLÉES

Conception graphique : Sylvie Vaillant
Compositeur : Maury – Cartographie : Philippe Bouillon
ÉDITIONS FOUCHER – MALAKOFF – SEPTEMBRE 2013 – 01 – MV-CK/JV

Imprimé en France par Normandie Roto Impression S.A.S., 61250 Lonrai – Nº d'imprimeur : 133512